Janine Driver
mit
Mariska van Aals_

Du verrätst mehr, als du denkst

Ein 7-Tage-Plan für den erfolgreichen
Einsatz von Körpersprache

Aus dem Englischen von Jochen Lehner

GOLDMANN
Lesen erleben

Die amerikanische Originalausgabe erschien 2010 unter dem Titel
»You say more than you think. Use the new body language to get what you
want! The 7-day plan« bei Crown Publishers, an imprint of the Crown Publi-
shing Group, a division of Random House, Inc., New York.

Verlagsgruppe Random House FSC-DEU-0100
Das für dieses Buch verwendete FSC®-zertifizierte Papier
Super Snowbright liefert Hellefoss AS, Hokksund, Norwegen.

1. Auflage

Deutsche Erstausgabe Juli 2011
© 2011 der deutschsprachigen Ausgabe
Wilhelm Goldmann Verlag, München,
in der Verlagsgruppe Random House GmbH
Published by Arrangement with Janine Driver
Dieses Werk wurde vermittelt durch die Literarische Agentur
Thomas Schlück GmbH, 30827 Garbsen.
© 2010 by Janine Driver
Umschlaggestaltung: UNO Werbeagentur, München
Umschlagfoto: FinePic®, München
Redaktion: Daniela Weise
SB · Herstellung: cb
Satz: EDV-Fotosatz Huber/Verlagsservice G. Pfeifer, Germering
Druck: GGP Media GmbH, Pößneck
Printed in Germany
ISBN: 978-3-442-21955-1

www.arkana-verlag.de

Für meine Mutter, Lorraine Driver,
die in ihrem Kampf gegen den Brustkrebs
bewundernswert ausdauernd und optimistisch ist –
wie ein Stehaufmännchen.

Inhalt

Ohne ein Wort zu sagen, verraten Sie mehr, als Sie denken

> Höre nicht allein auf das, was die Leute sagen. Höre, wie sie es sagen.
> Und wenn du ein gewisses Unterscheidungsvermögen besitzt,
> wirst du die Wahrheit eher mit den Augen als mit den Ohren ermitteln.
> Die Leute können sagen, was sie wollen, aber schauen können sie
> nicht, wie sie wollen, und ihre Blicke verraten oftmals eben das,
> was die Worte zu verbergen trachten.
>
> *Lord Chesterfield (1694–1773)*

Stellen Sie sich vor, bei Ihrer letzten Besprechung, vielleicht auch bei einem Verkaufsgespräch, einem Rendezvous, einem lockeren Zusammensein oder einer Konfrontation hätte sich plötzlich vor Ihnen ein Spiegel herabgesenkt.

Wären Sie in der Lage, die kleinen nonverbalen Anzeichen dessen zu entdecken, was Ihre Bemühungen vielleicht gerade in diesem Augenblick hintertreibt und Ihnen nicht erlaubt, alles Erreichbare zu erreichen?

- Verrät Ihr Gesichtsausdruck eine gewisse Verlegenheit?
- Passen Ihre Handbewegungen nicht so ganz?
- Erscheinen Sie schwach oder arrogant oder älter, als Sie sind?
- Schreckt Ihr Händedruck die Leute davon ab, geschäftlich mit Ihnen zu tun zu haben?
- Passt Ihre Körpersprache nicht zu Ihren Worten?
- Haben Sie eine ins Auge springende Macke, die jeder außer Ihnen bemerkt?

Wir haben den ganzen Tag mit anderen Menschen zu tun, aber wir wissen nicht immer, was sie denken, und sie kennen unsere Gedanken auch nicht. Ohne eine gut entwickelte zwischenmenschliche Wahrnehmung kann es immer wieder passieren, dass uns etwas misslingt – wir unterliegen im Konkurrenzkampf, das Einstellungsgespräch geht in die Hose und dann immer wieder geplatzte Dates und Vertrauensmissbrauch. Wer jedoch diese Wahrnehmung ausbildet, wer Menschen besser einzuschätzen und effektiver mit anderen zu kommunizieren lernt, wird davon in allen Lebenslagen profitieren. Spannende berufliche Möglichkeiten und offenere Freundschaften tun sich auf, dazu bessere Aussichten beim anderen Geschlecht und sogar häufigere Erfolge bei der Arbeit.

Sehen Sie sich die erfolgreichen Leute an, mit denen Sie in Ihrem Alltag zu tun haben. Ich wette, den meisten sind mindestens zwei Merkmale gemeinsam. Erstens besitzen sie Gelassenheit und Selbstbewusstsein, sie wirken einfach so, als fühlten sie sich wohl in ihrer Haut. Zweitens verstehen sie sich überdurchschnittlich gut auf die Kontaktaufnahme zu anderen. Sie sind in der Lage, anderen ihre Befangenheit zu nehmen und schnell ein harmonisches Verhältnis aufzubauen. Beide Eigenschaften verdanken sich ganz direkt einer »fließenden« Beherrschung der Körpersprache.

Mit der Entschlüsselung der Körpersprache, nämlich der Mitteilung von Gedanken und Gefühlen, ohne dass Worte gewechselt werden, tun Sie einen gewichtigen ersten Schritt hin zur Beherrschung aller zwischenmenschlichen Situationen. Erfolgreiche Menschen wissen einfach, dass sie viel leichter zu dem kommen, was sie wollen, wenn sie die kaum merklichen Signale, die ein Körper Hunderte Male am Tag sendet, abfangen und richtig auf sie reagieren. Wenn sich ein Vorgehen als ungeeignet erweist, wissen sie, wie sie ihre Aktionen so anpassen können, dass sie aus einer Situation alles herausholen.

Manche besitzen eine natürliche Begabung für Körpersprache, bestimmte Politiker und Schauspieler beispielsweise, die andere mit ihrer bloßen Gegenwart zu umgarnen wissen. Andere versuchen es diesen wenigen Glücklich gleichzutun. Sie studieren deren »Tricks« und versuchen sie nachzuahmen, oder sie vertiefen sich in Wälzer über Körpersprache und versuchen einzelne Signale einzustudieren, um sie in geeigneten Situationen anzuwenden.

Das geht nicht immer gut aus. Authentische und dadurch wirksame Körpersprache besitzt ihre eigene Ganzheit, sie ist mehr als die Summe ihrer Teile. Wer nach auswendig Gelerntem oder einer Art Wörterbuch vorgeht, dem erschließt sich wahrscheinlich nicht das Gesamtbild der zwischenmenschlichen Wahrnehmung in ihrer ganzen Vielfalt. Sie sehen vielleicht jemanden mit verschränkten Armen und denken: »Aha, zurückhaltend, ärgerlich.« Sie sehen ein Lächeln und denken: »Fröhlich.« Sie gewöhnen sich einen festen Händedruck an, um anderen zu signalisieren, »wer der Boss ist«.

Alles ganz einfach, oder?

Nein, ich denke, dass man es sich auf diesem Wege unnötig schwer macht.

Körpersprache nach einem Wörterbuch der Körpersprache einsetzen zu wollen, das ist so, als wollte man Französisch nach einem Französischwörterbuch lernen. Da geht dann alles durcheinander oder wirkt unecht, und nichts passt so recht zusammen. Sie agieren eher wie ein Roboter, und die Signale Ihrer Körpersprache wirken unverbunden. Dann bringen Sie genau die Leute, die Sie für sich einnehmen möchten, durcheinander, weil Ihre Körpersprache aus lauter falschen Tönen besteht. Ihre Kunden wissen nicht so recht, woran sie mit Ihnen sind. Ihre Chefin meint, Sie ließen es an Respekt fehlen. Ihre neue Bekanntschaft denkt, Sie können ihn nicht ausstehen. Ihr dreist lügender Sohn kann nur lachen.

Deshalb müssen wir vom Stückwerk dieser künstlichen Körpersprache weg und einen Ansatz finden, der von *Ihnen* ausgeht, von Ihrem Leben, Ihrer Geschichte, Ihren Gewohnheiten. Wir brauchen etwas, das Ihr Selbstbewusstsein von außen nach innen aufbaut und

Ihnen immer mehr Möglichkeiten erschließt, je länger Sie es anwenden. Vor allem muss es aber etwas sein, das sich in Ihre Welt sinnvoll einfügt und überall gültig ist. Es muss sich natürlich und mühelos anfühlen, weil es natürlich und daher mühelos *ist*.

Ich habe mit mehr als 50 000 Menschen – darunter abgebrühte Polizisten, hochrangige Führungskräfte und verwöhnte reiche Erbinnen – an der Verbesserung ihrer Körpersprache gearbeitet und bin dabei zu dieser Überzeugung gelangt: Wir sind alle körpersprachbegabt. Jeder besitzt diese natürliche Anlage, wir müssen sie uns nur erst erschließen. Dann werden tiefgreifende Veränderungen möglich:

- Angestellte haben gelernt, wie man sich bei Konferenzen behauptet und es sogar schafft, von »denen da oben« gut behandelt zu werden.
- Menschen mit sozialen Angststörungen haben gelernt, wie man Bekanntschaften knüpft, Beziehungen in bessere Bahnen lenkt und starke Allianzen aufbaut.
- Singles in mittleren Jahren haben wieder den Mut bekommen, sich auf dem Beziehungsmarkt umzusehen.
- Frauen haben gelernt, bei ihren Scheidungsverfahren zu sehen, was in den Richtern vorgeht.
- »Alphatiere« haben für sich herausgefunden, wie man nach einem geschäftlichen Rückschlag die Nerven behält und das Heft wieder in die Hand bekommt.
- Viele andere wissen jetzt, wie man bei Verhandlungen die Oberhand behält. Sie lassen sich nicht mehr von Automechanikern, Autoverkäufern oder Familienmitgliedern manipulieren.
- Und alle haben gelernt, was zu unternehmen ist, wenn das, was sie taten, nicht funktionierte.

All die Veränderungen, die ich in der Zusammenarbeit mit diesen Menschen beobachtet habe, veranlassen mich jetzt, dieses Buch zu schreiben und das Lernprogramm auch Ihnen zugänglich zu machen. Ich möchte Ihnen helfen, die natürliche Körpersprachbegabung einzuschalten, die Sie nach meiner Überzeugung bereits besitzen, da mögen Sie noch so verklemmt oder schüchtern oder linkisch sein.

Dieses Programm hat sich im Laufe von 15 Jahren herausgeschält und fußt auf sorgfältigen Studien, Hunderten von Seminaren und Trainingssitzungen und viel zu vielen Begegnungen mit dreisten Lügnern. Ich führe hier alles an Tricks und Techniken, was ich über diese natürliche Anlage gelernt habe, zu einem Gesamtprogramm zusammen. Sie müssen weder die vorliegende Forschung aufarbeiten noch Lehrbücher wälzen – das habe ich bereits für Sie erledigt. Sie können sich darauf konzentrieren, die gewünschten Resultate anzustreben. Die Optimierung unserer Körpersprache hat nichts mit Studien oder mit Auswendiglernen zu tun, sondern mit direktem Erleben unseres Lebens.

Überlegen Sie nur, wie wir Rad fahren, tanzen oder küssen lernen. Wir bringen unsere Erfahrung ein, unsere Sinne, unsere Instinkte, und dazu kommen dann noch ein wenig unterstützende Anleitung und eine Menge Übung (vor allem beim Küssen). Wenn wir es gelernt haben, können wir es, es geschieht wie von selbst, wir brauchen nicht mehr nachzudenken – einfach deshalb, weil wir irgendwo bereits wussten, wie es geht.

Mein 7-Tage-Programm der neuen Körpersprache zeigt Ihnen, wie Sie aus dem Bergwerk Ihrer eigenen Erfahrungen, Sinne und Instinkte das gewinnen, womit Sie Ihre natürliche Begabung für Körpersprache ausbauen können. Dann werden Sie sich nicht mehr unwissentlich mit negativen nonverbalen Signalen selbst sabotieren oder als Randerscheinung durchs Leben zuckeln. Sie vertrauen dann Ihren Instinkten, die Ihnen verraten, ob jemand lügt oder in Sie verliebt oder einfach eine Niete ist. Sie werden Ihr natürliches Ausdrucksverhalten so perfektionieren, dass Sie noch charmanter, noch fürsorglicher oder eben noch unerbittlicher erscheinen. Auf *Ihre* Intentionen und *Ihre* Ziele kommt es an. Der Aufbau einer neuen Körpersprache setzt beim für Sie Gewohnten und Vertrauten an. Letztlich geht es nämlich beim Programm der neuen Körpersprache einfach darum, dass Sie sich mehr zutrauen, nämlich

▶ dass Sie andere richtig einschätzen (Treffsicherheit);
▶ dass Sie Ihre Körpersprache meisterhaft einsetzen können (Anwendung);
▶ dass Sie in der Lage sind, Ihre großartige Persönlichkeit in Ihre Umgebung auszustrahlen (Einstellung).

Aber weshalb sollten Sie sich das von mir erzählen lassen? Weil diese Techniken nicht nur meinem Ruf gedient, sondern mir sogar das Leben gerettet haben.

Selbstbewusstsein war meine Waffe

Ich habe meine Tage nicht schon immer damit zugebracht, den Leuten beizubringen, wie man im Business besser abschneidet, ein Einstellungsgespräch mit Bravour zu seinen Gunsten wendet oder zu heißen Dates kommt. Meine Karriere als Körpersprachenexpertin begann bei der staatlichen Behörde für Alkohol, Tabak, Feuerwaffen und Sprengstoff, kurz ATF.

Der Job war nicht gerade die Verwirklichung meiner Kindheitsträume, aber die Berufsberaterin am College hatte mich an einen alten Freund verwiesen, und der arbeitete für diese kleine Behörde, von der ich noch nie gehört hatte. Als ich meinem Vater ein paar Monate später von meinem neuen Job bei diesem Amt erzählte, sagte er: »Wie schön, dass du aus deinen Hobbys einen Beruf machen konntest.« (Dieser süße Papi, immer zu Scherzen aufgelegt.)

Während meiner ersten Jahre bei ATF, immer im Außendienst, lernte ich, die nonverbalen Signale von Skinheads, Neonazis und Waffenschiebern zu erkennen und zu entziffern, und war dadurch immer in der Lage, mein Vorgehen und meine Körpersprache so anzupassen, dass schnell ein Rapport und dann auch Vertrauen entstand. Ich erwarb mir bald einen Ruf als jemand, der bei anderen immer gleich sah, ob sie logen oder nicht. In dieser Zeit also, in der ich mich jeden Tag mitten im Getümmel befand, gelang es mir, eine direkte Verbindung zwischen Körpersprache und einer selbstbewussten Ausstrahlung herzustellen.

Jetzt denken Sie vielleicht: »Na klar, es ist leicht selbstbewusst zu sein, wenn du eine Blechmarke hast, den Ballermann eingesteckt und obendrein noch die Befugnis, Leute einzulochen.«

Aber ich war einfach Ermittlerin, nicht Agentin. Ich hatte keine Waffe und besaß auch nicht die Kompetenz, jemanden festzunehmen. Ja, eine Marke hatte ich, aber das war auch mein einziges Machtmittel. Jedenfalls inspizierte ich schon mit 21 Jahren große Sprengstoffhersteller und Waffenimporteure sowie schmutzige und schummrige Pfandleiherläden, und ich machte unangekündigte Hausdurchsuchungen bei über 500 Handfeuerwaffen-Dealern, von denen einige auch Maschinenpistolen im Angebot hatten. Meistens stand ich allein auf weiter Flur und hatte vor einer Bande von waffenstarrenden, bedrohlich wirkenden Männern für ein in manchen Punkten umstrittenes Waffengesetz einzustehen – und das alles vor der Zeit von GPS und Handy. Wie man sich vorstellen kann, war ich als Regierungsvertreterin nirgendwo ein sonderlich willkommener Gast.

Meine einzige Waffe, und die hatte ich immer bei mir, war Selbstbewusstsein. Dieses Selbstbewusstsein verdankte ich meiner Fähigkeit, die Leute ganz schnell einzuschätzen und innerhalb von sieben Sekunden mehr über sie herauszubekommen, als sie sich je hätten träumen lassen. Mit dem, was ich wahrnahm, hatte ich dann auch sofort eine Strategie. Mein Selbstbewusstsein rührte also daher, dass ich diese Körpersprachenkenntnis als Geheimwaffe besaß – die meisten meiner Verdächtigen dagegen nicht. Mit 24 kam ich durch meine Fähigkeit, Menschen einzuschätzen, zu einem Job als Ausbilderin, eine der jüngsten bei dieser Behörde. Die nächsten 15 Jahre gab ich in einem Ausbildungszentrum in Georgia für neue Inspektoren und Spezialagenten Kurse, in denen es um Interviewführung und das Aufdecken von Täuschungsmanövern ging. Mit 31 bildete ich im Rahmen der Regierungsinitiative »Safe Neighborhood« 30 000 Gesetzeshüter und Staatsanwälte in ganz Nordamerika aus. Es war mir vergönnt, mit einigen der weltweit führenden Experten auf dem Gebiet der nonverbalen Kommunikation zusammenzuarbeiten, darunter mein Lehrer J. J. Newberry, der als früherer ATF-Sonderagent und CEO des Instutute of Analytic Interviewing auch als »menschlicher Lügendetektor« bekannt war; Dr. Paul Ekman, preisgekrönter Forscher auf dem Gebiet des Mikroausdrucksverhaltens und der sieben universalen Emotionen und Dr. Mark Frank, ein anerkannter Fachmann auf dem Forschungsfeld der Verhaltensbeobachtung.

In diesen Jahren habe ich gelernt, wie man Körpersprache einsetzen kann, um gefährlichen Eskalationen vorzubeugen und Gesetzesbrecher zu entlarven. Ich habe auch gelernt, dass Menschen Fehler machen. Das können große Fehler sein, oft gänzlich unbeabsichtigt, jedenfalls Fehler, nach denen sie anschließend den Kopf schütteln und sich fragen: »Was ist da schiefgegangen?«

Mit Vorsicht zu handhaben

Während dieser Jahre bei ATF wurde mir klar, dass der Umgang mit Körpersprache, das Verstehen und Beantworten von Signalen, ungefähr so heikel ist wie der Umgang mit Sprengstoff. Beide können in den richtigen Händen sehr wirkungsvoll sein. Aber man muss sehr wach bleiben – die Ladung kann auch ganz unvorhergesehen losgehen.

Kam es in Ihrem Leben schon einmal vor, dass Sie in der Hitze des Augenblicks nicht dazu kamen, alle denkbaren Folgen Ihres Handelns abzuwägen? Vielleicht hat eine Fehleinschätzung Sie um eine geschäftliche Chance gebracht, Ihre persönliche Sicherheit gefährdet oder Sie den Ehepartner, die Liebe eines Ihrer Kinder, den Respekt der Kollegen oder sogar Ihre Selbstachtung gekostet.

Und jetzt machen Sie sich klar, dass mehr als die Hälfte Ihrer Kommunikation mit anderen nonverbal läuft. Wenn Sie die Durchschlagskraft Ihrer Körpersprache nicht berücksichtigen, gehen Sie unnötige Risiken ein.

Solange Ihnen nicht klar ist, dass Sie mehr verraten, als Sie denken, kann es in Ihrem persönlichen, beruflichen und sozialen Leben genau dann zu unliebsamen Explosionen kommen, wenn Sie es am wenigsten erwarten. Dann haben Sie den Salat. Finden Sie, ich übertreibe? Wenn Sie eine Kiste Sprengstoff entgegennehmen würden, auf der steht, dass Ihre Verletzungschancen 50:50 stehen – würden Sie nicht alles unternehmen, um das Risiko zu minimieren?! Wenn Sie bei einer Lotterie die gleiche Chance hätten, würden Sie nicht ein Los kaufen?! Und würden Sie nicht sagen, dass es ein großer Fehler sein könnte, nicht zu wissen, dass Sie bei allen Begegnungen mit anderen weitaus mehr mitteilen als das, was Sie sagen?

Ich sage das nicht, um Sie zu beunruhigen, aber Sie sollten wissen, was auf dem Spiel steht. Ich bin mir dieses Programms sehr sicher. Ich weiß, dass diese Techniken auch Ihnen zugutekommen werden, schließlich habe ich sie selbst in Situationen eingesetzt, bei denen es um Leben und Tod ging. Ich habe gelernt, die schlausten Lügner zu durchschauen, die man sich nur denken kann. Wenn ich Verbrecher mittels dieser Techniken dazu bringen kann, sich zu ergeben, zu gestehen, sich der Justiz zu stellen und mich nicht umzubringen, werden Sie

doch sicher in der Lage sein, sich im Gespräch mit Ihrem Chef, einem
Kunden, Ihrem Bruder oder einem pampigen Kind zu schützen.
Betrachten Sie die neue Körpersprache als Ihre schusssichere
Weste und Ihren Helm. Ich habe gelernt, die mimischen und körperlichen Signale meiner Pappenheimer zu deuten, und das können Sie
auch. Sie werden die Körpersprache mit solcher Treffsicherheit beherrschen, dass für Ihre Sicherheit immer gesorgt ist. Im zweiten
Schritt lernen Sie, mit genau den Signalen der Körpersprache zu reagieren, die zum erwünschten Ergebnis führen. Vor allem wird die
Kombination dieser beiden Komponenten bei Ihnen die Grundhaltung eines Gewinners hervorbringen, die unerschütterliche Zuversicht, dass Sie jede Situation in den Griff bekommen und in Ihre
Richtung wenden können. Sie haben dann die Oberhand und werden die Dynamik jeder Interaktion zu Ihren Gunsten wenden können. Sie sind dann im Besitz der Geheimwaffe – Selbstvertrauen –,
deren sich alle erfolgreichen Leute bedienen.

Die Bösen überführen, den Guten helfen

Im Herbst 2003, noch bei ATF, der Behörde für Alkohol, Tabak, Feuerwaffen und Sprengstoffe, gründete ich Lyin' Tamer Education
(www.lyintamer.com), eine Gesellschaft für Innovation im Füh-
rungsbereich, die neueste Humanpotenzial-Forschung mit Körpersprache verknüpft, um bei Einzelnen oder in Firmen die Führungskompetenz auszubauen, was letztlich der Produktivität und
Profitabilität dient. Danach eröffnete ich das Body Language Institute in Alexandria, Virginia. Hier kann man Kurse in Körpersprache
und im Erkennen von Täuschungsmanövern absolvieren und
schließlich einen Abschluss machen, durch den man zum Ausbilder
in diesen beiden Disziplinen wird.

Seit der Gründung meines ersten Unternehmens vermittle ich diese Methoden an Bundesagenturen wie FBI und CIA, die Defense Intelligence Agency und an führende Unternehmen wie AOL, Coca-Cola, Hard Rock Hotels, das Magazin *Cosmopolitan*, Lockheed Martin und Accenture; darüber hinaus an ein Millionenpublikum im Fernsehen, und zwar in Sendungen wie *The Rachel Ray Show, Today* und *Larry King Live*. Ich habe erlebt, wie die hochwirksamen Methoden, die ich in meiner Zeit bei ATF gelernt habe, auch Menschen wie dir und mir helfen, die, wenn auch unter ganz anderen Umständen, mit den gleichen Problemen in puncto Selbstbewusstsein zu kämpfen haben.

Man muss sich das einmal klarmachen. Wie viele Ausgaben könnten Sie Ihrer Firma ersparen, wenn Ihnen die Wahrheit hinter dem Lebenslauf eines Bewerbers um eine Stelle bekannt wäre; oder wenn Sie über die Stärken und Schwächen Ihrer Angestellten Bescheid wüssten, bevor Sie Tausende in Schulungen investieren, nur damit er oder sie dann nächstes Jahr aussteigt und bei der Konkurrenz anfängt?!

Wie viel Zeit könnten Sie sparen, wenn Sie bei einem Verkäufer gleich einschätzen könnten, ob er verhandlungsbereit ist?!

Wie viele Tränen blieben Ihnen erspart (und wie viele Leben wären vielleicht zu retten), wenn Sie sicher sein könnten, dass Ihr Kind auf Ihre Frage nach Drogen die Wahrheit sagt?!

Das kann dieses Programm für Sie leisten: Sie werden lernen, jede Situation treffsicher einzuschätzen, die am besten geeigneten körpersprachlichen Mittel einzusetzen und eine Haltung zu verkörpern, bei der *Sie* am Ruder bleiben.

Was ich Ihnen versprechen kann

Dieses Buch wird Ihnen alles Wesentliche vermitteln, damit Sie die neue Körpersprache anwenden können, um zu bekommen, was Sie wollen. Sie werden Ihre Beziehungen festigen, Sie werden besser führen können, Sie werden Ihre Nerven besser im Griff haben und ehrgeizige neue Ziele anpeilen und erreichen. Sie werden gerüstet sein, um als überzeugender Gesprächsführer, als Problemlöser und als ausgekochter Verhandlungsführer aufzutreten. Mit Ihrem Zugewinn an Selbstvertrauen und Ihrer neuen Begeisterung sparen Sie Zeit, Geld und Ressourcen und verfügen in diesem mitunter schwierigen globalen Umfeld über einen entscheidenden Vorteil.

Für den Anfang werden wir erst einmal die Mythen der alten Körpersprache demontieren, die Ihnen vielleicht bis jetzt ein Klotz am Bein waren. Danach machen wir uns ein Bild von der Flexibilität und der Vielseitigkeit der neuen Körpersprache und zeigen auf, wie das 7-Tage-Programm Sie darin unterstützt, Ihre natürlichen zwischenmenschlichen Fähigkeiten zu einer neuen Ganzheit zu entwickeln. Danach kommt der erste Tag, von dem an wir die Lektionen der Woche durcharbeiten werden, wobei jeder Tag mit Geschichten, Übungen und Techniken angereichert ist, die bei dieser natürlichen Fähigkeit ansetzen und sie ausbauen. Sie werden Ihre Treffsicherheit bei der Einschätzung von Signalen der Körpersprache erhöhen und Ihre eigene Anwendung der Körpersprache perfektionieren.

Jeden Tag werden Sie außerdem »7-Sekunden-Abhilfen« vorfinden, die die Themen des Tages aufgreifen. Sie können die hier gegebenen Anregungen immer gleich umsetzen und so mühelos Ihre Beziehungen zu anderen verbessern. Am Ende der Woche fügen wir das alles zu einem einprägsamen Ablauf zusammen, der sich von da an wie von selbst immer dann abspult, wenn es auf richtige Deutung von Körpersprache ankommt.

Außerdem hören Sie unterwegs immer wieder authentische Berichte meiner früheren Schüler, die mit sehr hinderlichen Mängeln ihrer Körpersprache zu kämpfen hatten und heute alle einem »Körpersprache-Powerteam« angehören. Auch sie sind eine Woche lang dem in diesem Buch vorgestellten Programm gefolgt und konnten seitdem Geschäfte aufbauen, eine neue Liebe finden, ihren Wirkungskreis erweitern, verborgene Talente aufspüren – kurz, sie setzten etwas in Bewegung.

Wie das Körpersprache-Powerteam entstand

Im Frühjahr 2007 wurde ich von der *Rachel Ray Show* eingeladen, als heimliche Expertin für Körpersprache bei einer Sendung mitzuwirken. Ich sollte zwei Frauen, in deren Leben es mächtig klemmte, einen zwölfstündigen Blitzkurs in Körpersprache geben.

Einen Monat später war Nicole, die vorher unglücklich verliebt war, eine vielversprechende neue Beziehung eingegangen. Julianne, verzweifelt, weil beruflich einfach nichts vorwärtsgehen wollte, hatte ihren Traumjob als Designerin bei Tommy Hilfiger bekommen.

Der Erfolg dieser beiden Frauen bestärkte mich nicht nur in dem Entschluss, dieses Buch zu schreiben, sondern ließ auch das Körpersprache-Powerteam (KSPT) entstehen. Sie werden in diesem Buch die Geschichten etlicher Mitglieder des KSPT lesen, zu dem sich Menschen zusammengeschlossen haben, die alle Absolventen dieses Programms sind. Sie werden in diesen Geschichten lesen, wie die jeweilige Person ihre liebe Not mit bestimmten Körpersignalen hatte und mit Hilfe der Übungen in diesem Buch staunenswerte Verbesserungen erzielte.

Wenn Sie Videoclips anschauen, alle ursprünglichen Mitglieder des KSPT kennenlernen, ihre Blogs lesen oder Ihre eigene Er-

folgsgeschichte mitteilen möchten, besuchen Sie www.yousay-
morethanyouthink.com.

Alles in allem: Wenn ich mit diesen Mitteln Waffenschieber und Verbrecher in Nadelstreifen übertölpeln konnte, werden Sie damit doch
sicherlich auch Ihre halbwüchsigen Kinder zur Raison bringen, hei-
ße Dates landen oder die längst überfällige Beförderung erwirken
können.

In gerade mal einer Woche erschließen Sie sich Ihre natürliche Fähigkeit, andere richtig einzuschätzen, Körpersprache gezielt
einzusetzen und mit einem so bedingungslosen Durchsetzungswil-
len aufzutreten, dass davon kein Bereich Ihres Lebens unberührt
bleiben wird. Sei es die erste oder die hundertste neue Bekanntschaft,
der aufdringliche Verkäufer oder der passiv-aggressive »Freind« –
die neue Körpersprache wird Ihnen in jeder Beziehung das verschaffen, was Sie möchten.

Möchten Sie? Da bin ich ganz sicher. Also los!

Kapitel 1

Die neue Körpersprache: Was Sie von keinem anderen Experten erfahren werden

> Wenn Sprache den Menschen zur Verschleierung
> ihrer Gedanken gegeben wurde, so ist die
> Gebärdensprache dazu da, sie zu offenbaren.
>
> *John Napier (1550–1617), Hands*

Nach einer tödlichen Schießerei vor einem Hamburger-Imbiss in Richmond, Kalifornien, fand man eine junge Frau unter einem Wagen kauernd auf. Es handelte sich, wie dann herauskam, um die schreckensstarre Cousine des Getöteten. Sie erzählte den Ermittlern, sie habe ihren Cousin nur kurz mit einem »Hi« begrüßt und sei dann gleich um das Gebäude herum zur Toilette gegangen. Dann habe sie einen Knall gehört und sei sofort abgetaucht, unter einen Wagen. Gefragt, ob sie den Schützen gesehen habe, sagte sie: »Nein, tut mir leid, ich habe nicht gesehen, wer meinen Cousin ermordet hat.«

Der ermittelnde Beamte wurde aber den Verdacht nicht los, dass an der Sache doch mehr dran war, und schaltete J. J. Newberry ein, das Wahrheitsgenie. (Ob Sie es glauben oder nicht, das ist ein richtiger Titel. Ein Wahrheitsgenie ist jemand, der im Rahmen eines wissenschaftlichen Testverfahrens bewiesen hat, dass er Lügen in mindestens 80 Prozent der Fälle identifizieren kann. J. J. gilt mit einer Erfolgsrate von über 90 Prozent als die Nummer eins unter den menschlichen Lügendetektoren.)

Es ging um sehr viel. Der Verdächtige, One-Eyed Marvin, war ein bekannter Drogendealer, der die Gegend mit Schüssen aus fahrenden

Wagen, Rohrbomben und gezielten Anschlägen auf die Konkurrenz in der Kokaindealerszene terrorisierte – und dabei keinerlei Rücksicht auf Kinder, völlig unbeteiligte Dritte oder unfreiwillige Zeugen nahm. J. J. betrat das Befragungszimmer sehr besonnen, gab der jungen Frau die Hand und sah sie ganz direkt an, unaufgeregt und ruhig. Er plauderte ein wenig, um Kontakt zu ihr aufzunehmen und ihr alle Befangenheit zu nehmen. Seine Haltung blieb offen, während er etliche Fragen stellte, und er hörte nicht nur mit den Ohren, sondern vor allem auch mit den Augen zu.

Zunächst bat er die junge Frau zu erzählen, was an jenem Abend passiert war. Sie wiederholte die Geschichte, die sie bereits dem ersten Ermittler erzählt hatte:

»Ich habe meinem Cousin am Hamburgerstand Hallo gesagt und bin dann auf die Hausecke zugegangen, weil ich zum Klo wollte. Dann war plötzlich etwas ganz Lautes, und ich bin gleich unter den nächsten Wagen. Da haben mich die Polizisten gefunden, Sie können sie ja fragen.«

J. J. unterbrach sie weder, noch versuchte er ihre Sätze zu beenden. Er ließ sie einfach reden. Als sie fertig war, sagte er freundlich, aber auch fragend: »Ich war bei diesem Imbiss. Da gibt es keine Toilette auf der Rückseite.«

»Nein, ich wollte mich einfach hinhocken«, sagte sie. »Das machen alle so.«

J. J. wusste natürlich bereits, dass die Leute einfach hinter das Gebäude gingen, um ihre Notdurft zu verrichten. Er wollte nur sehen, ob sie ihm die Wahrheit sagen würde. Er machte sich ein Bild von den Grundzügen ihres Verhaltens: Tonfall, Sprechrhythmus, Handgesten, ihre äußere und innere Haltung. Immer wenn sie dann von ihrer Normalität abwich, konnte er gezielt nachfragen, um sie zum Preisgeben der Wahrheit zu bewegen.

An diesem Punkt stellte er ihr eine merkwürdige Frage: »Haben Sie irgendetwas von Angst vor Gefahr gespürt?«

»Was?«, fragte sie verblüfft.

J. J. wiederholte die Frage:»Als Sie Ihren Cousin am Hamburger-stand sahen, hatten Sie das Gefühl, dass Angst in der Luft lag?«

Jetzt antwortete sie sehr bestimmt:»Nein, gar nicht.«

J. J. stand auf.»Gut, das wollte ich nur wissen.« Aber auf dem Weg aus dem Zimmer schlug er plötzlich mit der Faust auf den Tisch hinter der jungen Frau, dass es nur so knallte. Sie fuhr herum.

Ganz Inspektor Columbo, sah J. J. sie direkt an und sagte:»Wissen Sie, was Sie da gerade gemacht haben? Sie haben sich nach dem Ge-räusch umgedreht, um zu sehen, ob da etwas Gefährliches ist. Jeder, der ein plötzliches lautes Geräusch hört, sieht instinktiv hin, um die Quelle zu ermitteln und einzuschätzen, ob Gefahr besteht. Dann erst legt man fest, wohin man läuft.«

Er blickte ihr weiter ganz direkt in die Augen und fuhr fort:»Und genauso, wie Sie sich jetzt zu mir umgedreht haben, sahen Sie auch zu Ihrem Cousin hin, als er erschossen wurde – und den Schützen haben Sie auch gesehen, nicht wahr?«

Sie brach augenblicklich in Tränen aus und stammelte:»Ja … ja, habe ich. One-Eyed Marvin hat meinen Cousin umgebracht … mit einer Maschinenpistole.«

J. J. ging sofort auf sie zu und nahm seine neue Zeugin in die Arme.»Ist ja gut. Ich weiß, dass Sie Angst haben, aber das ist unnö-tig. Wir kümmern uns um Sie. Sagen Sie einfach die Wahrheit.«

J. J. Newberrys geheime »Zutat« bei dieser Befragung und allen seinen Befragungen ist Vertrauen. Er handhabt seine angeborene Körpersprachbegabung so souverän, dass zu jedem Gegenüber schnell ein Rapport entsteht. Und hat man erst so ein entspanntes, angstfreies Verhältnis zu jemandem aufgebaut, wird er seine vor-sichtige Verschlossenheit aufgeben. Man erlebt die Menschen dann so, wie sie wirklich denken und reagieren, und kann seine eigene Körpersprache auf ihre unbewussten Vorlieben abstimmen. Sie fan-gen an, einem zu vertrauen, einfach so.

Für J. J. ist es wichtig, dass die Leute ihm einfach die Wahrheit anvertrauen, aber Sie können nach dem gleichen Muster jeder Geschichte auf den Grund gehen, in jeder Situation das Heft in der Hand behalten und sogar andere unmerklich so dirigieren, dass sie tun, was Sie möchten. Sie werden mit Ihren eigenen Instinkten beginnen und sie nach den in diesem Buch vorgestellten Strategien stärker machen. Sie werden sich ein ganzes Repertoire von Reaktionen für alle Lebenslagen zulegen und immer unmerklich die Oberhand behalten, wie die Dinge auch laufen mögen. Eines werden Sie dagegen *nicht* tun. Sie werden keine Serien von Posen und Gesten auswendig lernen. Die neue Körpersprache bietet weitaus mehr.

Die sieben Mythen der alten Körpersprache

Was wäre wohl passiert, wenn J. J. wie ein Autoverkäufer in dieses Befragungszimmer gegangen wäre, der unbedingt noch ein paar Verkäufe für seinen Jahresabschluss braucht? Die Visage zu einem unechten Grinsen verzogen, viel zu starker Händedruck, starrer Augenkontakt, wasserfallartiges Gerede und dann womöglich auch noch dieses Wahrzeichen der »Mächtigen«, die an den Fingerspitzen zusammengelegten, ein Dach formenden Hände?

Das kann ich Ihnen verraten: Er hätte einen geradezu panischen, unaufrichtigen Eindruck gemacht und seine Glaubwürdigkeit vermutlich gleich im Keim erstickt.

Alle diese Signale stehen auf der Liste der alten Körpersprache als hochwirksam und weitreichend, aber sie hätten ihm hier rein gar nichts genützt. J. J. wusste, dass er viel eher etwas erreicht, wenn er mit einem entspannten Gesichtsausdruck Einfühlungsvermögen und Selbstvertrauen signalisiert, wenn er weniger Bewegung, weniger

Gesten einsetzt, wenn er langsamer und unaufgeregt spricht. Dennoch, Möchtegern-Erfolgreiche machen eben diese Fehler alle Tage, bei Einstellungsgesprächen, Verkaufsverhandlungen und ersten Rendezvous gleichermaßen. Sie haben irgendein Körpersprachenbrevier durchgeblättert und sich ihr eigenes Potpourri von »Erfolgssignalen« zusammengerührt – hier mal ein bisschen breitspurig dastehen, da ein Hauch von Powergebärde, vielleicht auch eine kleine Berührung, auf jeden Fall ein sattes Maß Blickkontakt. Nur fällt ihnen nicht auf, dass eine Häufung von Powergesten oder die falsche im unpassenden Augenblick gar nicht gut kommt und die Aussichten auf den gewünschten Ausgang eher vermindert, wenn nicht gegen null drückt.

Ist Ihnen das schon mal passiert? Sie meinten, Sie kennen sich mit Körpersprache ein bisschen aus, aber dann haben Sie sich die Tour doch selbst vermasselt, weil Sie unbewusst die falschen Signale aussandten oder die Signale des anderen falsch auslegten?

Wenn Sie das kennen, befinden Sie sich in guter Gesellschaft. Auch deshalb habe ich ja dieses Buch geschrieben: Ich möchte, dass Sie am Ende die Deutung und die Anwendung körpersprachlicher Signale zusammenführen können, damit daraus ein nahtloses, natürliches und fließendes Ganzes wird und Sie nicht mehr auf die unbeholfenen und isoliert dastehenden Roboterzuckungen der alten Körpersprache zurückgreifen müssen. Dieser ganze Ansatz, »Situation A erfordert Signal B«, ist untauglich, auch wenn er nach wie vor eine Menge Presse bekommt. Und es ist nur einer von etlichen Mythen der Körpersprache.

Mythos 1: *Wer die Signale der Körpersprache versteht, kann Gedanken lesen.*
Wenn Sie fernsehen oder auch schon mal einen Blick in Klatschmagazine werfen, kennen Sie ganz sicher diese Pröbchen im Miniformat von Körpersprache-Analysen bei Politikern, Popstars und sogar kleinen Kindern. Wenn man sich das anhört, könnte man denken, in

allem, was wir so tun, stecke eine präzise benennbare Bedeutung. Eigentlich braucht man nur eine Handvoll körpersprachlicher Signale auswendig zu lernen, dann sei man Gedankenleser. So etwas lässt bei mir den Quatschdetektor wild ausschlagen. Bei Körpersprache-Analysen nach einem Foto habe ich es mir zur Regel gemacht, dass ich mindestens 20 weitere Fotos der Person sehen muss, bevor ich etwas sage. Nur so kann ich beurteilen, ob es sich um eine ungewöhnliche und deshalb verräterische Verhaltenseigentümlichkeit oder um etwas für diese Person völlig Normales handelt. Ich sage nie:»Dieses Signal bedeutet …«Ich sage immer:»Es könnte als das und das wahrgenommen werden.«Jede»Regel«der Körpersprache hat nämlich ihre Ausnahmen.

Ein Beispiel: Bei der Bürgerrechtsversammlung am Lincoln Memorial in der Hauptstadt Washington am 28. August 1963 hielt Martin Luther King seine berühmte Rede»I have a dream«. Und wären Sie an diesem Tag einer in der Menge von 250 000 Menschen gewesen und hätten nach charakteristischen Signalen der Körpersprache beim Redner Ausschau gehalten, vielleicht hätten Sie dann gedacht, dass er wohl doch keinen Traum hatte. Er schüttelte im Verlauf seiner Rede immer wieder den Kopf.

Ganz so einfach ist es offenbar nicht.

Sicher, uns liegen massenhaft Forschungsergebnisse vor, die besagen, dass nonverbale Kommunikation mehr vermittelt als unsere Worte. Das stimmt natürlich, aber nichts davon kann als Beweis für die definitive Bedeutung gelten, die wir Gebärden unterlegen. Es handelt sich einfach um eine große Fehleinschätzung, und auf der fußt die alte Körpersprache. In Wahrheit bedeuten die einzelnen Signale einfach nicht definitiv das, was wir in ihnen erkennen möchten; für ihre Bedeutung ist vielmehr entscheidend, wie andere sie wahrnehmen und auf sie reagieren.

Nehmen wir an, Sie sind um drei Uhr bei einer Besprechung mit Ihrem Chef, und er rümpft die Nase. Das sehen Sie vielleicht als Mikroausdruck von Widerwillen und denken: »Dachte ich es mir doch, dass ihm das nicht passt, was ich eben gesagt habe.« Tatsächlich denkt er aber vielleicht gerade daran, was das kürzlich angeschaffte Hündchen in seinem Haus anstellen wird, wenn er wieder Überstunden macht. Sie dagegen, vom Modell der alten Körpersprache beherrscht, geraten in Panik und lesen die kleine Grimasse als Anzeichen Ihrer bevorstehenden Entlassung – o Gott, muss ich dann von der Arbeitslosenhilfe leben … und wer bezahlt mein Haus weiter ab …?

Gemach. Sie sind eben *kein* Gedankenleser. Das geht nicht, jedenfalls nicht nach einem einzigen Anzeichen. Sie müssen da schon noch etwas mehr einbeziehen.

Mythos 2: *Man kann einzelne Signale benutzen, um seine wahren Gefühle zu kaschieren.*

Das ist so etwas wie die Kehrseite des ersten Mythos. Knappe Antwort: Nein, das geht nicht. Kein einzelnes Signal erzählt alles, ob Sie es senden oder interpretieren.

Angenommen, es gibt da eine Frau, mit der Sie gern mal ausgehen würden. Sie haben Angst, sie zu fragen, aber Sie beißen finster entschlossen die Zähne zusammen und tun es trotzdem – sie ist ja auch wirklich eine Wucht. Sie werden also den selbstbewussten starken Mann herauskehren, eine forsche Anmache von sich geben und – ah, gute Idee – ein kleines Zwinkern einflechten und einfach darauf setzen, dass die Dame Ihre verkrampften schweißnassen Hände schon nicht bemerkt. Läuft das so?

Eher nicht, vermute ich. Die Botschaft, die Sie rüberbringen, entspringt einem ganzen Strauß von Signalen, nicht allein dem von Ihnen geplanten. Wenn Ihr Zwinkern »Hallo, Puppe« sagt, Ihr ganzer Körper aber ansonsten »Ich hab Schiss« ächzt, wird sie wahrscheinlich nicht wissen, was sie davon halten soll. Ihre ungeschönte Schüchternheit hätte sie vielleicht ganz niedlich gefunden, aber diese absonderliche Mischung widerstreitender Signale wird wohl den bis dahin noch bestehenden positiven Kontakt und das Vertrauen untergraben und womöglich Ihre Erfolgschancen auf null bringen.

Mythos 3: *Mit bestimmten Powergesten, zum Beispiel dem bereits beschriebenen mit den Fingern geformten* »Dach«, *kann man sich Respekt verschaffen.*
Beim Coaching für freie Rede wird gern diese Dach-Geste empfohlen (die Fingerspitzen beider Hände berühren sich paarweise), mit der man andeuten soll, dass man es wirklich drauf hat. Für Leute, die sich gern mehr Respekt verschaffen möchten, kann das wie die Patentlösung aussehen, nach der sie schon immer gesucht haben.
Leider ganz falsch. Bei einem ersten Rendezvous hat man mit dem Dach sogar ein todsicheres Mittel, mit dem man alle Romantik abwürgen kann. Und wenn jemand Ihnen sein Herz ausschüttet, werden Sie mit dem Dach nur erreichen, dass er oder sie verstummt und der Kontakt abreißt. Man würde Sie eher als einen von sich selbst eingenommenen Blödmann sehen.
Das Dach ist nicht das einzige Powersignal, bei dem so manches schiefgehen kann. Denken wir nur an die Präsidentschaftsdebatten 2000, als Al Gore in George W. Bushs Persönlichkeitssphäre einbrach, während er noch sprach. Gore sah diesen räumlichen Übergriff vielleicht als einen grandiosen, vor Selbstbewusstsein strotzenden Schritt, aber tatsächlich bot er das Bild eines Trampeltiers.
Kurzum, es gibt keine Gesten für alle Gelegenheiten. Was in der einen Situation funktioniert, kann in einer anderen tödlich sein. Wenn Sie also nicht Donald Trump sind, von dem man solch gewinnendes Dominanzgebaren ständig erwartet, empfiehlt sich ein zurückhaltender Umgang mit Powergesten. Im falschen Augenblick angewandt, dienen sie Ihrer Sache nicht – Sie wirken dann lediglich großspurig und arrogant.

Universal emotions

s 4: *Körpersprache ist überall gleich.*
gar nicht. Paul Ekman, führender Experte für nonverbale
munikation, hat zwar nachgewiesen, dass die mimischen Signa-
r die sieben universalen Emotionen – Ärger, Verachtung, Ab-
eu, Angst, Glück, Traurigkeit und Überraschung – bei allen Menschen gleich sind, doch alle übrigen Körpersignale hängen ganz
davon ab, wo und wie und in wessen Obhut man aufgewachsen ist.
In vielen Gesellschaften bedeutet ein Kopfnicken ja, in anderen, zum
Beispiel Bulgarien, bedeutet es nein; der Fuß gilt mancherorts als
erogene Zone, anderswo als der anstößigste Körperteil überhaupt.
Überall lauert die Gefahr von Missverständnissen; lassen Sie Ihre
Lehrbücher der alten Körpersprache also besser daheim, wenn Sie
auf Reisen sind.

Mythos 5: *Lügner scheuen den Blickkontakt.*
Das muss wohl einer der Ur-Mythen der alten Körpersprache sein.
Wäre es doch nur so! Dann brauchten wir keine zeitraubenden Aus-
bildungen oder Lügendetektoren und was der vertrackten Testme-
thoden mehr sind. Wir könnten auch ohne J. J. und seine intime
Sachkenntnis auskommen. Doch leider, gerade Lügner können Meister des direkten Blickkontakts sein. Falls da überhaupt Verdachtsmo-
mente zu gewinnen sind, dann eher durch ein wenig zu viel Blickkontakt: »Ich sag die Wahrheit, ganz ehrlich – mein offener
Blickkontakt zeugt doch davon, nicht?!«

Suchen wir also nicht nach unsteten Augen oder ausweichenden
Blicken, sondern nach Abweichungen vom *normalen* Verhalten der
Person. Wenn jemand Sie zuerst für etwa 50 Prozent der Zeit direkt
ansieht und dieser Prozentsatz dann plötzlich merklich sinkt, kann
es tatsächlich sein, dass Sie gerade angelogen werden. Und wenn der
Prozentsatz ebenso deutlich steigt, ist es gut möglich, dass Sie ihn
oder sie allein mit dieser Beobachtung entlarvt haben. Aber suchen
Sie nicht nach ausweichenden Blicken, sonst kann es passieren, dass

Sie einen grundehrlichen, aber schüchternen Menschen für einen absolut dreisten Lügner halten.

Mythos 6: *Unser Blick wandert nach oben rechts, wenn wir die Wahrheit verschweigen oder gerade eine Story auftischen.*
Das ist einer der pseudowissenschaftlichen Körpersprachemythen, der von der Methode der Neurolinguistischen Programmierung (NLP) ausging. Diese Anschauung hat sich als unzutreffend erwiesen, hält sich aber zäh, seit sie praktisch über Nacht zum allgemeinen Bildungsgut geworden ist. Es stimmt, die meisten Leute blicken nach oben rechts, wenn sie sich eine Antwort zurechtlegen, aber wir wissen einfach nicht, ob dann eine erfundene Geschichte oder einfach eine wohlüberlegte Antwort dabei herauskommen wird. Wenn ich Sie etwa frage, was Ihr schönstes Geburtstagsgeschenk gewesen sei, und Sie daraufhin nach oben rechts blicken, vielleicht fällt Ihnen dann nur gerade ein, dass Sie nächstes Jahr 40 werden. Von der eher bangen Erwartung Ihres Vierzigsten sagen Sie mir nichts, und ich schließe fälschlich aus Ihrer Blickgebärde, dass Sie mir etwas auftischen, wenn Sie jetzt von Ihrem Lieblingsgeschenk erzählen.

Mythos 7: *Immer nur lächeln, das kommt gut an.*
Das klingt ja eigentlich nur vernünftig. Ungefähr wie »Behandle andere so, wie du selbst behandelt werden möchtest« oder »Lachen steckt an«. Aber bei empirischen Studien hat sich herausgestellt, dass man Viellächlern eher weniger Status und Macht zutraut als Leuten, die sparsam lächeln. Anders gesagt: Die aus der zweiten Riege lächeln viel, die aus der ersten nicht.
Andererseits wissen wir aus der jüngsten neurowissenschaftlichen Forschung, dass unser Gehirn darauf programmiert ist, sich von der Freude eines anderen »anstecken« zu lassen, wenn wir zum Beispiel ein echt von Herzen kommendes Lächeln sehen. Deshalb fasst die neue Körpersprache diese beiden Gesichtspunkte zusammen: Warte,

bis du vorgestellt wirst, und wenn du deiner neuen Bekanntschaft dann die Hand schüttelst und ihren Namen wiederholst, lächelst du, aber so richtig. Gewiefte Alphatiere wissen das, sie vermitteln einem das Gefühl, die eigene Person habe dieses Lächeln hervorgezaubert. Ganz schön gerissen, finden Sie nicht? Aber es kann sich ganz echt anfühlen.

Die neue Körpersprache: Treffsicherheit + Anwendung = Selbstbewusstsein

Weshalb nimmt man ein Buch über Körpersprache zur Hand? Sie zum Beispiel. Soweit ich sehe, interessieren sich die Leute aus zwei Gründen für Körpersprache:

a) Man hält sich für schüchterner oder linkischer als die meisten anderen. Man glaubt sich selbst im Weg zu stehen, weil man im Umgang mit anderen nicht locker genug ist. Man sucht nach Anregungen, weil man sich im Zusammensein mit anderen, die man nicht gut kennt, natürlicher und unverkrampfter geben möchte.

b) Man hält sich schon für ganz gut im sozialen Umgang, man weiß, wie man andere psychologisch in den Griff bekommt, aber man möchte darin noch besser werden, noch mehr herausschlagen. Man möchte alle Tricks und Insidertipps kennen, um andere mittels Körpersprache zum gewünschten Verhalten zu bewegen.

Man kann das als die beiden Pole eines Spektrums sehen, aber es geht eigentlich in beiden Fällen um mehr Selbstbewusstsein. Und genau darauf zielt die neue Körpersprache ab: eben dieses echte Selbstvertrauen zu erzeugen, das sich einstellt, wenn wir die Menschen besser einschätzen (Treffsicherheit) und uns dann gleich von unserer besten Seite zeigen können (Anwendung). Wenn Sie diese Zuversicht anhand der neuen Körpersprache gewonnen haben, fallen Ihnen die richtigen Deutungen und eigenen Anwendungen praktisch zu, wann immer sie gebraucht werden, Sie müssen darüber nicht mehr groß nachdenken.

Nach meiner Erfahrung sind diese beiden Aspekte schwerpunktmäßig auf die beiden Geschlechter verteilt. Viele Frauen verstehen Körpersprache außerordentlich gut, tun sich aber manchmal schwer, auch nur die einfachsten Signale von Selbstvertrauen selbst anzubringen. Viele Männer geben sich total selbstbewusst (manche erfolgreich, andere weniger), übersehen jedoch, dass Verständnis für Körpersprache Vorrang haben muss. Bei der neuen Körpersprache geht es darum, diese beiden Anteile zusammenzuführen – erst dann können Sie echtes Selbstbewusstsein haben, die Haltung, in der Sie wirklich etwas aus diesem Programm und aus Ihrem Leben machen können.

Am Ende dieses Kapitels werden Sie einen kleinen Test machen, nach dem wir Ihren Selbstsicherheitsquotienten in puncto Körpersprache ermitteln werden. Sie können sich dann selbst einstufen und wissen, wo Ihre Stärken bei Treffsicherheit und Anwendung liegen und wo nachgebessert werden muss. Vielleicht besitzen Sie eine gut entwickelte Beobachtungsgabe, während es bei der Ausführung hapert. Vielleicht sind Sie stolz auf Ihr reibungslos funktionierendes Repertoire an körpersprachlichen Signalen, aber nicht gut in der Auslegung der Körpersprache bei anderen. Wir werden das aufspüren. Und egal, wo Sie jetzt stehen, am Ende der Woche werden Sie die Einstellung haben, die Ihnen jede Situation zu bestehen erlaubt.

Aber sehen wir uns die einzelnen Phasen dieses dreiteiligen Ansatzes erst noch ein wenig genauer an.

Erste Phase: Andere treffsicher einschätzen

Mit Treffsicherheit fängt bei der Körpersprache zwangsläufig alles an. Sie müssen die Situation und Ihr Gegenüber sicher einschätzen können, ohne sich ablenken oder durch Vorurteile beeinflussen zu lassen – erst dann können Sie mit sinnvoll angewendeter Körpersprache reagieren. Haben Sie die Situation falsch eingeschätzt, wird Ihre Reaktion unpassend ausfallen. Und nach einer unpassenden Reaktion müssen Sie sich doppelt ins Zeug legen, um verlorenen Boden wiedergutzumachen.

Wie Sie wahrscheinlich schon an dem Beispiel mit J. J.s Beteiligung, an den Berichten über meine eigene Ausbildung und an den jedes Jahr neu erscheinenden Untersuchungen über nonverbale Kommunikation gemerkt haben, ist Treffsicherheit nicht so einfach. Sehen wir uns einmal etwas näher an, weshalb Treffsicherheit so schwierig ist und weshalb es sich lohnt, sich um sie zu bemühen.

Der visuelle Informationskanal

Der visuelle Informationskanal bezeichnet einfach all das, was Sie über den Gesichtssinn aufnehmen. Bei meinen Körpersprachekursen, die ich in Firmen gebe, mache ich manchmal eine nach Auskunft meiner Schüler sehr unterhaltsame Übung, bei der die Bedeutung des visuellen Informationskanals sehr klar hervortritt. Eine Hälfte der Teilnehmer verlässt den Raum, und den Übrigen führe ich einen kurzen *Tom-und-Jerry*-Zeichentrickfilm vor, perfektes Beispiel für Körpersprache. Danach kehren die anderen Teilnehmer vom Gang in den Unterrichtsraum zurück und müssen die Leute, die die kurze Filmsequenz gesehen haben, interviewen. Die Sache hat aber einen Haken. Die Befragten müssen die Filmsequenz schildern, ohne dabei ihre Hände zu benutzen. Sie sitzen sogar auf ihren Händen!

Das ist für manche so schwierig, dass man förmlich die Hände unter ihnen arbeiten sieht. Und manche sind einfach nicht in der Lage, die Geschichte ohne Zuhilfenahme der Hände wiederzugeben. Diese Übung soll einfach verdeutlichen, wie schwer es ist, Hände und Arme beim Reden nicht zu benutzen, und sie soll demonstrieren, wie wichtig der visuelle Informationskanal für die Kommunikation ist. Wir setzen die Hände beim Reden vorzugsweise dann ein, wenn es etwas zu vermitteln gilt, das mit Worten allein schwer ganz zu erfassen ist. Versuchen Sie jemandem den Weg zum Krankenhaus zu beschreiben oder das Ersteigen einer Leiter zu erklären oder einfach einen Fußball zu beschreiben, ohne die Hände zu benutzen. Unmöglich ist das nicht, aber es ist sehr schwierig und fühlt sich unnatürlich an.

Gesten sind mit der Sprache so eng verquickt, dass sogar das Sprechenlernen und die Informationsverarbeitung von ihnen mitbestimmt werden. Eine Untersuchung an der University of Chicago ergab, dass Kinder, die bei der Schilderung ihres Lösungswegs für eine mathematische Aufgabe die Hände benutzten, besser abschnitten und in der Vorgehensweise einfallsreicher waren als Kinder, die das nicht taten.

Gesten helfen auch dem Gegenüber. Eine Studie hat gezeigt: Wenn Eltern von 14 Monate alten Kleinkindern mehr Gesten verwenden – etwa wenn sie bei der Frage »Tim, siehst du dieses Buch?« auf das Buch deuten –, wird die Gestik bei den Kindern nicht nur reichhaltiger, sondern sie verfügen dann auch mit viereinhalb Jahren über ein höher entwickeltes Vokabular.

Ausschlaggebend ist dabei, dass die Gesten zu den Worten passen müssen, sonst kann das Gehirn des Zuhörenden kurz ins Stolpern kommen. Der Neurowissenschaftler Spencer Kelly von der Colgate University hat untersucht, wie das Gehirn auf unterschiedliche Kombinationen von Gesten und Worten reagiert. Ergebnis: Wenn jemand etwas sagt, was nicht zu seiner Geste passt – er sagt zum Beispiel: »Sie müssen nach links gehen«, deutet dabei aber nach

rechts –, dann stutzt das Gehirn kurz. Die Gehirnwellen der Proban-
den ändern sich dabei ganz erheblich, die Aktivität wird zurückgefahren, was darauf hindeutet, dass das Gehirn die Bedeutung der
Geste zusammen mit der Wortbedeutung zu verarbeiten versucht –
und wenn das nicht gelingt, weil sie nicht zueinander passen, leidet
das Auffassungsvermögen insgesamt.

Was würde denn in Ihnen vorgehen, wenn Sie es wären, der mit
einer nicht zu den Worten passenden Geste konfrontiert wird? Vermutlich wird sich die Empfindung »Hä?« einstellen, die immer auf-
kommt, wenn wir jemandem nicht ganz folgen können. Nun sind
Sie ein höflicher Mensch und werden sich in dieser Situation ganz
besonders anstrengen, die Worte des Sprechers genau zu verfolgen.
Sie sagen sich: »Vielleicht ist mir irgendetwas entgangen.«

Nein, ganz und gar nicht. Das »Gehirnstutzen« ist vielmehr eine
sehr gute Sache, Ihr intuitives Gespür für Körpersprache sagt Ihnen,
dass etwas nicht stimmt. Etwas ist nicht ganz echt an dieser Person.

Wichtig ist, dass Sie solch ein Gehirnstutzen beachten und sich
klarmachen, wann es eintritt. Sie tun damit einen wichtigen Schritt
zur richtigen Einschätzung der Lage. Über den visuellen Informationskanal haben Sie erkannt, dass die Körpersprache der Person
nicht zum Inhalt ihrer Worte passt. Das Programm der neuen Körpersprache wird Sie an diesen Instinkt heranführen, und dann werden Sie seine Regungen spüren, anstatt sie – höflich, wie Sie sind –
herunterzuspielen.

Wahrnehmungsblindheit

Waren Sie jemals so sehr auf ein Ziel fixiert, dass Sie etwas übersa-
hen, das direkt vor Ihnen war? Sind Sie schon mal am Montag zur
Arbeit gegangen und mussten sich dann von einem Kollegen anhö-

ren: »Hör mal, ich hab dir gestern im Kino zugewinkt, du warst keine drei Meter weg und hast mich einfach nicht gesehen!«? Hat Ihr Mann je zu Ihnen gesagt: »Ich dachte, meine Schuhe sind in der Küche«, obgleich er eben erst im Gang über sie gestolpert war? Wenn wir nur Bäume anstarren und uns nicht die Zeit nehmen, die Dinge urteilsfrei zu betrachten und den Wald insgesamt wahrzunehmen, entgeht uns so manches, was wichtig sein könnte. Dieses Phänomen nennt man »Unaufmerksamkeitsblindheit« oder auch »Wahrnehmungsblindheit«. Es hat damit zu tun, wie wir Informationen aufnehmen und verarbeiten.

Immer wieder kommt es vor, dass beispielsweise ein Lastwagenfahrer in den Rückspiegel schaut, bevor er die Spur wechselt, und dann blickt er einem Motorradfahrer direkt ins Gesicht – und schert trotzdem aus. Jeden Sommer entgeht einem Bademeister irgendwo im Freibad, der ständig das Schwimmbecken im Auge hat, ein Kind am Grund des Beckens. Der Lastwagenfahrer achtet auf Autos, nicht auf Motorräder. Der Bademeister rechnet mit Panik an der Oberfläche, nicht mit einem Körper, der bereits am Grund des Beckens liegt.

Ungefähr so, wie ich bei der ATF-Behörde sehr bald gelernt habe, jede potenziell gefährliche Situation ganz schnell einzuschätzen, werden Sie sich im Laufe unseres Programms der neuen Körpersprache die Fähigkeit aneignen, alle in jeder Situation und Umgebung anfallenden Eindrücke schnell in sich aufzunehmen und zu verarbeiten. Nach und nach erschließen Sie sich dabei Ihre angeborenen Instinkte und die Fähigkeit, die wirklich wichtigen Faktoren herauszulösen, denen Sie das entnehmen können, was für die jeweilige Situation oder zwischenmenschliche Dynamik entscheidend ist.

Damit Sie wissen, wie es um Ihre eigene Wahrnehmungsblindheit bestellt ist, möchte ich dazu jetzt einen Test mit Ihnen anstellen. Nach diesem Test werden Sie wissen, wie blind unsere Wahrnehmungsgewohnheiten uns für die Kernaspekte der nonverbalen Kommunikation machen können. Der Test besteht aus zwei Teilen.

Schließen Sie den ersten bitte ab, bevor Sie sich dem zweiten widmen. Nicht vorblättern! (Besuchen Sie außerdem www.yousaymorethanyouthink.com, klicken Sie unter »Resource Center« den Link »Break the Code« an und sehen Sie zu, ob Sie die Unterschiede in den Bildpaaren erkennen.)

Wahrnehmungsblindheit-Test
Teil 1
Stellen Sie einen Timer auf 30 Sekunden ein. Begeben Sie sich in den Türrahmen Ihres Schlafzimmers und sehen Sie sich die zehn größten Gegenstände darin an. Wenn der Timer piepst, verlassen Sie das Schlafzimmer. Haben Sie die zehn Dinge? Blättern Sie um und gehen Sie zu Teil 2 des Tests über. (Noch einmal: Nicht vorher nachsehen, sonst funktioniert der Test nicht.)

Signalcluster

Meine Mama ist Krankenschwester, mein Papa Automechaniker, und in beiden Berufen ist es sehr wichtig, nicht nur winzige einzelne Details wahrzunehmen, sondern auch das Gesamtbild zu sehen. Wenn ein Patient rot im Gesicht wird oder unter der Motorhaube etwas klackert, muss man, um zur richtigen Einschätzung zu kommen, nach weiteren Symptomen Ausschau halten. Meine Eltern stehen also ständig vor der Notwendigkeit, ganze Gruppen von Anzeichen zu betrachten, um eine »Diagnose« zu erstellen.

Ähnliches gilt für die neue Körpersprache. Auch hier braucht man mehr als ein einziges Zeichen, um die Situation richtig einzuschätzen. Sie werden also die Absichten eines Menschen von jetzt an nicht mehr nach Wörterbuch-Definitionen von Körpersprachesig-

Beim Date

Das Problem: Diese beiden Vertreter der Nachkriegsgeneration gehen zum ersten Mal miteinander aus, und der Mann, ganz verknallt, weiß nicht, was er mit seinen Händen machen oder wie er überhaupt dasitzen soll. (Das kann einem auch bei einer Besprechung oder einem Einstellungsgespräch so gehen.) Auf dem Foto links sitzt er seiner Dame direkt gegenüber, aber die Handhaltung wirkt etwas verkrampft und nervös.

Abhilfe: Meine Damen, nehmen Sie nicht direkt gegenüber Ihrem Verehrer Platz, rutschen Sie etwas auf die Seite, damit er mehr Raum hat – aber richten Sie Ihren Nabel auf ihn aus und halten Sie die Hände offen (das wird gern als Zeichen der Aufrichtigkeit gedeutet). Beachten Sie, dass seine Kraftzonen – Nabel, Schamgegend (dazu später mehr) und Hals – offen sind. Machen Sie es ihr nach, und er wird selbstbewusst wie ein Tiger sein.

nalen zu bestimmen versuchen, sondern nach charakteristischen Gruppen oder »Clustern« von Signalen Ausschau halten.

Alle körpersprachlichen »Mitteilungen« treten als Cluster auf, an denen Haltung, Gestik, Mimik, Tonfall und andere Ausdruckskanäle beteiligt sind. Erst wenn Sie alle diese Anteile wahrnehmen und in ihrem Zusammenspiel als Einheit oder eben Cluster erkennen, gewinnen Sie gute Anhaltspunkte für das, was jemand gerade fühlt oder denkt. Erfassen Sie Signale als Gruppierung, und es werden Ihnen auch die Anteile außerhalb der Reihe leichter auffallen, die irgendwie nicht ins Bild passen.

Treffsichere Einschätzung ist Vorbedingung für wirksame Anwendung der Körpersprache, denn Sie können nur mit einiger Zuverlässigkeit richtig reagieren, wenn Sie den Signalen Ihres Gegenübers alles Wesentliche entnommen haben. Im nächsten Abschnitt sehen wir uns jetzt die Anwendung an.

Zweite Phase: Anwenden, was Sie gelernt haben

Die meisten Teilnehmer an meinen Seminaren haben eingefleischte Körpersprachgewohnheiten. Das ist mehr oder weniger bei uns allen so. Manchen scheint es sehr schwerzufallen, daran etwas zu ändern. Sie fühlen sich einfach wohler, sie sind weniger befangen, wenn sie beim Gewohnten bleiben; sie sagen etwa: »Ich kann nicht so die Hand geben. Es fühlt sich für mich ganz fremd an.«

Ich respektiere das natürlich, wenn ich auch nicht der Meinung bin, dass Sie irgendetwas »nicht können« – Sie können alles, was Sie wirklich wollen. Wenn Sie erkennen, dass Sie ein instinktives Körpersprachenmuster besitzen, ist das eine wichtige Feststellung, was Sie selbst und die Menschen überhaupt angeht. Es besagt aber nicht, dass Sie keinen Einfluss darauf haben.

Wahrnehmungsblindheits-Test
Teil 2
Den ersten Teil haben Sie gemacht. Jetzt notieren Sie die zehn *kleinsten* Gegenstände im Zimmer.

Ha, ausgetrickst! Ich habe Sie aufgefordert, sich die zehn größten Gegenstände zu merken, und jetzt will ich die zehn kleinsten von Ihnen wissen. Schreiben Sie sie auf.

Dann gehen Sie ins Zimmer zurück, um nachzusehen, ob Ihre Antworten stimmen. Konnten Sie die zehn kleinsten Dinge benennen? Setzen Sie sich jetzt auf den Boden, sehen Sie sich um. Sehen Sie etwas, das Ihnen vorher nicht aufgefallen ist?

Wenn Sie etwas Neues sehen, schreiben Sie das Ihrer Wahrnehmungsblindheit zu: Sie haben etwas nicht bemerkt, was direkt vor Ihrer Nase war. Erinnern Sie sich im Laufe der nächsten sieben Tage immer wieder mal an diese Übung. Lassen Sie sich von ihr dazu anregen, Ihr Leben und Ihren Umgang mit anderen buchstäblich aus einem anderen Blickwinkel zu betrachten.

Strukturbedingte Instinkte

Viele Signale der Körpersprache sind einfach in uns angelegt. Ekmans sieben universale Emotionen haben wir bereits kurz angesprochen; sie zeigen, dass der zu bestimmten Gefühlsregungen gehörende Gesichtsausdruck biologisch bedingt ist. Wissenschaftler finden immer weitere Hinweise darauf, dass auch andere Signale einen biologischen Hintergrund haben. Eine besonders faszinierende Studie ist Wissenschaftlern der University of British Columbia bei den olympischen und paralympischen Spielen 2004 durch genaue Beobachtung der Sportler gelungen. Es ging um die Frage, wie die Reaktionen auf Sieg und Niederlage genau aussahen. Betrachtet wurden

Sieger/Verlierer
Posen

140 Sportler aus 37 Ländern, man hatte hier also praktisch einen Querschnitt der Menschheit als Stichprobe. Es zeigte sich, dass alle Sieger sehr ähnlich reagierten, woher sie auch stammen mochten: Sie legten den Kopf zurück, schlugen mit geballten Fäusten in die Luft und blähten den Brustkasten. Verlierer schrumpften dagegen förmlich, ließen Kopf und Schultern hängen.

Na ja, denken Sie jetzt vielleicht, wie Siegerposen aussehen, weiß schließlich jeder aus dem Fernsehen. Sicher, solange man nicht blind ist. Aber das waren 53 der in dieser Studie betrachteten Sportler.

Trainierbare Instinkte

Manches an unserer Körpersprache ist also anlagebedingt und läuft automatisch. Doch das ist nur ein kleiner Teil und viele Signale können wir tatsächlich selbst steuern.

Uns bleibt sehr viel Spielraum für Verbesserungen bis hin zur Meisterschaft. Wie Sie tanzen, küssen oder Fahrrad fahren lernen können, so können Sie auch den optimalen Einsatz Ihrer Körpersprache erlernen. Das macht Sie nicht zu einem selbstverliebten Blender. Durch bessere Beherrschung Ihrer Körpersprache helfen Sie sogar eher den Menschen in Ihrer Umgebung, sich wohler zu fühlen.

Nehmen wir Angst als Beispiel. Wir alle ängstigen uns hin und wieder. Ist es gut für Ihre Karriere (oder Ihr Liebesleben), diese Angst immer ganz offen zu zeigen, weil alles andere unecht oder unehrlich wäre?

Nein, das ist sicher nicht immer das Beste. Angst ist wie so vieles ansteckend, und wer ängstigt sich schon gern? Wissenschaftler haben herausgefunden, dass es bestimmte Gehirnzellen namens Spiegelneuronen gibt, die uns Dinge miterleben lassen, denen wir in unserem Umfeld begegnen. Wenn wir Menschen sehen, die froh, traurig oder angstvoll sind, oder wenn wir jemanden gähnen oder lächeln sehen, neigen wir dazu, diese Gefühlsregung oder Verhaltensweise aufzugreifen. Wenn Sie beispielsweise bei einem Einstellungsgespräch einen verängstigten Gesichtsausdruck zeigen, wird Ihr Gesprächspartner aus der Personalabteilung diese Angst aufschnappen und vielleicht den Wunsch verspüren, Sie nicht mehr in der Nähe zu haben. Es ist also in Ihrem besten Interesse, sich auf eine selbstbewusste Ausstrahlung hin zu trainieren, auch wenn sie vielleicht nicht immer ganz den Tatsachen entspricht. Wenn Sie möchten, dass andere Zutrauen zu Ihnen fassen, müssen Sie auch dafür sorgen, dass sie Grund dazu haben.

Selbstbewusste Körpersprache fühlt sich für manche die ersten paar Male noch nicht so richtig gut an, während andere sofort darauf anspringen. Jedenfalls, je öfter Sie selbstbewusste Körpersprache visualisieren und tatsächlich anwenden, desto schneller stellen sich Körper und Gehirn darauf ein und glauben Ihnen – auch wenn Sie selbst noch Zweifel haben. Visualisieren Sie sich am Tag vor dem Gespräch und dann noch einmal am Morgen als jemanden, der selbstbewusst und voller Zuversicht in das Gespräch geht, dann wird es Ihnen bei der tatsächlichen Begegnung nicht mehr gekünstelt erscheinen. Das Rezept: So tun als ob, bis es dann tatsächlich so ist.

Unser Gehirn ist unglaublich elastisch und wandlungsfähig. Neurowissenschaftlich ist belegt, dass durch Wiederholung Zutrauen in unsere Fähigkeiten entsteht, und das ist die Basis für echte Beherrschung der Körpersprache. Wiederholung signalisiert unserem Gehirn: »He, du, Alleskönner, vielleicht hast du Lust, dir das hier einzuprägen.« Die Kernbegriffe in diesem Buch werden Ihnen umso einleuchtender erscheinen, je öfter Sie sie wiederholen. Wiederholung baut das Neue in die Nervenbahnen und Verknüpfungen Ihres Gehirns ein, womit sich auch die Wahrscheinlichkeit erhöht, dass Sie diese neuen Informationen weiterhin anwenden werden. Es bildet sich eine Rückkopplungsschleife – Wiederholung, Selbstvertrauen, Beherrschung, Wiederholung –, die Ihnen den Weg zu einer natürlichen und mühelosen Anwendung der Körpersprache ebnet.

Ich habe Verständnis, wenn man sich da erst einmal überfordert fühlt. Aber Sie müssen ja nicht morgen schon ein Meister der Körpersprache sein. Aber nach einer Woche kann sich bereits sehr viel bewegt haben. Und dazu ist nichts weiter erforderlich, als dass Sie ein paar Grundbegriffe peu à peu in sich aufnehmen.

Überlegen Sie nur, wie ein Kind Baseball lernt. Wo es am Anfang erst einmal darum geht, wie man den Handschuh anzieht und beim Schwung des Schlägers das Blinzeln vermeidet, wird schließlich vielleicht ein spielentscheidender Grand Slam und Homerun daraus – aber am ersten Tag in der Zwergenliga ist es sicherlich noch nicht so weit. Man lernt am besten, wenn man bei den Grundbegriffen ansetzt, seine natürlichen Instinkte mobilisiert und darauf aufbaut – durch üben, üben, üben. Nur so bringt man es zu echter Meisterschaft. Die Dinge müssen sich zu einem Ganzen fügen; mit einem Haufen unverbundener und womöglich nur halb verstandener Fakten kommt man nicht weit.

In den weiteren Kapiteln dieses Buchs werde ich jeweils wichtige Aspekte der neuen Körpersprache in ihre aufeinander aufbauenden Komponenten zerlegen. Je weiter Sie Ihr Verständnis der Körpersprache entwickeln (Treffsicherheit) und Ihre eigenen Ausdrucksmöglichkeiten einüben (Anwendung), desto schneller ändern sich die Vernetzungen in Ihrem Gehirn, und Sie werden selbstbewusster (Einstellung).

Dritte Phase: Die richtige Einstellung

Wenn Sie dieses Stadium erreichen, werden Sie sehen, wie sich alles zu einem Ganzen verbindet. Das Gehirn geht bei seiner Einschätzung dessen, was zu erwarten ist, vom bereits Gelernten aus, und deshalb werden Sie schon ein, zwei Sekunden vorher wissen, was jetzt wahrscheinlich passieren wird. Dann können Sie sofort die Erfolgsformeln in diesem Buch anwenden, um das zu erreichen, was Sie möchten. Die Welt braucht dringend selbstbewusste, aber angenehme Zeitgenossen in Führungspositionen. Sie sind es, die beispielsweise ein Unternehmen in die richtige Richtung steuern können, wo Engagement und Kundentreue entstehen und deshalb auch Gewinne warten. Deshalb bin ich trotz wirtschaftlicher Engpässe immer gefragt und immer unterwegs, um Angestellte, leitende Mitarbeiter, Manager und sogar Angehörige des oberen Managements in Dingen zu schulen, die wir heute unter sozialer Kompetenz zusammenfassen: wie man nicht nur zugänglicher, umgänglicher und offener *erscheinen*, sondern tatsächlich *werden* kann, wie man also zu dem kommt, was wir hier »Einstellung« nennen.

Einstellung ist auch Mittel zum Zweck, aber vor allem um ihrer selbst willen erstrebenswert. Wir alle wünschen uns diese gelassene Sicherheit, diese Gewissheit, dass wir verstehen, was in den Leuten vorgeht, und darüber hinaus in der Lage sind, sie in ihrem Denken zu beeinflussen. Nicht mit hinterhältigen Absichten natürlich; ich bin mir ganz sicher, dass wir uns nur selbst schaden, wenn wir etwas für andere Schädliches tun. Nein, ich spreche von etwas ganz anderem und sehr Wertvollem, das aber nicht so leicht zu definieren ist.

Manchen scheint die Mühelosigkeit im Umgang mit anderen geradezu angeboren zu sein. Sie besitzen natürlichen Charme, könnte man sagen. Vielleicht Ausstrahlung. Wir Übrigen besitzen diesen natürlichen Charme ebenfalls, aber er kann mehr oder weniger verschüttet sein, weshalb wir etwas investieren müssen, um ihn uns zurückzuerobern. Und das werden Sie, wenn Ihnen eine Woche Arbeit nicht zu viel ist.

Der 7-Tage-Plan der neuen Körpersprache

Im Laufe der letzten zehn Jahre war ich ständig auf der Jagd nach bewährten Rezepten und Strategien, nach denen sich, und zwar für jede erdenkliche Lebenslage, die Körpersprache verbessern und mehr Selbstbewusstsein aufbauen lässt. Ich habe sie zuerst an meinen Schwestern, Mitarbeitern, Eltern und Freunden ausprobiert. Wenn sie diese Testphase überstanden hatten, habe ich sie an meine Schüler weitergegeben. Dann habe ich die leckersten Häppchen über Radio und Fernsehen einem Millionenpublikum nähergebracht. Nach diesem langen Herumprobieren, bei dem ich immer wieder den Vorher-nach-her-Effekt beobachten konnte, schälte sich schließlich eine Sammlung von besonders wirkungsvollen Übungen und Techniken heraus, die im Leben der Menschen wirklich etwas ergeben und ihnen Aha-Momente bescheren, in denen sich alles ändern kann. Daraus habe ich schließlich die Schrittfolge des in diesem Buch vorgestellten Programms entwickelt. Deshalb werden Sie am Ende dieser Woche all die Fähigkeiten samt Selbstvertrauen besitzen, die Sie zu einem wirksamen Einsatz der Körpersprache benötigen.

Und noch etwas (das allen, die irgendwie lehrend tätig sind, nicht neu sein wird): Während meiner gesamten Laufbahn als Ausbilderin und Schulungsleiterin hat sich immer wieder gezeigt, dass die Leute besonders rasante Fortschritte erzielten, die sich genau an meine Vorgaben für alle Übungen hielten.

Dann lohnt es sich also doch, die Hausaufgaben zu machen!

Meine Schüler und Kunden haben es durch genaue Beobachtung anderer zu schneller Beherrschung der Grundlagen gebracht und konnten ihr eigenes Vorgehen dann anhand der für sie besonders gut geeigneten Übungen und Techniken maßschneidern. Sie hielten den Blick auf den Ball geheftet, und so gelangen ihnen schließlich ihre Bestleistungen. Wenn es hier um Baseball ginge, würde ich sagen: Sehen Sie das hier als Ihr Training zur Vorbereitung auf die Saison. Hängen Sie sich rein, und der Sieg ist Ihnen sicher.

Vorbereitung auf Ihre Trainingswoche

Ich habe unser Programm in kleine überschaubare Schritte eingeteilt, die man auf jeden Fall schaffen kann. Um das zu erreichen, was Sie möchten, müssen Sie sich darauf festlegen, alle sieben Tage in Folge zu absolvieren, nicht mehr und nicht weniger. Die Übungen machen Spaß und erbringen Greifbares. Hier noch ein paar Dinge, die Ihnen den optimalen Start ermöglichen werden.

1. *Machen Sie einen Zeitplan.* Planen Sie für jeden Tag eine halbe bis Dreiviertelstunde ein, in der Sie das Kapitel des Tages ungestört lesen können. Reservieren Sie außerdem im weiteren Verlauf des Tages mindestens eine Stunde, um alles neu Entdeckte zu üben. Am Ende jedes Kapitels finden Sie Übungen, die für jedermann geeignet sind. Wenn Sie lieber im Haus sind, habe ich Übungen für Sie, die Sie ganz kuschelig in Ihrem Haus- oder Schlafanzug am Computer machen können. Wenn Sie lieber draußen im Gewühl sind, habe ich auch dafür alles, was Sie benötigen. Machen Sie möglichst Übungen aus beiden Kategorien, damit erzielt man die besten Ergebnisse. Zu welcher Zeit Sie lesen und Ihre täglichen Übungen machen, liegt ganz bei Ihnen. Sehen Sie nur zu, dass Sie beides an jedem der folgenden sieben Tage machen.

2. *Führen Sie ein Erfolgstagebuch.* Notieren Sie auf der ersten Seite Ihren Plan, unter anderem die Zeiten, zu denen Sie lesen und üben werden. Formulieren Sie hier auch Ihre Antworten auf die folgenden Fragen, die ich meinen Körpersprache-Powerteams im ganzen Land ebenfalls gestellt habe:

▶ Wie würden Sie sich selbst beschreiben?
▶ Wie würden andere Sie beschreiben? Wählen Sie drei Menschen aus Ihrem Lebensumfeld.
▶ Was wünschen Sie sich?
▶ Was haben Sie bisher unternommen, um zu erreichen, was Sie möchten?
▶ Was hindert Sie im Moment?
▶ Weshalb nehmen Sie an, dass eine Verbesserung der Körpersprache Ihnen helfen wird?
▶ Was könnte Sie davon abhalten, alle sieben Tage des Programms zu absolvieren?
▶ Was werden Sie heute tun, um nicht davon abgehalten zu werden?

Behalten Sie eine ganze Seite diesem von Ihnen zu vervollständigenden Satz vor: »Bessere Körpersprache wird mir dazu verhelfen, …«
Machen Sie die zweite Satzhälfte so kurz wie möglich. Sie könnten beispielsweise schreiben »meine Verkaufszahlen zu steigern« oder »befördert zu werden« oder »meine wahre Liebe zu finden« oder »meinen Freunden und Angehörigen näherzukommen«. Jedenfalls wird dieser Satz für die Dauer des Programms Ihr Mantra sein. Wenn Sie wissen, weshalb Sie mitmachen, werden Sie sich jeden Tag neu darauf einlassen können.

In Ihrem Tagebuch werden Sie auch die Gedanken und Erfahrungen dieser Woche festhalten. Nach dem Abschluss des Programms können Sie Ihren Aufzeichnungen entnehmen, wo Sie am Anfang standen und wie die Einschätzung Ihrer selbst und anderer sich geändert hat.

3. *Holen Sie eine zweite Meinung ein.* Charakterisieren Sie jeden Ihrer beiden Eltern mit drei Wörtern. Jetzt rufen Sie eines Ihrer Geschwister an oder einen Freund der Familie, der Ihre Eltern gut kennt (oder kannte), und bitten Sie diese Person ebenfalls, Ihre Eltern mit jeweils drei Wörtern zu charakterisieren. Sind es andere als die von Ihnen gewählten? Wenn ja, woran mag das liegen? Wie wirkt sich das Ergebnis auf Ihre Einschätzung der anstehenden Woche aus? Oder des Lebens überhaupt?

4. *Halten Sie den Ist-Zustand auf Video fest.* Glauben Sie mir, das ist *die* Sache. Sie werden es kaum für möglich halten, wie aufschlussreich so ein Video ist. Falls Ihnen das ein bisschen unangenehm ist, keine Sorge: Das Video ist einzig für Ihre Augen bestimmt. Leihen Sie sich eine Kamera aus, falls Sie selbst keine besitzen, aber *tun* Sie es, es ist wichtig!

Richten Sie die Kamera auf einen Stuhl aus. Nehmen Sie darauf Platz. Formulieren Sie

▶ Ihre positiven Erwartungen an dieses Programm;
▶ woran Sie erkennen werden, dass Sie bekommen haben, was Sie wollten;
▶ inwiefern Ihr Leben anders sein wird.

Zwei Dinge sind dazu noch wichtig:

1. Lassen Sie das Band einfach laufen, betätigen Sie die Pausetaste überhaupt nicht; der erste Eindruck lässt sich kaum in mehreren Anläufen festhalten.

2. Auch wenn der Versuchung nur schwer zu widerstehen ist: Spielen Sie das Band nach der Aufnahme nicht ab. Sie werden es sich

im späteren Verlauf des Programms ansehen und staunen, wie leicht Sie dann erkennen, inwiefern Ihre frühere Körpersprache Sie in Ihren Möglichkeiten einschränkte.

5. *Ermitteln Sie mit dem Test auf Seite 51–54 Ihren Körpersprache-Selbstbewusstsein-Quotienten (KQ).* Beantworten Sie alle Fragen und notieren Sie dann im Tagebuch Ihre Punktzahl und das zugehörige Profil. Geben Sie nicht allzu viel auf das Ergebnis. Sie werden den Test am Ende des Programms noch einmal machen.

Test: Welchen Körpersprache-Selbstbewusstsein-Quotienten (KQ) haben Sie?

Wie deutlich vermittelt Ihre Körpersprache Selbstbewusstsein? Das werden wir jetzt ermitteln. Wählen und markieren Sie unter den Möglichkeiten A, B und C die jeweils am besten passende.

Haltung/ Situation	A 7	B 11	C 2
1 Abstand zwischen den Füßen im Stehen	25 cm bis 1 m X	15 bis 25 cm	bis 15 cm
2 Beinhaltung im Sitzen	übereinander-geschlagen oder Fußgelenk auf Knie X	beide Füße am Boden	Füße nah beieinander oder an den Knöcheln überkreuzt
3 Haltung von Kopf und Hals	Kopf zurück-gelegt, Kehle exponiert	Kopf gerade X	Kopf gebeugt, Kehle verborgen

Haltung/ Situation	A	B	C
4 Schulterstellung	nach hinten gedrückt (Brust vorgewölbt)	entspannt	leicht nach vorn hängend
5 Beim Händedruck	Hand abgewinkelt, Handfläche weist nach unten	steht die ausgestreckte Hand aufrecht	Hand abgewinkelt, Handfläche weist nach oben
6 Bei Nervosität sind die Hände	hinter dem Rücken oder an den Hüften	entspannt an den Seiten	in den Taschen oder in Kontakt mit anderen Körperteilen
7 Wenn Sie um etwas bitten	weisen Ihre Handflächen nach unten	weisen Ihre Handflächen nach oben	sind die Arme verschränkt oder die Hände in den Taschen
8 Beim Denken	bilden die Hände ein Dach oder sind wie zum Gebet zusammengelegt	greifen Daumen und Zeigefinger das Kinn	nagen Sie an den Lippen, oder die Hände berühren oder streichen über Gesicht, Wange, Mund, Nasenrücken oder durchs Haar
9 Beim Gehen	schwingen die Arme, Ellbogen nach außen, raumgreifend, großspurig	bleiben die Hände nah am Körper, die Arme schwingen wenig	sind die Hände in den Taschen
10 Wenn Sie jemandem zuhören	halten Sie den Kopf aufrecht und sehen die Person an	sehen Sie die Person mit leicht geneigtem Kopf an	wenden Sie dem anderen eher das Ohr zu; wenig Blickkontakt

Haltung/ Situation	A	B	C
11 Wie nehmen Sie Blickkontakt auf?	Ihr Blick fällt auf das ganze Gesicht, auch Stirn und Mund	Sie konzentrieren sich auf das Dreieck Augenbrauen-Nasenspitze	Sie senken den Blick und schauen die Person nicht direkt an
12 Wenn etwas Sie aufregt	runzeln Sie die Stirn und knurren	zeigen Sie keine Reaktion, kein Lächeln; Zähne zusammengebissen	verkniffener Mund
13 Wenn Sie kürzer als eine Minute mit jemandem sprechen, ist Ihr Nabel	auf die Person gerichtet, Hände an den Hüften	auf die Person gerichtet; falls die Hände in den Taschen sind, stehen die Daumen heraus	von der Person weggerichtet; falls die Hände in den Taschen sind, sieht man keine Daumen
14 Wenn Sie mit jemandem zusammensitzen	sitzen Sie frontal gegenüber	sitzen Sie schräg gegenüber oder neben der Person	wissen Sie es nicht genau; darauf haben Sie noch nicht geachtet
15 Wie schnell nicken Sie?	Schnell	Langsam, zurückhaltend	Sehr langsam
16 Wie sitzen Sie am Besprechungstisch?	Raumgreifend, entspannt, zurückgelehnt, Ellbogen nach außen	Hände ruhen entspannt und offen auf dem Tisch	Hände auf oder unter dem Tisch gefaltet
17 Wenn Sie mit einer anderen Person das Zimmer verlassen	legen Sie die Hand auf ihren oberen Rücken und führen sie hinaus	führen Sie sie zur Tür und lassen sie vorgehen	gehen Sie zuerst durch die Tür

Haltung/ Situation	A	B	C
18 Wenn Sie ein zehnminütiges Meeting einberufen	bleiben Sie die ganze Zeit stehen	stehen Sie die ersten paar Minuten, um sich dann zu setzen	setzen Sie sich gleich hin, um erst dann zu sprechen
19 Wie sitzen Sie?	Ganz aufrecht, Schultern zurück	Bequem, leicht vorgeneigt	Entspannt zurückgelehnt
20 Um ein aus Ihrer Sicht abgeschlossenes Meeting zu verlassen	berühren Sie die Person nebenan am Arm oder Bein und sagen, dass es Zeit wird	Ihr Nabel wendet sich in Richtung Tür, die Hände fassen den Stuhl, gleich werden Sie aufstehen und sich entschuldigen	Sie warten ab, bis das Gespräch abgeschlossen ist und jemand anderes die Sitzung beendet

Wenn Sie sehen wollen, wie die in diesem Test angesprochenen Gesten tatsächlich aussehen, finden Sie eine Online-Version auf www. yousaymorethanyouthink.com.

Zählen Sie jetzt, um Ihren KQ zu ermitteln, Ihre Punktzahlen unter A, B und C zusammen.

Auswertung

Übertrieben selbstbewusst bis arrogant

Wenn Sie die höchste Punktzahl in Spalte A haben, könnte es sein, dass Sie unbewusst Arroganz ausstrahlen. Wenn Sie etwa Bedenken

haben, was andere von Ihnen halten mögen, neigen Sie zu überschie-
ßenden Reaktionen. Durch diese Überkompensation wirken Sie
dann auf andere schnell arrogant, was sie vielleicht gegen Sie einnimmt. Es fällt Ihnen schwer, Schwächen einzugestehen und mit ihnen ins Reine zu kommen, aber Sie haben keine Probleme, andere
auf ihre Schwächen aufmerksam zu machen (und ärgern sich wahrscheinlich ein bisschen, weil ich das sage).

Eine Prise der unter A aufgeführten Gesten, die Autorität und Do-
minanz signalisieren, kann sehr viel bewirken, aber wenn Sie mehr
als zwei dieser Gesten auf einmal ins Spiel bringen, kann das auf
andere als Einschüchterungsversuch wirken und damit den Erfolg
eines auf Teamarbeit angelegten Projekts eher gefährden. Wenn allerdings ein Notfall entsteht oder etwas ganz dringend erledigt werden muss, sorgt eine Kombination mehrerer dieser Gesten dafür,
dass die Leute wirklich aufhorchen.

Ihr Mantra: »Arroganz ist es nur, wenn du dich irrst.«
Autor unbekannt

Ihr Erfolgskiller: Ungeduld. (Sie geben das vielleicht nicht gern zu,
aber Sie wissen, dass es stimmt.)

Selbstbewusst

Wenn Sie die höchste Punktzahl in Spalte B haben, besitzen Sie natürliche Führungsqualitäten. Bei Ihnen sind Selbstbewusstsein und
Gelassenheit perfekt ausgewogen. Sie haben Ihr Leben in die Hand
genommen und fühlen sich für alles, was Sie tun, selbst verantwortlich. Sie schätzen sich selbst realistisch ein und wissen, ohne sich etwas darauf einzubilden, dass Sie Ihren Einfluss geltend machen kön-

nen und damit auch etwas bewegen. Wenn nötig, verstehen Sie sich Gehör zu verschaffen, aber Sie sind auch flexibel und einfühlsam und bauen mühelos ein harmonisches Verhältnis zu anderen auf. Sie sehen das Leben als eine Folge von Herausforderungen und stellen Ihre Bequemlichkeit hintan, um die nächste große Sache in Angriff zu nehmen. Sie sind immer gern gesehen, weil Sie interessant sind und zuhören können. Aufgrund Ihrer offenen und gewinnenden Haltung und Gestik fühlen sich andere in Ihrer Nähe unbefangen. Wenn man auf Sie zugeht, fühlt man sich weder bedroht noch beurteilt.

Ihr Mantra: »Selbstbewusst wird man nicht deshalb, weil man immer recht hat, sondern dadurch, dass es einem nichts ausmacht, auch mal unrecht zu haben.«
Peter T. McIntyre

Ihr Erfolgskiller: Wenn das Leben Ihnen ein Bein stellt, kann das Ihr Selbstbewusstsein ein klein wenig erschüttern. (Aber ich will Ihnen verraten: Sie sind auch dann noch so souverän, dass es niemandem auffällt.)

Ängstliche Spannung

Wenn bei Ihnen die Antworten der Spalte C am häufigsten sind, kann es sein, dass Sie anderen den Eindruck vermitteln, es fehlte Ihnen an Vertrauen zu sich selbst oder zu Ihrer Stellung oder zu Ihrer Firma. Vielleicht stufen Sie sich als »schüchtern« ein und verstecken sich hinter dieser Bezeichnung. Situationen, bei denen Sie für sich geringe Erfolgschancen sehen oder Demütigungen fürchten oder damit rechnen, dass Sie selbst oder jemand anders schlecht dastehen könnte, meiden Sie lieber. Gut, Sie melden sich manchmal freiwillig für die neue Fokusgruppe im Büro, Sie treffen sich mit einer neuen Bekanntschaft aus dem Internet (um sagen zu können, dass Sie aus Ihrer Schale ausbrechen wollen) oder nehmen eine Herausforderung an, wenn es denn gar nicht anders geht. Aber Sie werden Ihren eigenen Erfolg trotzdem jedes Mal untergraben, indem Sie die Sache nur halbherzig angehen oder sie als schwierig, wenn nicht unmöglich ansehen (»Es wird mir zu viel«, »Ich weiß nicht recht«, »Ich habe zu viel mit anderen Dingen zu tun«, »Es gibt sowieso keine guten Männer« usw.). Sie fühlen sich ständig von anderen beurteilt, und manchmal sehen Sie sich ganz allein auf weiter Flur.

Allein sind Sie da bestimmt nicht. Die berühmte Schauspielerin Sally Field hat einmal gesagt: »Ich habe lange gebraucht, um mich nicht mehr mit den Augen anderer zu beurteilen.« (Und nicht vergessen: Die Leute sind nicht halb so viel mit Gedanken an Sie wie mit Gedanken an sich selbst beschäftigt.)

Ihr Mantra: »An meinem zweiten Geburtstag stimmte es mich sehr bedenklich, dass ich mein Alter innerhalb eines Jahres verdoppelt hatte. Wenn das so weitergeht, dachte ich, bin ich mit sechs ein alter Knacker.«
Stephen Wright

Ihr Erfolgskiller: Abschätzige Bemerkungen über sich selbst. (Sie bezeichnen sich öfter mal als schüchtern, dumm, hässlich, dick, übergeschnappt, faul, Kindskopf, jemanden, der alles auf die lange Bank schiebt …)

Selbstsicher, fast immer zuversichtlich

Wenn Ihre Antworten annähernd gleich auf die drei Spalten verteilt sind, dann sind Sie drauf und dran, das Beste aus sich zu machen. Sie müssen nur noch ein bisschen mehr an sich glauben und wissen, dass Sie Ihr Leben selbst in der Hand haben. Wenn Ihnen ein Fehler unterläuft, machen Sie sich deswegen nicht fertig – fragen Sie sich lieber, was Sie aus der Sache lernen können. Gewöhnen Sie sich ab zu sagen: »Heute nicht, vielleicht nächstes Mal«; probieren Sie es mal mit »Na klar, los geht's!«. Ihre Körpersprache ist klar und überzeugend, wenn Sie vorbereitet sind und Ihre Sache beherrschen, aber wenn es schwierig wird und Sie nicht perfekt vorbereitet sind, können aus Ihrer Körpersprache Selbstzweifel und Nervosität herauszuhören sein.

Ihr Mantra: »Wie es innen auch aussehen mag, gib dich immer als Sieger. Selbst wenn du zurückliegst, kann dir eine stetige Ausstrahlung von Souveränität und Selbstbewusstsein den mentalen Vorteil verschaffen, der doch noch zum Sieg führt.«
Arthur Ashe

Ihr Erfolgskiller: Aufgeben, wenn es eng wird. (Andere erkennen das an Ihrer Körpersprache.)

Sie haben jetzt die Vorbereitungen abgeschlossen und können morgen ins eigentliche Körpersprache-Programm einsteigen. Schlafen Sie sich gut aus – morgen werden Sie es nämlich mit der Welt aufnehmen.

Kapitel 2

Erster Tag: Versetzen Sie sich in die Lage der anderen

> Du kannst einen Menschen erst wirklich verstehen,
> wenn du die Dinge von seinem Standpunkt aus betrachtest –
> wenn du in seine Haut schlüpfst und darin herumläufst.
>
> *Harper Lee (*1926), To Kill a Mockingbird*
> *(dt. Wer die Nachtigall stört)*

Im Sommer 2004 war Susan Bray, Sissy genannt, leitende ATF-Agentin bei einem Einsatz gegen die Chicagoer Straßen-Gang Latin Kings. Es ging um Schusswaffenhandel im großen Stil. Viele Latin Kings waren bereits bei einer Razzia festgenommen worden, aber einer, Jody, war der Strafverfolgung entgangen, weil keine sicheren Beweise gegen ihn vorlagen. Sein Bruder, Jamie, hatte allerdings weniger Glück. Einige Tage vor der Razzia war er von Mitgliedern der eigenen Bande umgebracht worden. Angesichts dieses schweren Verrats war Sissy klar, dass der Mordprozess ihr eine glänzende Chance bot, unauffällig Erkundigungen für ihre eigenen Ermittlungen einzuholen.

Sie war bei allen Gerichtsterminen zugegen und mit ihr eine junge Frau, die Mutter von Jamies Kind. Diese junge Frau schien auf Jody sehr böse zu sein, und das mit gutem Grund. Jody hatte offenbar von der bevorstehenden Exekution seines Bruders gewusst, aber nichts unternommen. Jetzt wollte sie Rache, und sie würde nichts unversucht lassen, um sie zu bekommen.

Sie wurde Sissys Informantin. Sie erzählte Sissy einiges über die Waffendealerei und kaufte Jody zum Schein eine Waffe ab, hatte dabei aber ein verstecktes Aufnahmegerät bei sich. Auf dem Band waren Gespräche über Waffenhandel zu hören, aber auch über Jodys Nebenjob: Renovierung und Wiederverkauf von Häusern.

Nachdem Jody der jungen Mutter eine Waffe verkauft hatte, konnte Sissy ihn festsetzen. Sie informierte ihn vorschriftsmäßig über seine Rechte und fragte ihn, ob er aussagen wolle. Er spreche kein Englisch, nuschelte er auf Spanisch.

»Auch gut«, lächelte sie. »Was die Waffengeschichte angeht, habe ich Sie ja praktisch auf frischer Tat ertappt. Aber eigentlich interessiert mich Ihre Renovierungsarbeit mehr. Ich habe gehört, dass Sie etliche Häuser in Arbeit haben und erstklassige Arbeit leisten.«

Sie erkundigte sich, wie man da im Einzelnen vorgeht, was für Gerätschaften und Handwerker man braucht und so weiter.

»Ich mache das alles«, sagte Jody stolz.

»Gut zu wissen«, erwiderte Sissy geradeheraus. »Ich baue nämlich mein eigenes Haus um und kann mir da vielleicht noch ein paar Tipps bei Ihnen holen.«

Von da an fragte sie Jody jedes Mal, wenn sie ihn wiedersah, nach irgendwelchen Details zu ihrem Renovierungsprojekt. Jody ging es wie vielen, die von Sissy festgenommen worden waren: Er sah sie zunehmend als Freundin. (Ein anderer Delinquent hatte einmal zu ihr gesagt: »Mein Anwalt hat gesagt, ich soll nicht mit Ihnen reden, aber wenn wir uns unterhalten, vergesse ich immer, dass Sie ATF-Agentin sind. Es ist eher so, als würde ich mit einer Freundin reden.«) Sissy fing nie gleich von Waffen oder den Kings an, da würde Jody nur auf Abstand gehen und wortkarg werden; sie plauderten vielmehr über Installation, Wärmedämmung und Holzfußböden. Sie sagte zum Beispiel: »Jetzt habe ich meine Küche gelb gestrichen, und das bringt so viel mehr Licht«, und dann folgte in nahtloser Überblendung: »Ich weiß, dass Ihr Bruder die Schießeisen aus Mississippi hierher gebracht hat. Das haben Sie nach seinem Tod übernommen. Wer übernimmt es denn jetzt, wenn Sie in den Bau gehen?

Ein paar von den Latin Kings werden demnächst entlassen. Übernehmen die den Vertrieb?«

Um Jody zu verstehen zu geben, dass sie mehr wusste, als er dachte, streute sie immer ein paar spezifische und persönliche Details über Jody und die Kings ein. Wenn sie damit richtig lag, setzte Jody immer das Grinsen des Ertappten auf; war ihre Information falsch, blieb sein Gesicht ausdruckslos, als wollte er sagen: »Da musst du schon noch weitergraben, Schätzchen.«

Bei seinem Prozess wollte sich Jody selbst vertreten. Hier seine Eröffnungsworte, die er in Fußfesseln sprach: »Als Erstes möchte ich sagen, dass ATF-Sonderagentin Susan Bray – ich nenne sie wie die meisten ihrer Freunde Sissy – ein guter Mensch ist, ein *wirklich* guter Mensch. Und sie ist richtig gut in dem, was sie tut. Ich mag sie wirklich. Aber letztlich ist es so, dass sie von ihrer Informantin reingelegt worden ist. Sie hat sie angelogen.«

Als die Jury dann zur Beratung schritt und er in Handschellen aus dem Gerichtssaal geführt wurde, sah er zu ihr hinüber und sagte: »Sieht so aus, dass Sie mir später zur Feier des Tages ein Bier ausgeben werden.« Als Jody den Raum verlassen hatte, warf der Vollzugsbeamte ihr ein schiefes Grinsen zu. Sie lächelte und sagte: »Sprecht ihn bloß nicht schuldig. Ich hatte schon so lange kein Date mehr.«

Die Jury befand Jody für schuldig. Er war entsetzt. Die Augenbrauen schossen hoch, die Kinnlade fiel herunter. Dann ließ er den Kopf hängen und watschelte mit seinen Beinfesseln wie ein Pinguin aus dem Gericht.

Als Jody abgeführt worden war, grinste der Vollzugsbeamte Sissy wieder an. Sie zuckte die Achseln und sagte: »Wieder einer, der mir durch die Lappen geht. Wissen Sie, wie schwer es ist, in Chicago Anschluss zu finden?«

Sissys Vorgehen ist nicht unbedingt das, was Sie bei einer Gesetzeshüterin erwarten würden, oder? Aber man kann sich darauf verlassen, dass sie immer so vorgeht: Studiere dein Zielobjekt, lerne es kennen, bau nach den Vorgaben der Person ein Vertrauensverhältnis auf – und dann verfolge entschlossen das, was *du* brauchst. Den ersten Schritt dieses Ansatzes, das natürliche Verhalten der Person studieren, bezeichnen wir als Ermittlung der »Ausgangslage« oder des »Normalverhaltens«. Er ist die Grundlage unseres Programms der neuen Körpersprache. Richtiges Verstehen und Anwenden der Körpersprache beginnt damit, dass Sie die Ausgangslage eines Menschen – und Ihre eigene – ermitteln. Das und der Aufbau eines Vertrauensverhältnisses sind so wichtig, dass ATF-Neulinge vor allem darin ausgebildet werden. Sobald man diese beiden Dinge beherrscht, kann man jeden Menschen einschätzen und ein Vertrauensverhältnis zu ihm aufbauen. Durch diesen Rapport kommt es dazu, dass einem sogar abgebrühte Verbrecher aus der Hand fressen.

Powerteam-Kehrtwendung
Name: Shilpa Patel
Alter: 34
Beruf: Anwältin

Was hat dich zurückgehalten? Ich war immer sehr schüchtern und habe darunter gelitten. Ich dachte, wer sich für mich interessiert, wird schon auf mich zukommen; wenn ich auf andere zuginge, würde ich ihnen doch nur lästig fallen. Wenn ich irgendwo sprechen musste, bin ich förmlich erstarrt. Ich habe die offene, energische, extrovertierte Körpersprache anderer zu kopieren versucht, aber das wirkte eher noch jammervoller.
Ich habe mich in Kontaktbörsen jeglicher Art herumgetrieben, es aber nie zu einer echten Bekanntschaft gebracht. Für Inder ist

mit 25 eigentlich Torschluss, was eine Heirat angeht, meine Familie war also mehr als besorgt, als ich mit 34 immer noch allein dastand. Ich hatte mich außerdem in eine juristische Nische verkrochen, die ihrer Natur nach eine Sackgasse ist und von der kaum jemand Notiz nimmt – da war ich wenigstens sicher vor Schulungen und Network-Events. Eigentlich wäre mir »richtige« Juristenarbeit viel lieber gewesen. Eigentlich hätte ich gern genügend Selbstvertrauen besessen, um Zeugen zu befragen und juristische Fälle für die Gerichtsverhandlung aufzubereiten. Trotzdem bin ich nie so weit gegangen, jemandem meinen Lebenslauf und beruflichen Werdegang vorzulegen.

Wie hast du dich verändert? Vorher habe ich zwar gelebt, aber ich war nicht wirklich lebendig. Gut, ich habe alles Erforderliche getan, aber irgendwie war ich doch nicht die Akteurin, alles ist mir nur so widerfahren. Ich dachte: *Hätte ich doch nur Selbstvertrauen wie die anderen, dann könnte ich auch bekommen, was ich mir wünsche.* Mit der Buchung von Janines Kurs übernahm ich selbst die Verantwortung für mein Leben. Ich wartete nicht mehr darauf, dass mich das Leben irgendwie weitertrug.

Heute sehe ich die Leute anders. Ich erwarte nicht mehr, dass man schon irgendwie merkt, was ich denke, schon gar nicht bei einer ersten Begegnung. Ich halte mich bewusst dazu an, mich bei der Arbeit oder überhaupt in Gesellschaft zu Wort zu melden. Seit diesem Kurs habe ich ein paar Einstellungsgespräche geführt und scheue mich nicht mehr, Fragen zu stellen und meine Stärken herauszustellen. Schüchternheit, das habe ich inzwischen verstanden, ist in gewisser Weise sehr selbstbezogen. Man erwartet immer von anderen die Schritte, die man selbst tun müsste.

Mir gefällt dieser Spruch, den ich einmal gehört habe: »Am Ende findet sich alles, und wenn es sich nicht findet, ist es noch nicht das Ende.« Seit dem Körpersprachekurs haben sich zwei Regierungsstellen für mich interessiert. Mein Leben hat sich wirklich zum Besseren gewendet. Ich bin fröhlicher und zufriedener. Ich habe nach wie vor meine Ziele und möchte noch mehr erreichen, aber ich bin in Frieden mit mir, ich genüge mir, wie ich bin.

Treffsicherheit: Wie man die Ausgangslage ermittelt und Knackpunkte findet

Wer sich nicht die Zeit nimmt, die normale Körpersprache eines Menschen zu studieren, wird unweigerlich zwei der größten Fehler der alten Körpersprache machen: Gedankenlesen und Fehlinterpretation. Mir ist in meiner Zeit als Gesetzeshüterin klar geworden, dass man aufgrund von Patzern dieser Art oftmals viel zu lange hinter unschuldigen Verdächtigen her ist und sogar schlimmstenfalls ein Geständnis von ihnen bekommt.

Hier ein besonders haarsträubender Fall: 1998 wurde zwei sieben- und achtjährigen Jungen in Englewood, Illinois, der Mord an einem elfjährigen Mädchen vorgeworfen. Beide Jungen waren von nicht besonders kräftiger Statur. Einer der beiden war zudem leicht sprachbehindert und konnte sich nur mühsam mitteilen, so dass seine Geschichte bei insgesamt vier Verhören immer ein bisschen anders herauskam. Die Polizei überredete die beiden, sich als »brave Jungs« zu erweisen und die Tat zuzugeben. Kurz darauf wurde Mordanklage gegen sie erhoben.

Kaum einen Monat später musste man die Anklage freilich wieder fallen lassen. Am Ort des Verbrechens waren Spermaspuren gefunden worden, die unmöglich von diesen Kindern stammen konnten. In der Fachliteratur wird das als ein besonders eklatanter Fall von Geständniserpressung zitiert. Dieser Fall und viele andere aus dem Ruder laufende Situationen ließen sich vermeiden, würde man sich nur zehn Minuten für die Ermittlung der körpersprachlichen Ausgangslage nehmen.

Und wie man sich leicht denken kann, dient das nicht nur der Überführung von Bösewichten und dem Schutz Unschuldiger. Wenn man sich nicht die Zeit nimmt, die normale Körpersprache eines Menschen zur Kenntnis zu nehmen, wird man seine Signale sehr wahrscheinlich missverstehen. Im Geschäftsbereich kann man mit Verlusten rechnen, wenn sich mögliche Kunden, die man falsch einschätzt, zurückziehen. Sie können Angestellte verlieren oder bei Beförderungen übergangen werden, wenn Sie Ihre Mitarbeiter oder Ihren Chef nicht sorgfältig studiert haben. Und wenn Sie einfach vorpreschen, ohne potenzielle Freunde oder Liebespartner einmal genau betrachtet zu haben, kann es gut sein, dass mit Ihren Gefühlen Schlitten gefahren wird.

Es kostet wirklich nur ein paar Minuten, sich ein Bild von der Ausgangslage eines Menschen zu machen und ein Vertrauensverhältnis herzustellen. Von da aus werden Sie alle weiteren Zeichen richtig deuten und angemessen reagieren können.

Zwei Beispiele

Wenn Sie nach der Ausgangslage oder dem Normalverhalten eines Menschen forschen, suchen Sie nach Hinweisen auf das, was sein natürliches Verhalten sein könnte, also das, was er tut, wenn er gerade auf nichts aus ist und nichts bewusst versteckt oder verhehlt. Für

Howard Stern gibt sich von seiner ganzen Haltung her offen und selbstbewusst. Woody Allen dagegen versteckt seine Hände und strahlt nervöse Anspannung aus.

mich gehört das zum faszinierendsten Teil der neuen Körpersprache. Ich fühle mich dabei wie in einem dieser Tierbeobachtungsfilme: »Wir befinden uns jetzt im eigentlichen Habitat des Verkäufers und werden uns einmal seine Verkaufstechniken ansehen. Beachten Sie, dass er sehr häufig blinzelt, vielleicht trocknen seine Kontaktlinsen aus, vielleicht ist er nervös. Beim Reden zappelt er ziemlich viel mit dem Fuß herum. Ist er hyperaktiv oder hat er dringend etwas anderes zu tun und will eigentlich nur weg? Wir bleiben dran, wir finden das heraus …«

Ich kann Ihnen garantieren, dass dieses Erforschen der Ausgangslage eines Menschen auch für Sie zur Sucht werden wird, wenn Sie einmal damit angefangen haben. Wenn Sie jemanden nur ein paar

Minuten lang beobachten – ohne den Versuch, Motive zu erraten oder Gedanken zu lesen –, können Sie sehr viel in Erfahrung bringen. Wie überall im Leben: Je mehr Aufmerksamkeit Sie einer Sache zuwenden, desto interessanter und vielschichtiger wird das Bild, das Sie von ihr bekommen. Sie werden sehen, wie unglaublich viele Normalzustände des menschlichen Verhaltens es gibt. Nehmen wir als Beispiel zwei grundverschiedene Ikonen des Unterhaltungsgewerbes, den selbst ernannten »King of All Media« Howard Stern und den Regisseur und Schauspieler Woody Allen.

Ich kann mir kaum zwei unterschiedlichere Gestalten im Kommunikationsbereich denken als Howard Stern mit seiner betont provozierenden, ja anstößigen Art und den eher zurückhaltenden Filmemacher Woody Allen. Auf fast allen Fotos, die ich von Stern gesehen habe, hängen seine Arme locker herab. Für mich ist das *die* Selbstbewusstsein ausstrahlende Haltung schlechthin. Man sieht es in der Zeitung oder im Fernsehen bei Preisvergaben: Die eindrucksvollste Person steht wie Stern da. Die eher nervösen Personen oder Randfiguren stehen in der »Feigenblatthaltung« da, die Hände vor dem Unterbauch (genauer gesagt vor der Schamgegend) zusammengelegt. Oder sie verschränken die Arme bzw. haben die Hände in den Taschen. Stern hat die Hände nicht an den Hüften oder hinter dem Rücken – das wäre zu viel an Machtgebärde. Er ist einfach entspannt. Man mag Stern mögen oder nicht, so jedenfalls sieht Selbstbewusstsein aus. Bei dieser offenen Haltung vollendeter Selbstsicherheit dürfte es sich um Sterns Normalzustand handeln.

Bei Allen sieht das Normalverhalten, die Grundverfassung, völlig anders aus. Es gehört ein beinahe ängstlicher Gesichtsausdruck dazu und auf vielen Bildern gefaltete Hände, verschränkte Arme, übereinandergeschlagene Beine, ein häufiger Griff ins Gesicht, eine etwas eingesunkene Haltung. Auf so gut wie allen Fotos, die ihn stehend abbilden, hat Allen die Hände (samt Daumen) in den Taschen. Er strahlt ängstliche Spannung und Unsicherheit aus.

Sicher haben wir hier zwei Extreme einander gegenübergestellt. Bei den meisten Menschen liegt der körpersprachliche Ausdruck irgendwo zwischen diesen beiden Enden des Spektrums. Um zu einer treffenden Einschätzung zu kommen, müssen Sie diszipliniert und objektiv, das heißt möglichst emotionslos an die Sache herangehen. So fällt es Ihnen leichter, die Person ausschließlich anhand des tatsächlich Gegebenen zu beurteilen.

Erster Schritt: Kopf, Schultern, Knie, Füße

Wenn Sie bei jemandem das Normalverhalten auszumachen versuchen, achten Sie immer darauf, dass Sie nicht nur das Gesicht berücksichtigen. Lassen Sie Ihre Augen über Kopf, Schultern, Knie und Füße der Person wandern. Betrachten Sie den Körper der Leute in diesen vier Bereichen und halten Sie dabei Ausschau nach den Anzeichen ihrer natürlichen Körpersprache. Sehen Sie sich einmal die folgende Tabelle an. Sie verzeichnet die am häufigsten vorkommenden Signale und zeigt auf, dass die meisten Anzeichen mehr als eine Bedeutung haben können. Deshalb müssen Sie, bevor Sie jemanden verstehen und seine Körpersprache deuten können, erst einmal seinen Normalzustand erfassen.

Normalzustand	Veränderung könnte bedeuten	oder einfach
Kopf		
Ist der Kopf zur Seite oder leicht nach hinten oder vorn geneigt?	Jede spätere Abweichung von der neutralen Haltung könnte bedeuten, dass Sie die Neugier des anderen geweckt haben.	Es ist ebenfalls eine natürliche Kopfhaltung.
Ist die Stirn gerunzelt oder glatt?	Wenn über den entspannten Zustand hinaus zusätzliche Falten auftreten, können sie auf Ärger oder Konzentration hindeuten.	Falten können auch auf das hindeuten, was uns allen blüht – wir altern.
Wie liegen die Augenbrauen in ihrer natürlichen Stellung?	Veränderungen an den Augenbrauen können Interesse oder Überraschung (angehoben) bzw. Ärger oder Konzentration (zusammengezogen) bedeuten.	Manche haben ungewöhnlich hohe Augenbrauen und sehen wie ständig überrascht aus.
Wie viel direkten Blickkontakt gibt es – 40, 60, 80 Prozent?	Zu- oder Abnahme kann auf Ängstlichkeit oder Interesse hindeuten.	Schüchternen Menschen fällt der Blickkontakt manchmal leichter, wenn sie einen kennengelernt haben.
Wohin bewegen sich die Augen, um Information einzuholen?	Wandert der Blick von Natur aus viel oder könnte das auf ein ausweichendes Wesen schließen lassen?	Sensible Rechtshänder blicken oft nach rechts unten, wenn sie gerade tiefe Gefühle verarbeiten, und nach links unten bei Selbstgesprächen. Bei Linkshändern kann es umgekehrt sein.

Normalzustand	Veränderung könnte bedeuten	oder einfach
Sind die Lippen entspannt? Wie sind sie geformt?	Wenn Sie den natürlichen Umriss kennen, sehen Sie später leichter die Zeichen des Ärgers (Oberlippe wird ganz schmal), der tiefen Betrachtung oder auch der Missbilligung (geschürzte Lippen oder Schmollmund).	Manche Frauen benutzen spezielle Kosmetikprodukte, die die Lippen etwas voller erscheinen lassen. Da kann der Naturzustand schwer festzustellen sein.
Ist der Nasenrücken glatt?	Falls ja, kann ein Rümpfen Widerwillen oder Ekel bedeuten (unbewusstes Bemühen, sich zu verschließen und etwas als unangenehm Empfundenes fernzuhalten).	Bei einer Frau, die ich gecoacht habe, wurde die Nase ein einziges Runzelfeld, wenn sie lachte – sehr anrührend.

Schultern

Fallen die Schultern nach vorn?	Wenn sich jemand zuerst aufrecht hält und dann einsinkt, fühlt er sich vielleicht unterlegen oder sein Interesse schwindet.	Gute Haltung muss nicht ein für allemal gegeben sein. Manche müssen sich immer wieder darum bemühen, sogar bekannte Größen im Fernsehen.
Fasst sich die Person ins Gesicht, in die Haare, an die Kleidung an sonstige Körperteile? Sind die Arme verschränkt?	Wenn wir nervös oder ängstlich angespannt sind, sind solche Berührungen ein unbewusster Versuch, uns zu beruhigen. Bei den meisten Menschen sind die Hände entspannt, wenn sie sich wohlfühlen, und werden locker zum Unterstreichen des Gesagten eingesetzt.	Wenn ich müde bin oder friere, verschränke ich die Arme – wer tut das nicht? Es bedeutet dann nicht, dass ich angespannt oder abweisend bin.

Normalzustand	Veränderung könnte bedeuten	oder einfach
Hält die Person sich kerzengerade?	Das könnte bedeuten, dass derjenige überhaupt etwas steif oder vielleicht erschrocken ist oder nichts Gutes ahnt.	John Wayne hatte eine extrem aufrechte Haltung, die von vielen als Zeichen der Männlichkeit und Intelligenz gesehen wurde. Diese Haltung war einfach seine Grundhaltung.
Stehen die Schultern Ihres Gegenübers parallel zu Ihnen?	Falls ja, kann eine spätere deutliche schräge Stellung Distanz schaffen und andeuten, dass Uneinigkeit besteht.	Manche fühlen sich wohler oder sicherer, wenn ihre Schultern schräg zum Gegenüber stehen.
Wie ist der Oberkörper ausgerichtet?	Wenn sich der Oberkörper zu einem anderen neigt, kann das auf Interesse hindeuten. Neigt sich der Körper weg oder zur Tür hin, könnte es sein, dass gerade der Abgang vorbereitet wird.	Eine schräge Haltung kann auch auf Schmerz oder eine Verletzung zurückzuführen sein. Manche müssen ihre Haltung ändern, wenn nach einiger Zeit Kreuzschmerzen einsetzen.

Knie

Sitzt die Person bequem angelehnt mit übereinandergeschlagenen Beinen oder vorgebeugt?	Wenn die Knie in Aktionsstellung sind und die Beine sich anspannen, als wollten sie den Körper gleich heben, kann man davon ausgehen, dass die Person sich gleich empfehlen wird.	Wenn mein Vater zu lange sitzt, muss er die Knie strecken und die Beine bewegen. Das bedeutet nicht, dass er gehen will oder nicht hören möchte, was man ihm sagt. Die Knie tun nur ein wenig weh.

Normalzustand	Veränderung könnte bedeuten	oder einfach
Sitzt die Person wie eine 4, also mit einem Fußgelenk über dem anderen Knie?	Diese selbstbewusste Haltung sagt im Grunde: »Schau, was ich zu bieten habe.« Diese raumgreifende Haltung wird oft als äußerst selbstsicher aufgefasst.	Heutzutage nehmen beide Geschlechter gern diese Haltung ein, wenn sie sich behaglich fühlen.
Füße		
Sitzt oder steht die Person mit angehobener Ferse, wie um die Schwerkraft aufzuheben?	Polizisten tun das gern, wenn sie fragen:»Wissen Sie, weshalb ich Sie angehalten habe?« Die Geste kann große Selbstsicherheit signalisieren. Im Alltag besagt sie eher, dass man ganz aufgeregt ist, als schwebte man.	Meine Schwiegermutter misst nur etwa 1,50 Meter. Im Sitzen kommt sie kaum mit den Füßen auf den Boden und streckt deshalb die Zehen nach unten, wenn sie sich abstützen muss.
Sind die Füße überkreuzt? Um die Stuhlbeine geklammert?	Unzugängliche oder engstirnige Menschen, die sich eigentlich nicht einbringen und nichts mitteilen möchten, ziehen gern die Füße unter den Stuhl. Wenn sie ihre Gedanken und Gefühle zurückhalten, schlagen sie die Füße um die Stuhlbeine.	Bei Menschen mit sozialen Angststörungen oder bei sehr schüchternen Personen ist es normal, dass sie die Füße unter den Stuhl ziehen.

Normalzustand	Veränderung könnte bedeuten	oder einfach
Bewegt sich die Person ständig: Die Füße wippen, die Beine werden mal so, mal so überkreuzt, der Gesichtsausdruck ist ein wenig zu dramatisch?	Ein Zuviel an Bewegung kann auf Nervosität hindeuten.	Oder auf eine Aufmerksamkeitsstörung.
Sind die Füße über Kreuz?	Man nimmt so weniger Platz ein, als wenn die Füße nebeneinanderstehen. Das kann auf Selbstzweifel hindeuten oder auf Zweifel an dem, was man gerade sagt. Vielleicht ist die Person auch verschlossen oder wünscht sich, sie wäre anderswo.	Schülerinnen aus den Südstaaten sagen mir oft, dass sie dazu erzogen wurden, mit überkreuzten Füßen zu sitzen. Für sie ist das folglich normal. Eine Dame sitzt so.
Ist der Fuß abgeknickt, die Sohle einwärts gedreht?	Vielleicht ist es dieser Person unbequem oder sie fühlt sich unbehaglich.	Mein Onkel Francis hielt den Fuß so, weil er eine wunde Stelle an der Fußsohle hatte, die später als Krebs diagnostiziert wurde. Vielen Frauen mit Stöckelschuhen dient diese Haltung am Ende des Tages zur Erholung.

Verstehen Sie, wie unsicher das Gedankenlesen in allen diesen Fällen ist? Wenn Sie bei irgendeinem dieser Zeichen die erste Schlussfolgerung ziehen, bedenken Sie wahrscheinlich nicht, dass verschiedene Menschen ganz unterschiedliche Meinungen dazu haben. Deshalb müssen Sie Ihr Studienobjekt erst einmal zwei bis zehn Minuten lang in einem stressfreien, eher durchschnittlichen Zusammenhang betrachten und dann auf den »Knackpunkt« warten, an dem die Person von ihrem normalen Grund-Verhaltensmuster abweicht. Das ist der Punkt, an dem besonders viel über die Körpersprache dieses Menschen zu erfahren ist.

Spielen erlaubt!

Wenn Sie Ihre Wahrnehmung verbessern möchten, um bei anderen die Ausgangslage schneller ermitteln zu können, rate ich Ihnen zu Videospielen. In dem Wissenschaftsmagazin *Scientific American* stand zu lesen, dass ein paar Stunden Videospiel pro Woche nicht nur die Hand-Auge-Koordination, sondern auch die Tiefenwahrnehmung und die mentale Gewandtheit verbessert, die Aufmerksamkeitsspanne verlängert und zu einer schnelleren Mustererkennung führt. Gehen Sie also Ihrem heimlichen Wunsch nach, sich ein Nintendo DS oder eine Wii anzuschaffen oder statten Sie sogar einer Videospielhalle einen ein- oder zweistündigen Besuch ab. Wissenschaftler der Iowa State University haben festgestellt, dass mit dem Laparoskop operierende Chirurgen, die Videospiele spielten, schneller und genauer arbeiteten als andere.

Zweiter Schritt: Den Knackpunkt festhalten

Der Knackpunkt markiert die Stelle, an der jemand von seinem Normalverhalten zu einem anderen übergeht. Diese Wendung ist das magische Fenster zur neuen Körpersprache.

Denken wir noch einmal an Howard Stern. Wenn wir wissen, dass er normalerweise aufrecht und kraftvoll dasteht und die Arme locker hängen lässt, würde es uns sicher auffallen, wenn er plötzlich die Arme verschränken, die Hände in die Taschen stecken oder mit Feigenblatthänden (vor den Geschlechtsteilen zusammengelegt) dastehen würde. Wir könnten uns dann fragen, woran das wohl liegen mag. Gesten, die Sie nicht zu sehen bekommen, wenn Sie das Normalverhalten eines Menschen ermitteln, haben besonderes Gewicht. Sie zeugen von Unsicherheit, einer anderen Meinung, Hinterlist, einer nicht offen gezeigten Einstellung oder unausgesprochenen Gefühlen.

Hier ein paar Beispiele für die Änderung des Normalverhaltens an einem Knackpunkt:

Situation	Normalverhalten	Knackpunkt
Flirt	60 Prozent Blickkontakt	Mehr oder weniger als 60 Prozent Blickkontakt
Einstellungsgespräch	Entspannte und offene Körpersprache	Verschränkt die Arme und überkreuzt die Beine, schafft eine Barriere
Geschäftsverhandlung	Zurückgelehnt, Hände bilden das Dach	Beugt sich vor, Aufrichtigkeit signalisierende offene Handgesten

Autokauf	Hände in den Hüften, breitbeinig	Hände wandern in die Taschen (mitsamt Daumen), Füße rücken zusammen
Sie stellen jemanden zur Rede	Die Person steht Ihnen direkt gegenüber, die Arme hängen entspannt	Das Gesicht bleibt Ihnen zugewandt, aber der Nabel wendet sich Richtung Tür
Sie tragen einen Wunsch vor	Entspannter Gesichtsausdruck	Kurzes Naserunzeln, und wenn die Person dann sagt: »Kein Thema, ich erledige das bestens für Sie«, heben sich ihre Schultern

Sie verstehen jetzt, weshalb der ganze Ablauf mit der richtigen Einschätzung des Normalzustands steht und fällt. Wenn Howard Stern plötzlich mit den Füßen tappt oder gar nicht mehr aufhören kann, sich an der Nase zu kratzen, könnte diese Abweichung von seinem Normalverhalten uns verraten, dass er etwas verbirgt. Wenn wir so etwas bei Woody Allen sehen, wäre es keine Überlegung wert.

Das Normalverhalten bestimmen zu können – darauf baut alles Weitere in unserem Programm auf. Was für eine Geschichte erzählt also Ihr Körper? Verraten Sie mehr, als Sie denken?

Anwendung: Den eigenen Grund- oder Normalzustand erkennen

Stellen Sie sich vor, Ihr Händedruck, Ihre Haltung, Ihre Art zu stehen und Ihr Lächeln würden von Tausenden von Zuschauern bei einer Live-Sendung im Fernsehen begutachtet. Wenn Sie nicht un-

7-Sekunden-Abhilfe

Werten Sie sich auf

Das Problem: Auf dem Foto links steht der Mann irgendwie außerhalb der Frauengruppe. Er scheint sich zwar ins Spiel bringen zu wollen, aber die Frauen wirken nicht sehr interessiert. Sie haben auch eigentlich nichts mit seinen Anknüpfungsplänen zu tun, die eher ungezielt in die Gegend gerichtet sind.

Abhilfe: Er muss sich unauffällig ins Zentrum des Geschehens bewegen, vielleicht einen Drink bestellen und sich dann neu positionieren. Das ist aus mehreren Gründen ein schlauer Schachzug. Erstens wird die Person im Zentrum immer als Anführer wahrgenommen. Zweitens ist er jetzt mit den Frauen zusammen und nicht mehr einer, der nur so dahergestolpert kommt. Mit diesem kleinen Trick werten Sie sich in den Augen sämtlicher Frauen ringsum auf. Ganz schön gerissen.

bedingt ein Star im Reality-Fernsehen werden wollen, steht das vermutlich nicht auf Ihrer Wunschliste.

Für Dana, Anfang 20, ein brandheißes, redegewandtes und erfolgreiches »Hooters Girl« (Angestellte der Gastronomiekette Hooters), ging es 2008 um eine Beförderung, sie sollte Trainingskoordinatorin einer Region werden. Kat Cole, die Vizedirektorin von Hooters' Schulungsprogramms, war von Danas Berufshistorie und ihrer

einnehmenden Persönlichkeit so angetan, dass sie Danas Führungsqualitäten und Mut auf eine Probe stellen wollte. Dana bekam also
einen Anruf vom Moderator der Business-Show *The Big Idea* und
wurde zu der Sendung eingeladen. Es würde um ihre Beförderung
gehen. Dana sah diese Herausforderung als eine Gelegenheit, ihrer
Chefin und der Welt zu zeigen, mit wie viel Stolz, Begeisterung und
Zuversicht sie auf sich selbst und ihre Firma blickte.

Ich war an diesem Tag die zur Sendung geladene Expertin und
sollte mit Dana an ihrer Gesprächstechnik für Jobverhandlungen
arbeiten. Die Macher der Sendung bereiteten ein frei erfundenes Interview vor, das ich mit Dana zuerst auf einem Probevideo führen
würde, damit wir anschließend diskutieren konnten, was schon
funktionierte und wo noch zu arbeiten war.

Dana war warmherzig und freundlich, ein Mensch, den man
gleich umarmen möchte. Ihre Begeisterung und der Wunsch, ihr
Bestes zu geben, fielen sofort ins Auge, aber ihre Energie lag zu Beginn oberhalb dessen, was für ein Beförderungsgespräch gut ist, vor
allem wenn es um eine leitende Position in der Firma geht. Bei dem
gestellten Gespräch war bei Dana eine sehr deutliche Veränderung
zu erkennen: Ihr natürliches Selbstvertrauen bekam einen Knacks,
und das zeigte sich in ihrer Körpersprache als steife, kerzengerade
Haltung, ein angespannt und gekünstelt wirkendes Dauerlächeln,
das ständige Übereinanderschlagen der Beine im Wechsel und ein
paar nervöse Griffe ins Haar. Sie sagte sogar ein paarmal: »Ich bin
jetzt grad so nervös.«

Wer hätte es ihr verdenken können?! Wir sprachen darüber, dass
ihre nervöse Grundlinie den Erfolg untergraben würde. Daran
mussten wir etwas tun.

Ich bat Dana, sich an ein Erlebnis zu erinnern, bei dem sie sich als
sehr selbstsicher und als Herrin der Lage wahrgenommen hatte. Ihr
fiel auch gleich etwas ein, und während sie erzählte, wurde ihre Haltung entspannter, sie stellte die Beine nebeneinander, beugte sich

leicht vor, wusste mit ihrem Bericht zu fesseln, und all das war von selbstbewussten Handgesten begleitet, die ich vorher nicht an ihr gesehen hatte.

Als sie ganz in dieser selbstsicheren Grundhaltung angekommen war, brauchte ich sie nur noch auf ihre Körpersprache in diesem Augenblick aufmerksam zu machen. Es war wie eine Erleuchtung für sie. Sie wusste jetzt genau, wie sie sich beim echten Gespräch verhalten musste. Als die Kameras dann liefen und Dana den Gesprächsraum betrat und Kat, ihre Chefin, begrüßte, klappte alles wie geschmiert, sogar blendend. Eine Stunde später, als wir uns alle um den Moderator versammelten, bekam Dana von Kat den Posten der Trainingskoordinatorin angeboten.

Weshalb Sie Ihren eigenen Normalzustand kennen sollten

Die Leute in meinen Kursen staunen immer am meisten über das, was sie da über ihre eigene Grundlinie erfahren. Und dieser Schritt kann auch für Sie der aufschlussreichste des ganzen Programms werden.

Bevor wir aber lernen können, wie man seine Körpersprache auf jede Situation abstimmt, müssen wir wissen, womit wir überhaupt arbeiten. Ihr eigenes Normalverhalten zu kennen hat drei wesentliche Vorzüge:

1. Sie legen Ihre bisherigen Gewohnheiten des Gedankenlesens ab.
Richtet nicht, so werdet ihr nicht gerichtet! Je besser Sie verstehen, inwiefern Ihre Gesten, Ihre Körperhaltung und andere nonverbale Signale möglicherweise uneindeutige Botschaften aussenden, desto besser kommen Sie gegen das alte Gedankenlesen

an, wenn Sie die Ausgangslage der Körpersprache bei anderen zu beurteilen haben.

2. *Ihre Körpersprache wird sich dem anpassen, was Sie vermitteln möchten.* Bevor Ihnen das gelingt, werden Sie wohl erst einmal das »Material« kennenlernen müssen, mit dem Sie arbeiten. Ihre Ausgangslage zu ermitteln, das ist so, als würden Sie Ihre Koordinaten auf einer Landkarte oder einem Stadtplan feststellen – erst dann können Sie den Streckenverlauf zu Ihrem eigentlichen Ziel festlegen.

Nehmen wir an, Sie wollen Ihrem Automechaniker vermitteln, dass Sie sich kein X für ein U vormachen lassen, aber dann sind Sie doch unsicher und stecken die Hände in die Taschen – was Ihren Körperumriss schrumpfen lässt und Ihre Autorität untergräbt. Tragen Sie einen Mantel ohne Taschen, um sich vom Rückgriff auf dieses hinderliche Signal abzuhalten. Oder sagen wir, Sie möchten Ihre Kinder für eine gemeinsame Haushaltsaktion gewinnen. In der Vergangenheit haben Sie bei solchen Anlässen Handgesten eingesetzt, bei denen die Handflächen nach unten weisen – und alle hatten das Gefühl, nur herumkommandiert zu werden. Damit ist die Familien-Teamarbeit bereits erledigt, man meckert, streitet, die Kommunikation bricht ab. Wenn Sie Ihr Normalverhalten kennen, legen Sie die Hände vielleicht einfach zusammen oder stecken sie meinetwegen in die Tasche.

3. *Sie polen sogar Ihr Gehirn um.* Ihre Körpersprache wirkt sich nicht nur auf andere aus, sondern auch auf Ihr Gefühl für sich selbst, Ihr Denken über sich selbst. Bei einer Studie mit 41 Studenten der Rochester University ging es darum, Anagramme zu lösen und dabei entweder die Arme zu verschränken oder auf den Oberschenkeln liegen zu lassen. Diejenigen, die ihre Arme verschränkten, schnitten insgesamt besser ab und hielten auch durchschnittlich 80 Sekunden länger durch als die anderen, die ihre Arme auf den Oberschenkeln abgelegt hatten und in weniger

als 60 Sekunden aufgaben. Die Wissenschaftler mutmaßten, dass ein Verschränken der Arme unbewussten Ehrgeiz mobilisiert und das Durchhaltevermögen steigert. Es ist vielfach untersucht worden, inwiefern eine bewusste Änderung unserer Bewegungs- oder Haltungsmuster unsere Gedanken und Gefühle positiver machen kann. Wenn wir solche positiven körpersprachlichen Signale regelrecht einüben, trainieren wir uns auf eine insgesamt selbstbewusstere Grundhaltung. Ein simples Verschränken der Arme kann sich ganz erheblich auf unsere Konzentrationsfähigkeit auswirken.

Sie werden nie jeden über Ihr Gesicht huschenden Mikroausdruck kontrollieren können, aber Sie sollten wissen, wie Sie sich anderen in einer normalen Umgebung darstellen. Ihre normale, gewohnte Gestik sendet Signale, die Sie ganz sicher nicht beabsichtigen – etwa Mangel an Selbstbewusstsein, Unbehagen oder Distanz – und vielleicht überhaupt nicht bemerken. Diese Signale behindern Sie aber bei der Aufnahme eines guten Kontakts zu anderen, es entsteht kein Rapport, diese unbewusste emotionale Verbindung, über die ein Einfluss von Ihrer Körpersprache auf andere übergeht. Wenn Sie Ihr Normalverhalten gut kennen, sind Sie auf die Augenblicke vorbereitet, in denen Sie Ihre Schwachstellen einfach bewusst im Griff haben müssen. Lernen Sie Ihr Normalmaß kennen, und Sie werden wissen, wie man eine Vertrauensbeziehung knüpft – um das zu erreichen, was Sie möchten.

Was Sie in den ersten 30 Sekunden verraten
Mehr als 30 Sekunden bleiben Ihnen oft nicht, um einen guten Eindruck zu machen. Bei einer neueren Untersuchung ging es um die Frage, wie Bewerber von geschulten Personalkräften und von Neulingen eingeschätzt wurden. Von den Kandidaten wurden bei ihren Gesprächen mit erfahrenen Personalkräften 20-minütige Videos gedreht, und anschließend spielte man ungeschulten Beobachtern die ersten 30 Sekunden davon vor. Beide Gruppen hatten schließlich die Bewerber nach zwei erfolgsrelevanten Kriterien zu beurteilen, nämlich ob sie selbstsicher und sympathisch waren. Die Auswertung ergab, dass die ersten Eindrücke in beiden Gruppen annähernd gleich waren.

Nehmen Sie Verbindung auf

Im Verkaufsbereich hängt der Erfolg zu bis zu 90 Prozent von der Geschicklichkeit ab, mit der man eine positive Beziehung zum Kunden oder möglichen Kunden knüpft. Aber wir mögen im Verkauf arbeiten oder nicht, im Business sind wir jedenfalls alle insofern, als es immer um die Frage geht, wie wir uns selbst verkaufen. Ob der Personalchef ein Einstellungsgespräch führt oder die alleinstehende Mutter ihr erstes Haus kauft oder der nicht mehr ganz junge Mann nach seiner Scheidung wieder daran denkt, neue Kontakte zu knüpfen – wenn es gut laufen soll, müssen wir wissen, wie echte Verbindung oder Rapport herzustellen ist.

Dazu ist mehr erforderlich, als bloß das Verhalten anderer nachzuahmen oder bemüht auf Ausstrahlung und Charme zu machen. Echte Verbindung hat immer etwas mit Einfühlungsvermögen zu

<u>tun.</u> Sie müssen sich in den anderen so weit einfühlen, dass Sie gleichsam die Welt mit seinen Augen wahrnehmen. Es geht darum, anderen wirklich zuzuhören, zu verstehen, was ihnen wichtig ist, und ihre Gefühle nachzuempfinden. Daraus entsteht Achtung und, was noch wichtiger ist, Vertrauen.

Mir wird immer der Tag in Erinnerung bleiben, an dem ich die Präsentation der beiden Kriminalbeamten hörte, die den 32-jährigen Serienmörder Jeffrey Dahmer, Arbeiter in einer Schokoladenfabrik, zu einem Mordgeständnis brachten. Bild für Bild mussten wir uns die unvorstellbar grauenhaften Szenen ansehen, die sich den Polizisten in Dahmers Wohnung boten, es war kein Mucks zu hören. Wir saßen alle mit eingesunkenen Schultern da, das Gesicht mehr oder weniger verzerrt, die Arme verschränkt oder händeringend. So entsetzlich das alles war, wir lauschten wie gebannt der Geschichte.

Wie brachten diese beiden Ermittler Dahmer dazu, Morde und Verbrechen zuzugeben, bei denen die Polizei bis dahin noch im Dunkeln getappt hatte? Nun, sie waren Vollprofis. Ringsum waren noch Überreste von Dahmers Opfern zu sehen, aber die beiden versagten sich einfach alle normalen Reaktionen wie Abscheu oder Wut. Die beiden waren auch absolut sicher im Führen von Verhören und <u>wussten, dass man an die Wahrheit nur herankommt, wenn es gelingt, Vertrauen aufzubauen, doch dazu mussten sie etwas finden, was sie mit Dahmer gemein hatten.</u> Aber was könnten zwei gebildete und hoch angesehene Kriminalbeamte mit einem Sexualstraftäter und Mörder gemein haben?

Religion. Dahmers Eltern und vor allem seine Großmutter, bei der er eine Zeitlang gelebt hatte, waren sehr religiöse Menschen. Also kamen die beiden Ermittler auf Gott und Vergebung zu sprechen – und wie sehr Gott ihn doch sicher darin bestärkte, der Verstörung der Angehörigen seiner Opfer ein Ende zu bereiten. Er begann zu reden, und dann hörten sie nur noch zu, hörten sich einen Fall und ein Geständnis nach dem anderen an, bis Dahmer schließlich alle 17 Morde gestanden hatte. Rapport ist die Grundlage aller unserer Interaktionen mit anderen. Alle funktionierenden Beziehungen beruhen auf Rapport, selbst in einer so ungewöhnlichen Situation wie Dahmers Verhör. Wenn es diesen beiden Kriminalbeamten möglich war, eine Vertrauensbeziehung zu einem Psychopathen wie Dahmer zu knüpfen, ist es Ihnen auch möglich, unter allen Umständen positive Kontakte herzustellen.

Hier nun die Top Ten der von den besten Kommunikatoren der Welt angewendeten Rapportbildungsmaßnahmen. Für Sie ebenfalls geeignet!

1. Sorgen Sie für einen starken ersten Eindruck. In den ersten sieben Sekunden einer Begegnung hat der andere sich bereits ein erstes Bild von Ihnen gemacht. Dieser »Primäreffekt« entscheidet, ob die Person Ihnen vertrauen wird oder nicht. Wenn Sie also einen Raum betreten, in dem Sie mit jemandem sprechen wollen, vergegenwärtigen Sie sich diese Person als Ihren besten Freund, als jemanden, den Sie schon Ihr Leben lang kennen. Dieser Trick ist relativ leicht zu lernen und gibt Ihnen gute Startvoraussetzungen, nämlich eine positive und ansprechende Körpersprache.

Stellen Sie sich vor, und sagen Sie Ihren Namen dabei deutlich, damit er sich einprägt. Ein kleiner zusätzlicher Trick ist diese Form:»Hallo, ich bin [Pause] Janine [Pause] Driver.« Visualisieren Sie Ihren Namen auf der Anzeigetafel über dem Kinoeingang. Wenn nicht Sie Ihrem Namen die gebührende Achtung erweisen, wer dann? Sprechen Sie den Namen des anderen nicht nur einmal aus, sondern im Verlauf des Gesprächs mehrmals an geeigneten Stellen. Ich sehe zu, dass ich den Namen der anderen

Person alle zehn bis 15 Minuten einmal ausspreche. Der süßeste Klang auf Erden, heißt es, sei der des eigenen Namens.

2. *Nachahmen – aber mit Augenmaß.* Wenn Sie je ein Buch über Verkaufstechnik oder Überzeugungsarbeit gelesen haben, werden Sie wissen, wie man den anderen nachahmt, um ihn sich selbst zu spiegeln. Wenn jemand die gleichen Gesten anwendet und im gleichen Tonfall spricht, entsteht eine Schwingung von Einklang, und das wird dann auch so empfunden. Wenn wir spüren, dass andere »von gleicher Art« sind, entstehen Vertrauen und eine Gefühlsbeziehung.

Diese Spiegeltechnik ist hochwirksam, muss aber vorsichtig dosiert werden. Der Kunde soll ja nicht das Gefühl bekommen, er werde nachgeäfft wie von einem kleinen Bruder. Ahmen Sie also ruhig nach, aber ein bisschen zeitversetzt und nicht mit der exakt gleichen Geste. Ja, die Leute mögen das Gefühl, unter ihresgleichen zu sein, aber seien Sie nicht voreilig, sonst ist der Effekt dahin und die Rapportbrücke kracht ein.

3. *Behandeln Sie alle respektvoll.* Manchmal fällt es schwer, mit Menschen zu tun zu haben, die andere politische Anschauungen vertreten, anders leben oder mehr oder weniger fit oder gesund sind. Aber uns allen ist irgendetwas gemein. Wir sind alle Menschen, und wo Sie Vertrauen aufbauen möchten, müssen Sie den anderen respektvoll behandeln. Fühlen Sie sich ein, sprechen Sie nie von oben herab. Begeben Sie sich auf die Höhe des anderen oder etwas darunter, damit Sie als ähnlich und ebenbürtig erkannt werden können. Behandeln Sie den anderen, wie er behandelt werden möchte, nicht wie *Sie* behandelt werden möchten, und Sie werden mühelos eine vertrauensvolle Beziehung aufbauen.

4. *Lassen Sie sich Zeit.* Hast beim Aufbau einer Vertrauensbeziehung erweist sich immer als Fehler. Selbst wenn nur sehr wenig Zeit dazu bleibt, nehmen Sie sich diese Zeit, um echten Kontakt mit dem Menschen gegenüber aufzunehmen.

Ein Beispiel: Beim Chiropraktiker ist man in manchen Fällen nicht länger als zehn Minuten, manchmal noch kürzer. Ich erinnere mich sehr gut an einen Chiropraktiker, der sich zwei Minuten für die Herstellung des Rapports nahm, bevor er mich behandelte. Erst als ich die Praxis verließ, wurde mir klar, dass ich gerade einmal sieben Minuten dort gewesen war – und dabei war mir aber, als würde ich ihn schon ewig kennen, wir umarmten uns sogar. Für mich ist er seitdem der Umarmungschiropraktiker. Er machte mir noch einmal deutlich, wie entscheidend wichtig es ist, sich den kleinen Augenblick für den Aufbau einer Beziehung zu nehmen. Achten Sie auf das, was die Körpersprache des anderen Ihnen sagt – und was Sie selbst mit Blickkontakt, Händedruck, Haltung, Körperstellung, Stellung der Füße und anderen Gesten sagen. Es sind wirklich entscheidende Augenblicke. Nehmen Sie sich die Zeit.

5. *Andere zum Reden bringen.* Als meine Schwester und ich noch klein waren, sagte meine Mutter immer zu uns:»Eure Kraft liegt in dem, was ihr anderen gebt.« Nachdem ich diesen Rat in den 15 Jahren meiner beruflichen Laufbahn im Dienst der Regierung beherzigt habe, und zwar mit Erfolg, wurde mir schließlich ganz klar, dass meine Mutter recht hatte. (Aber verraten Sie ihr nicht, dass ich das gesagt habe!)

Die sehr einfache Regel: Bringen Sie Ihr Gegenüber zum Sprechen. Stellen Sie Fragen, die Raum schaffen. (»Erzählen Sie mir, wie Ihr Sommer war.«»Auf was freuen Sie sich in Ihrer nächsten Stellung?«»Weshalb hätten Sie gern einen Job in unserer Firma?«) Lassen Sie den anderen sprechen. Die beiden Kriminalbeamten schufen für Jeffrey Dahmer einfach einen Freiraum, in dem er sich mitteilen konnte. Tun Sie es ihnen nach, und Sie werden mehr in Erfahrung bringen, womit Sie dann weiterarbeiten können.

6. *Zeigen Sie sich.* Teilen Sie etwas Persönliches über sich selbst mit. Seien Sie offen und freimütig, dann finden die Leute leichter

Zugang zu Ihnen. Mein Lehrer J. J. erzählt bei der ersten Begegnung mit neuen Leuten, auch mit schweren Jungs, gern von seinen drei Töchtern und wie gut er weiß, was es heißt, Vater zu sein und jemanden bedingungslos zu lieben oder jemanden, der einem am Herzen liegt, unbedingt schützen zu wollen. Mit solchen persönlichen Mitteilungen baut er eine echte Brücke zwischen sich und dem anderen. Mit zu vielen Tricks wie etwa dem »Zurückspiegeln« würde man nur Misstrauen erregen, der andere fühlt sich dann schnell manipuliert.

Sagen Sie den Leuten auch ganz direkt, was Sache ist, beispielsweise was sie in ihrer derzeitigen Phase zu erwarten haben, ganz gleich ob es sich um ein Einstellungsgespräch oder ein Verhör handelt. Sie können dem anderen einen Großteil seiner Ängste nehmen, wenn Sie einfach sagen: »Wir werden jetzt höchstens eine halbe Stunde miteinander reden. Ich stelle Ihnen eine Reihe von Fragen, die ich allen Bewerbern stelle, und danach können Sie mich alles fragen, was Ihnen noch unklar ist.«

7. *Seien Sie zurückhaltend mit Berührungen.* Berührungen wirken tief, aber man muss vorsichtig damit umgehen. Legen Sie keine Dramatik und nicht zu viel Ernst in Ihre Berührungen, sie müssen spontan und ganz beiläufig wirken. Berühren Sie den anderen nur, wenn Sie gerade etwas Positives äußern, indem Sie etwa ein Kompliment machen oder über den Witz des anderen lachen. Versuchen Sie es einmal mit einer leichten und freundlichen etwas längeren Berührung statt eines Stupses. Sie können zum Beispiel den Arm oder das Handgelenk des anderen halten und seine Uhr bestaunen. Und wenn Sie im Konferenzraum eine Frau zur Tür begleiten, können Sie schon einmal die Hand auf ihren oberen Rücken legen. Leichte Berührungen signalisieren: »Ich mag dich, ich fühle mich dir verbunden.«

Aber Vorsicht, nicht zu lange und nicht zu oft berühren. Häufige Berührung kann so irritierend werden wie ständiges Stup-

sen. Außerdem wirkt es nicht sehr selbstbewusst, so wenig wie
ständiges Lächeln. Leichtigkeit zählt.

8. **Nicken Sie aufmerksam.** Einer Studie zufolge werden Ärzte, die
ihren Patienten nickend zuhören, als zugänglicher und einfühl-
samer beurteilt als andere. Es entsteht schneller eine echte Beziehung. Auch hier gilt aber, dass nicht zu häufig genickt werden
darf. Ein kurzes, einmaliges Nicken ist besonders effektiv; es sagt
dem anderen, dass Sie aufmerksam zuhören. Von einem doppelten Nicken fühlt sich die Person eher zur Eile angetrieben, und
ein dreifaches Nicken (oder, noch schlimmer, ein sehr langsames
Nicken) kann verwirrend wirken und das Ende des Gesprächs
herbeiführen.

9. **Seien Sie anpassungsfähig.** »So machen wir das hier nun mal.«
»So habe ich das immer gemacht.« »Na ja, wenn man mir nicht
vertraut, ist das nicht mein Problem.«

Autsch. Mir tut es geradezu weh, diese Rapportkiller auch nur
hinzuschreiben. Anpassungsfähigkeit ist ein Schlüssel, um Rapport herzustellen und den Gang der Dinge zu steuern. Vor allem
bei neu entstehenden Kontakten müssen Sie flexibel bleiben. Die
meisten Leute machen sich einen bestimmten Ansatz zur Herstellung des Rapports zu eigen, den sie als bewährt empfinden,
und bleiben dann dabei. Aber die Leute, die sich wirklich auf
Kommunikation verstehen, erkennt man daran, dass sie sich immer den jeweiligen Umständen anpassen. Eignen Sie sich diese
grundlegende Fähigkeit an, sonst werden Sie nie all das verwirklichen, was in Ihnen steckt.

Fragen Sie sich also: »Bin ich anpassungsfähig, kann ich meine
Aktionen abwandeln, wenn sie nicht zum Erfolg führen?« Seien
Sie ganz ehrlich mit sich. Und wenn Sie verneinen müssen, dann
fangen Sie gleich heute damit an, sich in die Lage eines anderen
hineinzuversetzen. Arbeiten Sie daran, verfeinern Sie Ihr Können, und Sie werden es in der neuen Körpersprache weit bringen.

Passen Sie Ihr Energieniveau dem Publikum an
Redner, deren Anliegen es ist, ihr Publikum am frühen Morgen mit Energie aufzuladen, sind auf dem Holzweg. Die Leute mögen Menschen, denen es genauso geht wie ihnen. Wer also am Morgen eine Rede hält, ist gut beraten, auf dem gleichen Energielevel wie die Zuhörer zu beginnen. Das wird diese zufriedenstellen.

10. *Bleiben Sie in Bewegung.* Möchten Sie, dass es so wirkt, als würden Sie jemanden, dem sie just erstmals begegnen, schon lange kennen? Teilen Sie die Begegnung in Phasen ein, die alle ihren eigenen Schauplatz haben. Immer wenn wir mit anderen irgendwohin unterwegs sind, erleben wir jeden neuen Schauplatz als ganz neue Erfahrung, und es entsteht schnell der Eindruck einer schon länger dauernden Beziehung. Bleiben Sie bei einem ersten Rendezvous nicht an ein und demselben Ort. Wechseln Sie nach dem Essen das Lokal für das Dessert, und danach geht es wieder woanders hin, um noch gemütlich ein Schlückchen miteinander zu trinken. Da bekommen Stunden das Gewicht von Tagen.

Autohändler machen es so. Sie zeigen Ihnen draußen auf dem Platz oder im Showroom die Fahrzeuge und geben die wichtigsten Erläuterungen. Dann gibt es im Empfang einen Kaffee, bis alles für Ihre Probefahrt vorbereitet ist, und wenn Sie schließlich im Büro sitzen und über Preise geredet wird, haben Sie bereits eine Menge erlebt und gewinnen den Eindruck, in Ihrer Kaufentscheidung schon recht sicher zu sein.

Sie möchten einen Kunden für Ihre Firma werben? Laden Sie ihn zum Essen ein, anschließend führen Sie ihn durch das Gebäude und zum Abschluss in den Konferenzraum. Sie müssen nur an jeder Stelle lange genug verweilen, damit sich der Rapport immer wieder neu bilden kann. Ansonsten würden Sie vielleicht gehetzt oder desinteressiert wirken. Denken Sie daran, wie ein Film montiert wird: Jede Sequenz muss so lang sein, dass man weiß, was los ist, sonst würde man den Faden verlieren.

Jetzt lassen Sie das alles eine Weile wirken. Und wenn Sie sich bereit fühlen, dann machen Sie sich an die Übungen für den ersten Tag.

Die Übungen für den ersten Tag: Das Normalverhalten ermitteln und Rapport herstellen

Das ist jetzt der offizielle Beginn Ihres 7-Tage-Programms! Und die heutige Lektion legt das Fundament für die kommenden Tage. Ich präsentiere Ihnen für jeden Tag unterschiedliche Typen von Übungen. Manche können Sie während Ihres Tagesablaufs oder unterwegs machen, andere ganz kuschelig im Bett. Sehen Sie zu, dass es alle Tage eine gute Mischung ist. Nehmen Sie sich jedes Mal, wenn Sie mit einer Übung fertig sind, fünf Minuten für die Beantwortung dieser Frage in Ihrem Tagebuch: »Wie kann diese Übung mir helfen, das zu bekommen, was ich mir im Leben wünsche?«

Sie werden alles, was Sie heute lernen, in der vor Ihnen liegenden Woche – und hoffentlich für den Rest Ihres Lebens – weiterhin anwenden. Sie wissen ja: Ein absolut sicherer Blick für das Normalverhalten bei anderen und bei Ihnen selbst ist die Grundlage der neuen Körpersprache.

Mit den folgenden Übungen werden Sie Ihre eigene normale Körpersprache näher kennenlernen.

▶ *Machen Sie sich Notizen.* In Ihrer ersten Übungsstunde heute geht es für Sie darum, das Normalverhalten von mindestens drei ganz verschiedenen Persönlichkeitstypen zu ermitteln. Sehen Sie zu, dass die folgenden drei Typen alle vertreten sind: schüchtern, kraftvoll/selbstbewusst und arrogant/aggressiv. Zeichnen Sie diese Typen auf jeweils einer ganzen Seite Ihres Körpersprachetagebuchs als Strichmännchen. Und jetzt wenden Sie unser »Abtastverfahren« auf diese Figuren an – Kopf, Schultern, Knie und Füße. Notieren Sie jeweils neben der betreffenden Zone in ganz wenigen Worten eine kurze Beobachtung, etwa: »Kopf etwas nach hinten«, »Nase leicht angehoben«, »Schultern gebeugt«, »Becken nach links gekippt«, »Hände in den Seiten«, »Füße einen halben Meter auseinander«. Notieren Sie ruhig alle möglichen Details, aber beobachten Sie jede Person nicht länger als zwei bis maximal zehn Minuten (das ist der Standard für die Ermittlung des Normalverhaltens). Für heute machen Sie diese Übung mit Zeichnungen und Notizen; setzen Sie das an den folgenden Tagen fort, aber ohne schriftliche Aufzeichnungen. Wenn Sie das oft genug üben, wird es bald automatisch – und darauf wollen wir hinaus.

▶ *Trainieren Sie Ihre Beobachtungsgabe.* Besuchen Sie ein Museum oder eine Kunstgalerie und betrachten Sie eine halbe Stunde lang ein Kunstwerk Ihrer Wahl. Achten Sie auf alle Details: Wer oder was steht im primären Brennpunkt des Werks? Gibt es sekundäre Brennpunkte? Weshalb mag dieses Werk entstanden sein – war es das persönliche Interesse des Künstlers? Um Geld zu verdienen? Um gesellschaftliche Verhältnisse abzubilden? Um Anregungen zu geben, die Wahrheit zu offenbaren, etwas Schönes zu schaffen, gegen bestehende Verhältnisse zu protestieren, um irgendein Ereignis oder eine Person dauerhaft festzuhalten? In welcher Weise ist der Künstler von diesem Ziel beeinflusst?

Wenn Sie sich Zeit nehmen, die Elemente des Kunstwerks in allen Einzelheiten zur Kenntnis zu nehmen, trainieren Sie die Fähigkeit, auch in anderen Situationen alle Details wahrzunehmen. Fragen Sie sich abschließend, wie Sie dieses Kunstwerk zu Ihrem Leben und Ihren Wünschen in Beziehung setzen können.

Diese Technik wurde in Zusammenarbeit mit einer Kunstsammlung, der New Yorker Polizei, dem FBI und der US-Nationalgarde entwickelt und hat inzwischen Tausenden von Sonderagenten und Ordnungshütern zu einer Verbesserung ihrer Beobachtungsgabe verholfen. Sie lernen hier, sehr genau die Einzelheiten im Auge zu behalten, wenn sie Verbrechensszenen, Festnahmen oder Verhöre schildern. (Und aus dem Körpersprache-Powerteam höre ich immer wieder, dass diese Übung besonders beliebt und besonders aufschlussreich ist.)

▸ *Stellen Sie fest, wie Sie von anderen gesehen werden.* Fotokopieren Sie den KQ-Test aus dem ersten Kapitel (Seite 51–54) und bitten Sie drei Leute, *Sie* einzustufen. Nehmen Sie die Antworten einfach als Hilfen, nicht als Urteile. Sollten sich die Antworten von Ihren eigenen unterscheiden, müssen Sie herausfinden, woran das liegt. Stellen Sie den Leuten Fragen dazu, aber ohne sie umstimmen zu wollen. Es geht bei unserem Training nicht um andere, sondern um Sie, und für Sie ist es wichtig zu wissen, wie andere Sie sehen.

▸ *Spieglein, Spieglein an der Wand.* Stellen Sie sich vor einen Ganzkörperspiegel. Wenn Sie keinen haben, nehmen Sie einfach den größten, den Sie auftreiben können.

Erster Teil: Kleiner werden

▸ Schließen Sie die Augen.

▸ Vergegenwärtigen Sie sich eine Situation, in der Sie nervös, deprimiert, bekümmert oder verängstigt waren. Versetzen Sie sich in die Lage. Was haben Sie da gefühlt, was haben Sie gesehen, was haben Sie gehört, was haben Sie getan?

▸ Öffnen Sie die Augen. Nehmen Sie Ihre Körpersprache wahr – Gesichtsausdruck, Haltung und alle weiteren Anzeichen. Sind Sie kleiner geworden (Hände in den Taschen, hängende Schultern, Arme verschränkt, Füße nah beieinander)?

Zweiter Teil: Auf die Zehen und gegen die Schwerkraft

▶ Schließen Sie wieder die Augen.

▶ Erinnern Sie sich an eine Zeit der Hoffnung und frohen Erwartung. Versetzen Sie sich wieder ganz in diese Lage, erleben Sie das Ganze noch einmal und in möglichst vielen Einzelheiten.

▶ Öffnen Sie die Augen und nehmen Sie wieder Ihre Körpersprache wahr. Ist der Kopf hoch, lächeln Sie?

Dritter Teil: Größer werden

▶ Stehen Sie bequem da und schließen Sie die Augen.

▶ Erinnern Sie sich an eine Zeit, in der Sie ganz selbstbewusst und voller Selbstvertrauen waren. Sie wussten einfach, dass Sie sich durchsetzen würden, nichts konnte Sie aufhalten. Sie unternahmen etwas, das Sie sich kaum selbst zutrauten, und es gelang.

▶ Wie ist jetzt Ihre Körpersprache. Sind Sie größer geworden (Kopf erhoben, Schultern zurück, Hände in den Seiten, Füße weiter auseinander)? Prägen Sie sich dieses Bild ein.

Sollten Sie wieder einmal verunsichert werden, ändern Sie Ihre Körpersprache zu dem ab, was Sie eben im Spiegel gesehen haben. Solche kleinen körperlichen Veränderungen können Ihre Sicht der Dinge vollkommen umkrempeln.

▶ *Werden Sie Ihr eigener Reality-TV-Star.* Heute Abend müssen Sie einen Camcorder bei sich haben, egal was Sie machen.

▶ Bauen Sie ihn irgendwo auf, wo Sie ihn wieder vergessen. Schalten Sie ein. Sie sollen eine Aufnahme von mindestens zwei Stunden Länge von sich selbst machen, auch wenn Sie nur fernsehen.

▶ Sehen Sie sich, bevor Sie ins Bett gehen, einen Abschnitt des Videos dreimal im langsamsten Schnellvorlauf an. Achten Sie dabei jedes Mal auf andere Facetten Ihres Normalverhaltens. Haben Sie beim Sitzen ein Bein übergeschlagen? Ziehen Sie die Stirn kraus, wenn Sie denken? Nagen Sie an der Lippe, wenn Ihnen langweilig ist? Sind Ihre Füße ständig in Bewegung? Zupfen Sie an der Nagelhaut, bewegen Sie die Zehen auf und ab? Und wie steht es mit der Haltung?

▶ Notieren Sie Ihre Beobachtungen in Ihrem Körpersprachetagebuch.

▶ *Fünfmal in 15 Minuten.* Das richtige Maß an körperlicher Berührung kann von sehr unmittelbarer Wirkung sein. Berührungen gehören zum absolut Köstlichsten beim Flirten. Es wurde sogar experimentell nachgewiesen, dass selbst ganz flüchtige Berührungen von enormem Gewicht für unsere Beziehungen sind. Eine höfliche Bitte um Hilfe oder die Frage nach einer Wegbeschreibung beispielsweise kommt ganz anders an, wenn sie mit einer leichten Berührung am Arm verbunden ist.

Nutzen Sie YouTube, um den Blick für Normalverhalten zu schärfen
Suchen Sie auf YouTube nach Videos von diesen Leuten:

▶ Johnny Carson, David Letterman und Jay Leno
▶ Chris Rock, Robin Williams und Ray Romano
▶ Frank Sinatra, Michael Jackson und Miley Cyrus

Behandeln Sie jede Dreiergruppe für sich. Sehen Sie sich zu jeder ein paar Videos an. Beurteilen Sie das unterschiedliche Normalverhalten nach dem Kopf-Schultern-Knie-Füße-Schema. Wie legen sie die Beine übereinander (und ist es bei verschiedenen Leuten unterschiedlich)? Wie breit stehen sie da? Wie setzen sie beim Reden die Hände ein? Worin bestehen die Unterschiede bei Sprechrhythmus und Tonfall? Nennen Sie zu jeder Dreiergruppe mindestens drei Grundverhaltensweisen, die bei den Einzelnen unterschiedlich ausgeprägt sind.

Eine recht gute Regel für das Flirten besteht darin, den anderen fünfmal innerhalb einer Viertelstunde zu berühren. Hier ein Anwendungsmuster:

Erste Berührung: Handschlag
Zweite Berührung: Begutachten Sie seine Armbanduhr oder Manschettenknöpfe. Halten Sie seinen Arm und sagen Sie etwas in Richtung:»Oh, die Uhr ist ja toll! So schick. Mein Bruder hat sich zum Geburtstag eine elegante Uhr gewünscht. Wo haben Sie die her?«
Dritte Berührung: Immer wenn er charmant oder witzig ist, berühren Sie ihn leicht am Arm und sagen:»Sie sind einfach köstlich, [Name]!«
Vierte Berührung: Bei seiner nächsten witzigen Bemerkung wiederholen Sie diese Berührung, aber sagen Sie nichts, lächeln Sie nur.
Fünfte Berührung: Fassen Sie leicht seinen Unterarm oder berühren Sie seine Hand mit den Worten:»Oh, da muss ich Ihnen was ganz Komisches erzählen …«

▸ *Üben Sie die Kopfbewegungen des aktiven Zuhörens ein.* Immer wenn Sie heute mit jemandem sprechen, probieren Sie die Wirkung der verschiedenen Kopfhaltungen aus.

- Hören Sie jemandem zu, lächeln Sie dabei und legen Sie den Kopf ein wenig zur Seite, aber nicken Sie nicht. Was geschieht mit dem Erzählfluss? Zeigt Ihr Gegenüber Anzeichen von Unbehagen?

- Jetzt halten Sie den Kopf beim Zuhören weiterhin etwas geneigt, aber streuen Sie immer wieder ein einmaliges Nicken ein. Was passiert?

- Jetzt dasselbe noch einmal, aber mit einem doppelten Nicken. Wird das Sprechen bei Ihrem Gegenüber schneller?

- Zuletzt probieren Sie aus, was ein dreifaches Nicken oder ein sehr langsames Nicken bei der gleichen Kopfhaltung bewirkt. (Beachten Sie, dass Ihnen bei dieser Art zu nicken etwas schwindelig werden kann.)

Aufgrund dieser Versuche können Sie entscheiden, wann Sie welche Art des Nickens bei einer neuen Bekanntschaft, bei Ihrem Chef, Ihren Kindern oder einem Richter einsetzen. Probieren Sie alle Arten aus, sehen Sie zu, wie es bei verschiedenen Menschen wirkt.

Kapitel 3

Zweiter Tag: Die Bauchnabelregel

> Was die Leute auf eine direkte Frage hin tun,
> sagt mir mehr als das, was sie antworten.
> Und ich achte mehr auf Muster als auf Inhalte.
>
> *Edward T. Hall (1914–2009)*

Mein Freund Jimmy Ebert bekam den Spitznamen »Die Nase«, denn er besaß nicht nur für gefälschte Papiere und illegale Sprengstoffvorräte im Kleiderschrank ein untrügliches Gespür. Er ist jetzt leitender Ermittler einer dem Finanzministerium angegliederten und für Handel und Steuern im Sektor Alkohol und Tabak zuständigen Behörde. Manchmal bekommt er Geständnisse so schnell, dass andere in dieser Zeit nicht einmal den Rapport zum Verdächtigen hergestellt hätten.

Unlängst hat er jemanden verhört, der im Verdacht der Geldwäsche stand. Jimmy und einige Beamte tauchten eines Morgens unangemeldet in dessen Büro auf. Während der Befragung saß der Verdächtige auf einer Ecke seines Schreibtischs und sah Jimmy an.

Im weiteren Verlauf des Gesprächs fiel Jimmy auf, dass sich der Mann von ihm abwandte. Er drehte sich nach rechts und krümmte sich dabei zusehends. Hätte er sich nicht in diese extrem unbequem wirkende Haltung begeben, erzählt Jimmy, wäre er kaum auf die Idee gekommen, ihn ganz direkt zu fragen: »Hören Sie, mein Guter, wir wissen beide, was Sie da in der Tasche haben – warum rücken Sie es nicht einfach raus? Sie liegen ja schon praktisch drauf. Meinen Sie, ich sehe den Packen nicht, den Sie da verstecken wollen?«

Der Verdächtige lachte sogar auf und zog einen Packen Geldscheine im Gesamtwert von 4600 Dollar aus der Tasche. Ein noch unerfahrener Ermittler, der ebenfalls zugegen war, sagte später, er habe sich wie bei einem Kriminalfilm im Fernsehen gefühlt. Er kam aus dem Staunen nicht heraus, dass Jimmy so schnell wissen konnte, was der Verdächtige in der Tasche hatte.

Jimmy klärte ihn auf:»Die Körpersprache sagt alles. Der Mann hat ganz vorsichtig seinen Nabel aus meiner Richtung gebracht, und das war der Knackpunkt. Ich musste weniger auf seine Worte als vielmehr auf sein körperliches Verhalten achten.«

Unser Nabel spricht Bände über das, was wir denken und fühlen. Vor allem sagt er, wo wir gern sind und wo nicht. Beschäftigen wir uns jetzt also mit der Bauchnabelregel und ihrer Anwendung, um innerhalb von Sekunden wertvolle Informationen zu gewinnen.

Powerteam-Kehrtwendung
Name: Clare von Herbulis
Alter: 31
Beruf: Projektmanagerin in der Möbelbranche

Was hat dich zurückgehalten? Ich wollte gern einen Mann kennenlernen, der mich liebt und sich um mich kümmert, einen, der lustig ist und es ehrlich meint und ein gutes Herz hat. Gut aussehen sollte er auch! Aber es kam so gut wie nie vor, dass mal ein Mann auf mich zukam. Neun von zehn Verabredungen kamen über das Internet zustande, aber es folgte dann sehr selten eine zweite. Ich war das »Einmalwunder«. Da wollte ich dann irgendwann wissen, was für Signale ich eigentlich mit meiner Körpersprache gab. Meine Freunde, aber auch Wildfremde meinten nämlich oft, ich wäre wütend, verschlossen, verärgert, gelangweilt oder mürrisch, wenn ich eigentlich ganz guter Dinge war.

Wie hast du dich verändert? Mein Körpersprache-Lehrgang hat mein Leben in mancher Hinsicht völlig umgekrempelt. Mir wurde so viel mehr an mir selbst bewusst. Heute wundere ich mich nicht mehr, dass meine Dates keine Fortsetzung hatten: Meine Worte und mein Körper sagten verschiedenerlei. Die Worte waren die einer offenen, selbstbewussten Frau, aber meine verschränkten Arme, die übereinandergeschlagenen Beine, der unstete Blick und die häufigen Selbstberührungen schrien eigentlich das Gegenteil. Jetzt nehme ich besser wahr, wohin ich gerade blicke, da wissen die Leute dann, dass sie meine ungeteilte Aufmerksamkeit haben und ich auf das Gespräch konzentriert bin. Die Bauchnabelregel bringt noch einmal eine neue Dimension von Selbstbewusstsein und von Interesse an den Leuten ins Spiel und sorgt außerdem dafür, dass andere länger interessiert bleiben. Wenn mein Nabel ihnen zugewandt ist, fühlen sie sich stärker in das »hineingezogen« oder von dem angesprochen, was ich gerade sage.

Wenn ich heute im Büro, am Flughafen, mit Kollegen nach der Arbeit an der Bar oder zu Hause vor dem Fernsehen bin, ist meine Körpersprache mir überall viel deutlicher bewusst als früher. Und was ich über das Knüpfen neuer Männerbekanntschaften gelernt habe, wirkt sich auch auf andere Bereiche meines Lebens aus, vor allem bei meiner Arbeit mit Kunden und Anbietern. Man merkt mir jetzt deutlicher an, dass ich bereitstehe, konzentriert bin und mich auskenne. Die Leute spüren, dass ich es ernst meine, und dann nehmen sie auch meine Bedürfnisse zur Kenntnis und helfen mir weiter.

Treffsicherheit: Die Bauchnabelregel in Aktion

Von unserer allerersten Beziehung zu einem anderen Menschen bleibt uns eine kleine runde Narbe in der Körpermitte. Von der Geschäftsfrau in Atlanta bis zu einem Stammesmitglied in Neuguinea – wir alle haben einen Bauchnabel. Aber dieser niedliche kleine Fusselfänger kann weitaus mehr, als wir uns vorstellen. Der Anstoß zur Bauchnabelregel geht von einer Untersuchung aus, die W. T. James in den Dreißigerjahren des 20. Jahrhunderts durchführte. In einer Reihe von Durchgängen ließ er die Teilnehmer an seiner Befragung unter annähernd 350 Bedeutungen für verschiedene Körperhaltungen wählen, die auf Fotos vorgelegt wurden. Dabei fand James heraus, dass die Stellung des Rumpfs ausschlaggebend ist, wenn man den Grad des Interesses einer Person bestimmen möchte. James teilte die Ausrichtungen des Nabels in vier Hauptgruppen ein: Annäherung (Interesse), Entfernung (Desinteresse), Expansion (erhöhtes Interesse und Selbstvertrauen) und Kontraktion (Nervosität und leicht gedämpftes Interesse). Etwa 30 Jahre später verfeinerte Dr. Albert Mehrabian diese Ergebnisse und stellte fest, dass die Nabelausrichtung der wichtigste Indikator für die Intention einer Person ist. Es hat seitdem zahlreiche weitere Studien gegeben, und sie bestätigen die Bedeutung der Bauchnabelregel für die Einschätzung des Interesses und der Intention einer Person.

Die Richtung, in die unser Nabel zeigt, entspricht unserer Einstellung und offenbart unseren Gefühlszustand. Wenn wir den Nabel plötzlich zur Tür oder einem Ausgang hin ausrichten oder von jemandem abwenden, senden wir unbewusst ein Signal, dass wir das Gespräch oder überhaupt die Begegnung gern beenden würden. Ich spreche hier von »Nabelintelligenz«. Die Bauchnabelregel gehört zu den verlässlichsten Instrumenten, wenn es andere einzuschätzen oder zu beeinflussen gilt, ohne dass man ein Wort sagen muss. Viele Menschen kennen die Bauchnabelregel (BNR) nicht und kämen daher gar nicht auf die Idee, sich in diesem Bereich ihrer Körpersprache zu tarnen.

Die Bauchnabelregel im Sitzungszimmer

Im Geschäftsbereich kann die BNR besonders nützlich sein. Nehmen wir an, Sie sitzen zusammen mit anderen um einen Konferenztisch, und es kommt zu einer brisanten Diskussion um Strategiefragen. Plötzlich fällt Ihnen auf, wie eine Ihrer Angestellten während der Aussprache über Umsatzzahlen ihren Nabel in eine andere Richtung dreht. Das kann auf ein verheimlichtes Gefühl, einen Meinungsunterschied oder auf Mangel an Interesse hindeuten – für Sie ein perfekter Knackpunkt, an dem Sie ansetzen können.

Wenn man sich nach der Bauchnabelregel im Sitzungszimmer umsieht, kann man eine Menge über Machtkämpfe erfahren.

Mit Hilfe der BNR können Sie sich auch ein Bild von der Loyalität oder dem Respekt anderer gegenüber Ihrer Führungsrolle machen. Achten Sie in dem Foto einmal darauf, wie unterschiedlich die Geschichten sein können, die der Oberkörper und der Nabel erzählen. Manche Nabel sind auf den Leiter der Besprechung gerichtet, andere eher auf die Frau am anderen Tischende, die mit ihren Händen das Dach formt. Unabhängig von der Ausrichtung des Kopfs ist dies ein Zeichen dafür, dass das Interesse (oder die Loyalität) anderswo liegt.

Etliche am Tisch sind eher auf die Managerin direkt gegenüber dem Besprechungsleiter ausgerichtet, und man darf annehmen, dass eher sie die Führungsrolle in dieser Gruppe innehat. Beachten Sie, dass ihr Nabel direkt ihm zugewandt ist und sie etwas vorgebeugt dasitzt – ein Zeichen für Konfrontation. Der Gesprächsführer lehnt sich dagegen zurück und sein Nabel weist eher nach oben. Offenbar ist er nicht sehr interessiert, das Meeting bedeutet ihm nichts.

Nabelintelligenz geht vor

Damit Sie sich nicht schon am Montag die Haare raufen müssen, sorgen Sie lieber für einen richtigen Wochenstart. Richten Sie Ihren Nabel auf den Chef aus, da stehen Ihre Chancen auf guten Rapport weitaus besser. Wissenschaftler der Indiana University haben festgestellt, dass der Rapport mit dem Chef weitgehend für Depressionen und andere psychische Probleme am Arbeitsplatz verantwortlich ist. Die Zeitschrift *Work and Stress* veröffentlichte eine Studie, der zufolge die Beziehung eines Angestellten zum Chef, und das gilt für jeden Arbeitsbereich, für das allgemeine Wohlbefinden beinahe so wichtig ist wie die Beziehung zum Ehepartner. Nicht einmal freundliche Kollegen und eine als sinnvoll empfundene Beschäftigung können eine gestörte Beziehung zum Chef aufwiegen.

Der Bauchnabel an der Bar

Auch bei allen geselligen Anlässen ist es gut, den Nabel richtig zu positionieren. Sie sparen sich Zeit und brauchen nicht viel herumzurätseln, wenn Sie das echte Interesse eines Menschen von dem unterscheiden können, was er nach außen hin bekundet. Einmal flehte meine Freundin Amanda mich an, sie in geheimer Mission zu einem Blind Date zu begleiten. Ich sollte mich an der Bar herumdrücken und unauffällig die Körpersprache ihres Galans begutachten. Das war so recht ein Auftrag nach meinem Geschmack. Um es noch spannender zu machen, verabredeten wir, dass ich ihr, sollte mir etwas Problematisches auffallen, eine SMS mit dem Text »Warnstufe Rot« schicken würde. In dem Fall würden wir uns dann sofort auf der Damentoilette treffen.

Die Warnstufe Rot trat an diesem Abend mehrmals ein, und das hatte immer mit der Bauchnabelregel zu tun. Das hieß für Amanda,

Eine Frau spricht mit einem Mann, deutet aber mit der Ausrichtung ihres Nabels ihr Interesse an dem anderen an.

dass sie nicht genügend auf das achtete, was sein Nabel sagte. Er brauchte etwas mehr Raum, sein Nabel schrie förmlich, dass er sich unwohl fühlte und eigentlich weg wollte. Ich riet Amanda, ihren Nabel etwas anders auszurichten und Abstand zu schaffen, damit er Raum bekam. Als sie die Regel einmal verstanden hatte, benötigte sie mich nicht mehr als Reserverad.

Sehen Sie sich als Gegenstück das Foto auf Seite 103 an. Der Nabel der Frau ist zwar eindeutig auf den Mann rechts gerichtet, aber sie sieht dabei seinen Freund auf der anderen Seite an. Höchstwahrscheinlich ist sie an dem Mann rechts mehr interessiert, aber wenn der die BNR nicht kennt, wird er sich vielleicht ratlos oder sogar entmutigt fragen, weshalb sie ihn so wenig ansieht. Mit diesen beiden entgegengesetzten Körpersignalen umgibt sich diese Frau mit einer Aura des Geheimnisvollen und hält sich alle Wege offen. (Dazu weiter unten noch mehr.)

Umgekehrt gilt, wenn Sie jemandem näherkommen möchten, dass Sie an der Stellung seines Nabels erkennen können, wie aufgeschlossen er ist. Wenn die Nabel bei zwei Leuten aufeinander ausgerichtet sind, ist zu vermuten, dass sie bei ihrem Gespräch eher unter sich bleiben möchten. Drehen sie sich hingegen etwas voneinander weg, dann sind die Personen geneigt, andere einzubeziehen, auch wenn die Gesichter einander zugewandt sind.

Die Bauchnabelregel bei Ihren halbwüchsigen Kindern

Diese Technik ist besonders angebracht bei einer Sorte von Menschen, die mehr lügen als andere: Teenagern. Was, wenn Sie in der Wäschekommode Ihrer Tochter eine Packung Zigaretten oder Kondome finden? Wenn Sie sie darauf ansprechen, wird sie die Verantwortung dafür sehr wahrscheinlich abstreiten oder nicht einmal da-

7-Sekunden-Abhilfe

Die Bauchnabelregel

Das Problem: Beachten Sie, dass der Nabel der Mutter von der Tochter abgewandt ist und die es ihr nachmacht. Kämen Lichtstrahlen aus den beiden Nabeln, sie würden sich erst in beträchtlicher Entfernung treffen.

Abhilfe: Richten Sie den Nabel auf den Ihres Kindes aus, und Sie ebnen den Weg für ein offenes, respektvolles Gespräch, mit dem wirklich etwas bewegt wird.

von wissen. (»Das sind nicht meine, Mama, ich weiß nicht, wo die herkommen.«) Wenn der Nabel bei jemandem in eine Richtung zeigt, aber die Augen schnell anderswohin schauen – Schublade, Schrank, eine Tür oder irgendetwas, das fragwürdige Objekte enthalten könnte –, dann sollten Sie das beachten. Nervöse Teenager stellen sich mit dem Rücken zu dem, was sie vertuschen möchten – ähnlich einer Löwin, die ihr Junges beschützt. Wenn sie den Nabel standhaft von der Schublade abgewandt hält, in der Sie das Corpus Delicti gefunden haben, ist das praktisch ein Schuldeingeständnis. Was bei Jugendlichen auch häufig vorkommt: Wenn sie zu einer möglichen Lüge befragt werden, kann es sein, dass sich der Nabel plötzlich in Richtung eines Fluchtwegs bewegt. Das lässt vermuten, dass an der Geschichte mehr dran ist, als Ihnen bisher anvertraut wurde.

Die Bauchnabelregel ist nicht nur ein großartiger Lügendetektor und eine Messlatte für die Gefühle anderer, sie kann Ihnen auch bei der Verbesserung Ihrer persönlichen und beruflichen Beziehungen helfen. Sehen wir uns einmal an, wie Sie Ihre neu entdeckte Nabelintelligenz einsetzen können, um Ihre Gedanken wirksamer zu vermitteln.

Anwendung: Wie man Bauchlandungen vermeidet

Wenn jemand eine Pause von Ihnen oder vom angeschnittenen Thema braucht, merken Sie das dann? Achten Sie auf das »Nabelbarometer« des anderen. Angenommen, der Nabel dreht sich plötzlich von Ihnen weg, was tun Sie dann, um ihn zurückzugewinnen?

Und was ist mit Ihrem eigenen Unbehagen? Bemerken Sie die nonverbalen Signale, die Sie anderen mit Ihrer Nabelausrichtung geben? Sagt Ihr Nabel: »Ich will hier raus!«, oder lässt er alle ringsum wissen: »Komm, sprich mit mir«?

Die Bauchnabelregel macht Ihnen all die instinktiven Regungen und Signale bewusst, die Sie bisher nie richtig erkannt haben. Sie ist wirksam und leicht anzuwenden, sie ist eigentlich das, worauf Ihr erster Eindruck gründet. Sie wenden die BNR schon Ihr ganzes Leben lang an, Sie haben es nur nicht gemerkt. Von jetzt an werden Sie sie bewusst zu Ihrem Vorteil nutzen. Sehen Sie sich jetzt ein paar Situationen an, in denen es möglich ist, andere allein durch die Neuausrichtung Ihres Nabels umzustimmen.

Die Bauchnabelregel bei neuen Bekanntschaften

Bill Clinton, früherer Präsident der Vereinigten Staaten, ist bekannt dafür, dass man sich in seiner Gegenwart schnell entspannt und wohlfühlt, selbst wenn man ihn nur ganz kurz kennt. Wie schafft er das? Es hängt alles vom ersten Augenblick ab. Bei jedem, dem er erstmals begegnet, wendet er die BNR an, auch wenn es jemand in einer langen Reihe anderer ist. Sehen Sie sich das Foto an.

Beim Händedruck mit dem norwegischen Politiker Svein Ludvigsen weist Clintons Nabel direkt auf Ludvigsen. Das macht der frühere Präsident fast immer so – er richtet den Nabel auf den aus, den er gerade begrüßt, und schüttelt ihm mit einem herzlichen Lächeln die Hand. Das eigentlich Geniale aber kommt dann erst: Wenn er die Hand loslässt und drauf und dran ist, sich der nächsten Person zuzuwenden, hält er noch eine weitere Sekunde Blickkontakt, als wollte er

Bill Clinton, Meister der Bauchnabelregel, deutet mit seinem Nabel Interesse an und schafft so augenblicklich eine Verbindung. (Foto by Getty Images)

Außenministerin Hillary Clinton scheint die Bauchnabelregel nicht zu beherrschen. (Foto by Getty Images)

sagen: »Ich würde zu gern noch bei Ihnen bleiben.« Auch wenn er eine lange Empfangsreihe vor sich hat, hält er bei jedem noch möglichst lange Nabelkontakt, während seine Hand sich bereits dem Nächsten entgegenstreckt.

Interessanterweise scheint seine Frau, Außenministerin Hillary Clinton, ganz das Gegenteil zu sein. Auf dem hier gezeigten Foto begrüßt sie Anhänger, die sich vor dem Kapitol in der Hauptstadt Washington versammelt haben.

Wir sehen hier einen Händedruck, wie er für Hillary kennzeichnend ist. Bei längeren Empfängen sind leichte, lockere Berührungen typisch für sie, die rechte Hand streckt sich einer Person entgegen, die linke einer anderen. Beachten Sie, dass ihr Nabel keiner der auf sie wartenden Frauen zugewandt ist. Sie geht eher vorbei, und oft kommt es nicht einmal zu direktem Blickkontakt.

Nachdem wir jetzt diese beiden Grundverhaltensweisen kennen und auch wissen, wie diese Leute generell wahrgenommen werden – kommt Ihnen da eine Idee, wie Sie Ihre eigene Körpersprache verändern könnten? Ein warmer Händedruck mit direkter Nabelverbindung bringt Sie ein gewaltiges Stück weiter, wenn es um echte Kontaktaufnahme geht. Ein halbherziger Händedruck mit abgewandtem Nabel ist dagegen ungefähr so, als würden Sie die kalte Schulter zeigen – was natürlich, gezielt eingesetzt, auch seinen Nutzen haben kann.

Die kalte Schulter – mit dem Nabel gezeigt

Unser Instinkt und der gesunde Menschenverstand sagen uns, dass wir etwas Negatives oder Kritisches ausstrahlen, wenn wir uns von einem anderen abwenden und auf Distanz gehen. Das lässt sich manchmal nicht vermeiden, aber wenn Ihnen dieser Effekt ganz bewusst geworden ist, können Sie ihn zu Ihrem Vorteil anwenden. Wenn Sie sich von jemandem abwenden und ihm die kalte Schulter zeigen, haben Sie sich einen »Fluchtweg« geschaffen. Dadurch kann der Impuls, tatsächlich zu gehen, stärker werden und damit auch der Mut, es zu tun. Das kann hilfreich sein, wenn Sie einen aufdringlichen Verkäufer oder Kneipenhocker abschütteln wollen. Es gibt sogar Situationen, wo Sie das innerhalb der Familie tun können, nämlich um der Wahrheit auf die Spur zu kommen.

Die Bauchnabelregel als Wahrheitsmagnet

Der Nabel kann nicht nur als Lügendetektor fungieren, er kann anderen auch Wahrheit und Kooperationsbereitschaft sanft entlocken. Wenn Sie beispielsweise mit Ihrer pubertierenden Tochter sprechen, können Sie ihr mit dem zugewandten Nabel Ihre Anerkennung signalisieren, wenn sie Ihnen zustimmt oder die Wahrheit sagt. Wenn sie lügt oder etwas verschweigt, wenden Sie den Nabel ab. Mit diesem strategischen Einsatz des Nabels als Zeichen für Missbilligung der Unwahrheit und Anerkennung der Wahrheit kann auf unbewusstem Weg der Wunsch in Ihrer Tochter geweckt werden, ehrlicher zu sein und besser mitzuziehen, weil es Sie froh macht. Ganz schön clever, oder? So wirksam jedenfalls kann die BNR sein.

Unwiderstehlich – mit der Bauchnabelregel

Hier noch eine für Sie vorteilhafte Anwendung der BNR. Nach den Worten der weltbekannten Anthropologin Dr. Helen Fisher von der Rutgers University finden wir Menschen, die geheimnisvoll wirken, besonders faszinierend, weil das Geheimnisvolle eine Ausschüttung von Dopamin auslöst, einer im Gehirn stark anregend wirkenden Substanz, die uns ein natürliches High verschafft. Zusammen mit der BNR eingesetzt, macht dieser Effekt Sie geradezu unwiderstehlich.

Wenn Sie jemandem begegnen, der Sie interessiert, vergewissern Sie sich zunächst, ob die Nabel eine gemeinsame Linie haben. Ist das der Fall, können Sie sicher sein, dass der Betreffende ebenfalls interessiert ist. Nehmen wir an, Sie wollten ihn jetzt noch ein wenig mehr anlocken. Sie wenden den Nabel nach einer Weile ein wenig von Ihrem neuen Freund ab, eher ins Offene, aber Sie lächeln ihn weiter an und flirten, auch ein paar kleine Berührungen schaden nicht. Dieses »Kontrastsignal« schafft etwas Geheimnisvolles und weckt in Ihrem neuen Freund das Bestreben, den direkten Nabelkontakt wiederherzustellen.

Gewöhnen Sie sich an, ein Auge auf den Nabel der Leute zu haben, und nicht nur bei denen, die gerade mit Ihnen sprechen, sondern bei der Arbeit, zu Hause, im Restaurant, eigentlich überall. Und wenn Sie andere genau beobachtet haben, machen Sie den Nabeltest bei sich selbst. Wenn Ihr Nabel und der Ihres Gegenübers einander zugewandt sind, empfinden Sie dann Verbundenheit oder eher Konfrontation? Wirkt es entspannend, mit der Ausrichtung Ihres Nabels offenen Raum zu schaffen und andere zur Teilnahme am Gespräch einzuladen? Bei welcher Position des Nabels fühlen Sie sich selbstsicherer? Gibt es eine Stellung, die Ihr Selbstbewusstsein schwächt?

Wechseln Sie die Nabelausrichtung im Gespräch mit anderen und achten Sie darauf, ob sich das Gespräch verändert. Wächst Ihr Interesse? Schwindet es? Ändert sich die Stimmung? Fühlen Sie noch die gleiche Verbundenheit mit dem anderen? Vermerken Sie die Aktionen und ihre Ergebnisse, bauen Sie diesen Schatz von Erkenntnissen immer weiter aus.

Die Übungen für den zweiten Tag: Die Bauchnabelregel beherrschen

Die BNR gehört zu den wichtigsten Signalgebern in unserer Körpersprache, vergessen Sie das nicht. Nutzen Sie sie, dann werden Sie rasche Fortschritte machen und Ihre Lehrzeit verkürzt sich auf einen Bruchteil der Zeit. Mit der BNR stimmen Sie sich im Nu auf die unausgesprochenen Gedanken anderer ein und werden Ihre Gespräche viel gezielter führen. Machen Sie heute mindestens zwei der nachfolgenden Übungen. Wenn Sie dann ein Auge dafür bekommen, wie die BNR in Ihrem Alltag am Werk ist, werden Sie automatisch so reagieren, wie Sie es jetzt einüben.

▶ **Ermitteln Sie das Nabel-Normalverhalten.** Beobachten Sie drei Leute (es können dieselben sein, bei denen Sie gestern den Normalzustand erfasst haben). Wohin richten sie ihren Nabel, wenn sie mit anderen zu tun haben? Auch wenn sie gar nichts sagen, was sagt Ihnen die Richtung ihres Nabels? Nehmen Sie sich am Abend Ihre Fotoalben vor. Wohin haben Ihre Freunde oder früheren Freunde oder Angehörigen oder Ex-Partner auf den Bildern ihren Nabel gerichtet? Halten Sie die Erkenntnisse in Ihrem Körpersprachetagebuch fest.

▶ **Was die Hüften sagen.** Buchen Sie einen Bauchtanzkurs in Ihrer Gegend, um eine Beziehung zu Ihrer Bauchmuskulatur aufzubauen: dem zwischen Rippengewölbe und Nabel liegenden Zwerchfell, der Beckenmuskulatur und den äußeren schrägen Bauchmuskeln, die vom Becken seitlich bis zur Brust hinaufreichen. Wenn Sie Bauchtanz lieber gemütlich daheim lernen möchten, sehen Sie sich Shakiras Video *Hips Don't Lie* an. Und dann los, Hüften schwenken und Bauch rollen! Im Internet finden Sie mühelos Anleitungen.

▶ **Kehren Sie Ihre Nabelpolarität um.** Da Sie jetzt wissen, mit welcher Kraft unsere Nabel einander anziehen, probieren Sie einmal aus, was passiert, wenn Sie der BNR nicht gehorchen. Wenden Sie Ihren Nabel heute einmal hin und wieder von anderen ab. Sehen Sie sich als einen Magneten mit zwei negativen Polen – stoßen Sie den Nabel des anderen bewusst ab. Was passiert?

▶ **Nabeltraining für Abenteurer.** Wenn Sie ganz unternehmungslustig sind und einen Tag für einen besonderen BNR-Test freinehmen können, machen Sie einen Fallschirm-Tandemsprung. Ich habe es gemacht und kann Ihnen sagen, dass es keine bessere Demonstration für die Bedeutung Ihrer Körpermitte gibt. Wenn Sie dann wirklich aus diesem Flugzeug springen, wird Ihnen für immer klar sein, weshalb es so ist, dass sich Ihr Nabel immer auf Ihr Ziel ausrichtet, und wie selbst kleine Bewegungen mit anderen Körperteilen Sie in eine unangenehme Lage bringen können.

Wenn Sie noch nicht wirklich abspringen möchten, können Sie erst einmal in einem speziell für Fallschirmspringer konstruierten senkrechten Windkanal üben. Die Empfindungserlebnisse sind hier die gleichen wie beim echten Sprung aus dem Flugzeug.

Kapitel 4

Dritter Tag: Einsatz der Scham und der unteren Extremitäten

> Lieber ein Jahr Tiger als hundert Jahre Schaf.
>
> *Madonna*

Ich kam mir in den Mauern des FBI wie eine Gefangene vor. Das war im Winter 1998, ich hatte mich für einen achtmonatigen Sonderauftrag im Rahmen der Zusammenarbeit von ATF und FBI freiwillig gemeldet.

Es ging darum, den Ermittlern des National Instant Criminal Background Check System (NICS) das Waffengesetz und die zugehörigen Verordnungen näherzubringen. Obwohl ich für eine Bundesbehörde arbeitete und über eine Sicherheitsfreigabe der höchsten Stufe verfügte, wurde ich jeden Tag von meiner Box in diesem demoralisierenden Großraumbüro zum Kopierer, zum Fax, zur Cafeteria und sogar zur Toilette eskortiert.

Ich vermisste die Freiheit und den Respekt, die bei meiner Arbeit für ATF im World Trade Center selbstverständlich gewesen waren. Dort hatte ich jederzeit Gehör bei meinem Vorgesetzten oder dem diensthabenden Sonderagenten gefunden. Auch beim FBI wurde ich von Gleichrangigen als ebenbürtig gesehen, aber die Oberen machten mir deutlich, dass ich für sie eine Außenseiterin war. Für einen Großteil meiner Zeit auf diesem Posten kam ich mir vor, als sei ich für die Kalte-Schulter-Behandlung ausgewählt worden. Das änderte sich aber an einem Tag kurz vor meiner »Freilassung«. Da wurde ich nämlich Zeugin der Auswirkungen dieser Atmosphäre auf die ganze Schar der NICS-Ermittler.

An diesem Nachmittag wurden viele der FBI-Kollegen, mit denen ich zusammengearbeitet hatte, zu einem unangekündigten dringenden Meeting gerufen und versammelten sich in einem riesigen Auditorium. Während alle ihre Plätze einnahmen, stand der Versammlungsleiter vorn wie eine Statue. Er äußerte sich dann sehr knapp und direkt zur Sache. Kein Geplauder, kein Lächeln. Zartfühlend wie ein Felsblock knallte er den Leuten Neuigkeiten hin, die ihr Leben auf den Kopf stellen würden.

Powerteam-Kehrtwendung
Name: Michael Smith
Alter: 45
Beruf: Wirtschaftsprüfer

Was hat dich zurückgehalten? Ich habe so gut wie alles, was man sich nur wünschen kann. Ich bin der typische Amerikaner mit Collegebildung und einem gehobenen Job, drei Kindern, einem Hund, einer großartigen Frau und einem Haus in der Vorstadt. Aber seit ich in den mittleren Jahren bin, frage ich mich immer wieder: »Gibt es da nicht noch mehr?« Fehlen da nicht noch fünf oder zehn Prozent vom American Dream? Und vor allem: Was will *ich* eigentlich? Ich möchte alles erlebt haben, das Leben voll auskosten, ohne Bedauern.
Sollte ich die Selbständigkeit oder einen hoch dotierten Posten anvisieren, wird es für den Erfolg auf den ersten Eindruck und auf die Ausstrahlung ankommen. Das gilt genauso für persönliche Beziehungen. Wenn ich im Senden und Erfassen von Körpersprachesignalen noch besser werde, kann das nur gut für meine Beziehungen sein.

Wie hast du dich verändert? Als ich die Schamregel noch nicht kannte, fand ich nichts dabei, mit den zum Feigenblatt zusammengelegten Händen dazustehen. Mir war nicht bewusst, was dieses Signal sagt, nämlich dass ich unnahbar bin oder womöglich sogar etwas zu verbergen habe. Wenn ich mich heute dabei erwische, wie ich die Hände in den Taschen versenken oder zum alten Feigenblatt formen möchte, lasse ich in eher zwanglosen Situationen wenigstens die Daumen draußen, und wenn es geschäftlich und förmlich zugeht, lasse ich die Arme einfach hängen. Mir scheint, dass ich dadurch warmherziger wirke, jedenfalls kommt man jetzt eher auf mich zu, um ein Gespräch anzufangen. Diese Techniken kommen mir auch vor Geschäftsbesprechungen sehr zustatten, wenn alle herumstehen und auf den Beginn des Meetings warten; oder auch anschließend, wenn man wieder lockerer und plauderfreudig wird.

Vor der Veränderung meiner Körpersprache war das Leben irgendwie nichtssagend und langweilig. Ich tappte einfach so durch die Tage und Nächte, aber ich lebte nicht richtig. Die Stimme meiner Mutter sagte immer wieder dasselbe in meinem Kopf wie eine zerkratzte Schallplatte: »Sprich nicht mit fremden Leuten.« Damit ist jetzt Schluss. Heute betrete ich jeden Raum selbstbewusst, und dank der bei Janine gelernten Sichtweisen und Tricks, mit denen andere einzuschätzen sind, bin ich im Gespräch mit Unbekannten nicht mehr angespannt und nervös.

Alles in allem waren die sieben Tage des Programms wie eine Schönheitsoperation für Geist und Körper, nur wesentlich günstiger und zudem schmerzfrei. Ich bin wie verwandelt, heute ist mir die Welt wie ein Spielplatz, und die Menschen darin sind meine besten Freunde geworden. Das Leben macht Spaß, es ist ein Abenteuer und ganz authentisch.

Er sagte:»Die Dienstpläne bei NICS ändern sich, und zwar ab sofort, und das wird für viele von Ihnen erhebliche Auswirkungen haben.« Manche, fuhr er fort, würden von jetzt an auch an Wochenenden arbeiten, andere 14 Stunden am Tag, wieder andere eher nach dem traditionellen Fünf-Tage-Schema, während bei manchen der Arbeitstag am späten Nachmittag beginnen und erst nach Mitternacht enden würde.

Erregtes Gemurmel lief durch den Saal, und viele Hände hoben sich. Der Erste rief:»Mein bisheriger Dienstplan hat mir erlaubt, mich zum Graduiertenstudium einzuschreiben. Ich habe auch schon die Gebühren bezahlt und nehme seit ein paar Monaten an den Kursen teil.«

Eine Frau warf ein:»Ich bin alleinerziehende Mutter und kann nicht in die Spätschicht.«

»Ich auch nicht«, sagte eine andere Frau, die in der Reihe vor mir auf der Stuhlkante saß. Allerdings sagte sie es ganz leise.

Der FBI-Mann antwortete, herzlich und verständnisvoll wie ein Feldwebel auf dem Kasernenhof:»Wenn Sie mit dem neuen Dienstplan nicht zurechtkommen, reichen Sie Ihre Kündigung lieber gleich jetzt ein. Für jeden, der hier sitzt, stehen draußen Hunderte, die nichts lieber tun würden, als Ihren Stuhl einzunehmen und nach Ihrem neuen Dienstplan zu arbeiten.«

Basta.

Alle im Raum, über 100 Leute, schüttelten fassungslos die Köpfe. Sicher fragten sie sich:»Wie sieht wohl mein neuer Dienstplan aus? Was mache ich, wenn ich mein Leben nicht darauf einstellen kann?« Wie man die Wellen durch ein gut gefülltes Stadion wandern sieht, konnte ich verfolgen, wie die Leute gruppenweise und reihenweise anfingen, die Hände im Schoß zu ringen und die Füße oder Beine übereinanderzuschlagen.

Es war herzzerreißend. Sie führten schulbuchmäßig vor, was mit unserer Körpersprache passiert, wenn uns plötzlich aller Wert abgesprochen wird, wenn wir nichts mehr ausrichten können und uns völlig entblößt fühlen: Wir verkriechen uns in uns selbst und machen »dicht«, als wollten wir unbewusst unsere empfindlichsten Körperteile schützen. Dazu gehören natürlich auch unsere Zeugungsorgane, die wie hier kurz »Scham« nennen.

Treffsicherheit: Zeigen, was man hat

Was wir mit unserer Scham machen – ob wir sie selbstbewusst nach vorn richten oder eher hinter vorgehaltener Hand, zwischen übereinandergeschlagenen Beinen oder unter einem vorgebeugten Oberkörper verbergen –, sagt mindestens so viel wie die Ausrichtung unseres Nabels. Wie der Nabel sagen auch die Genitalien, Beine und Füße sehr viel über Ihr Interesse an bestimmten Personen und Umständen oder über Ihre Abneigung. Aber Ihr Nabel steht für sich allein, während der Unterkörper mit Hüften, Leistengegend, Beinen, Knien und Füßen sehr vielseitige Mitteilungen machen kann.

Bei aller Vielseitigkeit handelt es sich jedoch grundsätzlich um zwei Arten von Signalen: geschlossen oder offen. Wenn wir die Scham verbergen, vermitteln wir den Eindruck, dass wir uns bedroht fühlen. Wenn wir sie exponieren, erscheint unser Körper größer und wir wirken selbstbewusst und furchtlos. Sie haben sicher schon bemerkt, dass sich dieses Thema durchzieht, unter Menschen ebenso wie im Tierreich: Wir machen uns größer, wenn wir selbstbewusst sind, und kleiner, wenn wir am liebsten gar nicht da wären.

Versteckspiel

Einer meiner besten Freunde und liebsten Lehrer, Neal Earl, leitender Ermittler bei ATF, kommt mit der Schamregel täglich Lügnern auf die Schliche. Einmal begleitete er einen Direktor der Feuerwehr zu einem örtlichen Sprengmeister in Connecticut, um dessen Lagerung von Sprengstoffen zu überprüfen. Neal war durch Unterlagen auf ihn gestoßen, die besagten, dass dieser Sprengmeister Lagerraum für bis zu 250 Kilo Sprengstoff besaß, aber in einem Zeitraum von dreieinhalb Wochen etliche Tausend Kilo Sprengstoff eingekauft hatte. Als die beiden Beamten vor seiner Tür standen, gab er sich zuerst ganz lässig, die Arme hingen entspannt und die Füße standen knapp einen halben Meter auseinander. Er machte eindeutig nicht den Eindruck, sich über irgendetwas Sorgen machen zu müssen. Als er dann aber hörte, dass einer der beiden ein Fahnder des ATF war, warf er Neal einen Seitenblick zu, und seine Hände bewegten sich in die Feigenblatthaltung. Er hielt das linke Handgelenk mit der Rechten und bedeckte seine Scham, und insgesamt schrumpfte er um mindestens zehn Zentimeter.

Neal erkannte auf einen Blick, dass seine Anwesenheit dem Mann höchst unangenehm war, und er sagte gar nichts. Aber seine Körpersprache sagte alles. Er stand ganz aufrecht, die Beine gespreizt, das Kinn leicht gehoben – und beobachtete den Sprengmeister sehr genau. So fiel ihm auf, dass der Mann zuerst ihn kurz ansah, dann einen Blick hinüber zu seinen Betriebsfahrzeugen warf und schließlich wieder ihn ansah. Er sagte:»Na schön, kann sein, dass ich da drüben in meinem Wagen noch ein bisschen Stoff habe.« Zu dritt gingen sie zum Wagen, und da fanden sich tatsächlich einige Hundert Kilo Sprengstoff, verbotenerweise über Nacht im Fahrzeug gelagert.

Neals Geduld und wuchtige Präsenz zermürbten den Mann. Neal fragte einfach weiter, ob er noch mehr habe, und der Verdächtige bedeckte jedes Mal erst seine Lenden, um dann weitere kleine Lagerstätten preiszugeben. Neal erzählte später, es sei wie im Fernsehen gewesen, nur habe er den Mann nicht knallhart in die Zange genommen, sondern seelenruhig seine Körpersprache studiert, um hinter die Wahrheit zu kommen.

Wenn einem erst einmal aufgefallen ist, wie die Leute ihre Schamteile und Beine am liebsten verschwinden lassen würden, kann man nur staunen, wie oft sie sich besonders schlau vorkommen, während der Körper eigentlich »Ich habe Angst!« schreit. Die von diesem Sprengmeister besonders eifrig verfolgte Strategie, das Feigenblatt, ist sehr weit verbreitet.

Das Feigenblatt

Der direkteste Schutz der Schamteile ist die Handhaltung, die wir Feigenblatt nennen. Man legt die Hände zusammen oder fasst eine Hand am Gelenk und hält sie direkt vor die Leistengegend. Man

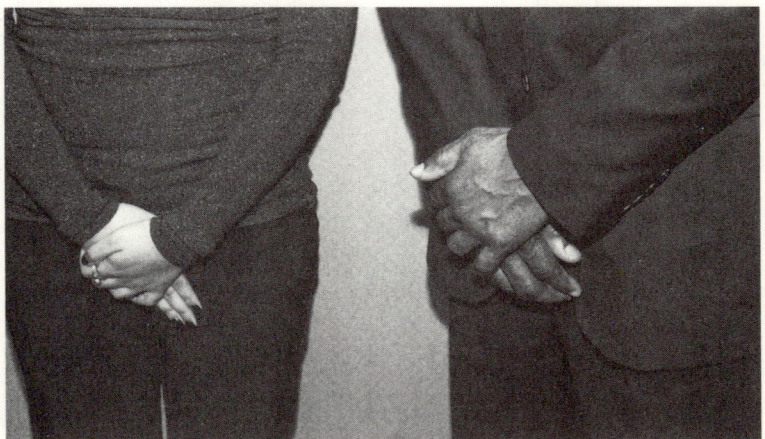

Die Feigenblatthaltung zeugt meist von Unsicherheit und Unbehagen.

sieht diese Haltung immer wieder bei gestellten Fotos sowie bei Beerdigungen und anderen ernsten oder feierlichen Anlässen. In eher alltäglichen Situationen kann das Feigenblatt auf erhebliches Unbehagen oder Angst hindeuten. Manche halten die Hände geradezu instinktiv so, vielleicht ist es für sie eine Standardhaltung, die sie für respektvoll und geschäftsmäßig halten. Manche erkennen darin auch die Angst und sehen diese Haltung als ein Zeichen von Schwäche.

Hände in den Taschen

Bei Marinesoldaten gehört es zur korrekten Kleidung und Haltung, dass die Hände nur in die Taschen wandern, um etwas herauszuholen oder einzustecken. Woody Allens Markenzeichen sieht man dagegen häufig bei schüchternen und wenig selbstbewussten Menschen, die wohl annehmen, dass sie in dieser »lässigen« Haltung weniger angespannt wirken. Aber ganz ehrlich, wenn jemand etwas versteckt, vor allem etwas so Wichtiges wie die Hände, sehen das die Leute eher als ein Zeichen von Unsicherheit. (Und wenn Sie die Fäuste in der Tasche ballen, sieht das auch jeder.)

Diese Geste gilt auch als eine Form der Selbstberührung, und solche Selbstberührungen werden allgemein als Beruhigungsmittel gedeutet. Oft bemerken wir diese Bewegungen gar nicht, bei denen ein Körperteil (hier die Hände) einen anderen berührt. Damit beruhigen wir uns in Stresssituationen gern.

Unterschenkel über Kreuz

Wenn ich jemanden in dieser Haltung sehe, denke ich gleich: *Meine Güte, geh lieber erst mal auf die Toilette.* In dieser Haltung, vor allem bei weiblichen Wesen, wirkt man so, als langweile man sich entsetzlich oder habe Ärger zu befürchten. Man erscheint darin kleiner und verschlossen oder so, als stünde man buchstäblich nicht mit beiden Beinen auf dem Boden. In der Geschäftswelt wird diese Haltung gern als Entschuldigung gedeutet. »Ich will wirklich nicht stören. Lassen Sie mich nur meine Sache sagen, dann bin ich auch gleich wieder weg.«

Wenn Sie das Normalverhalten Ihrer Angestellten, Ihrer Kundin oder Ihrer vorpubertären Tochter kennen und sie in der Regel beide

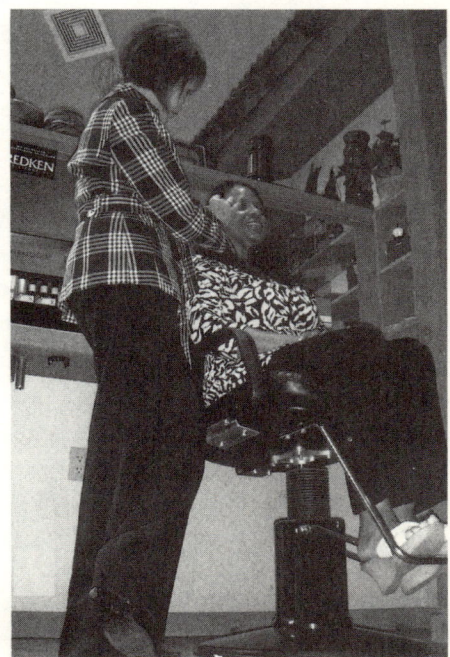

Wenn die Füße über Kreuz stehen, schwächt das in der Regel das Erscheinungsbild.

Füße am Boden hat, sollten Sie hellhörig werden, wenn ein Fuß plötzlich vor dem anderen steht, sobald die Sprache auf den gesetzten Termin, auf Preiserhöhungen oder auf Blumen und Bienen kommt. Sie wirkt auf einmal kleiner und verschlossen – aber Vorsicht, das kann auch an ihren neuen Schuhen liegen, in denen die Zehen etwas beengt sind. Bevor Sie den größten Fehler der Körpersprache machen und sich als Gedankenleser betätigen, sollten Sie hier lieber unterbrechen. Fragen Sie, ob sie einen Augenblick Zeit hat, um ein paar Schritte mit Ihnen zu gehen, vielleicht um den Block oder in die Cafeteria. Unterwegs sprechen Sie weiter über die Sache, um die es ging. (Wenn sich der Körper bewegt, kann sich auch der Geist durchbewegen und aufgestaute Energien ablassen.) Wenn Sie dann wieder da sind, wo das Gespräch begann, achten Sie darauf, ob Ihr Gegenüber die Füße wieder über Kreuz stellt. Wahrscheinlich nicht, es sei denn, es gehört zum »Grundwortschatz« ihrer Körpersprache.

Die Fußgelenke um ein Stuhlbein geschlungen

Sie kennen sicher diese Wochen, in denen alles auf einmal auf einen hereinzubrechen scheint. Vielleicht haben Sie da eine unbewusste Lösung für sich gefunden und einen Fuß oder beide um ein Stuhlbein geschlungen. Zu dieser verbreiteten Stressreaktion kommt es zum Beispiel beim Pokern, wenn man ganz verheerende Karten bekommen hat und am liebsten »Mist« knurren würde – aber es darf ja niemand wissen, wie schwach man dasteht. Auch in Konferenzzimmern, Klassenzimmern, Restaurants oder beim Einstellungsgespräch ist diese Geste häufig zu beobachten.

Viele versuchen sie als Variante der überkreuzten Füße zu sehen, die manchen Frauen als Inbegriff der Schicklichkeit gelten. Aber wenn man das Stuhlbein in die Fußverknotung einbezieht, ist das ungefähr das Gleiche wie das Nagen am Stift oder das Hochbiegen der Blätter bei der Besprechung: Wenn Sie »Requisiten« brauchen, heißt das, Sie gehen innerlich die Wände hoch. In Worte übersetzt könnte die Geste so lauten: »Es ist derart frustrierend, ich könnte dieses Stuhlbein abbrechen« oder »Ich bin unsicher und nervös und will eigentlich nur noch weg«. Die Leute merken das und denken sich: »Da ist aber nicht viel Selbstvertrauen.«

Wenn Sie wieder mal den Impuls zu dieser Bewegung haben, pfeifen Sie sich einfach zurück. Es gibt nur eine Situation, in der sie wirklich von Nutzen ist, nämlich wenn Sie drauf und dran sind, aus der Haut zu fahren und über jemanden herzuziehen. Dann setzen Sie sich besser hin, klammern die Füße um die Stuhlbeine, denken an drei Dinge, für die Sie dankbar sind – und fassen sich.

Das heimliche Feigenblatt

Dieser schlaue, aber irgendwie auch schlaffe Schachzug besteht darin, dass man sich am Tisch vorbeugt, auf die Unterarme stützt und den Körper mit dem Stuhl zurückschiebt; oder man legt sich die Jacke, das Notizbuch oder auch ganz harmlos die gefalteten Hände auf den Schoß. Dieser clevere Schamschutz entgeht dem ungeschulten Auge leicht, hat aber trotzdem nichts von Kraft oder Autorität. Aber wenn Sie total nervös sind, finde ich eine Jacke auf dem Schoß immer noch besser als wippende oder überkreuzte oder gar um ein Stuhlbein geschlungene Füße. Wichtig ist dabei aber, dass Sie für diese Notfallmaßnahme ein Zeitlimit setzen. Spätestens nach 90 Sekunden sollten Sie die Tarnung wieder ablegen, sich entspannen und die Leistengegend öffnen.

Die Vier – Blöße oder Souveränität?

Keine Frage, die Sitzhaltung in Form einer Vier rückt irgendwie die Genitalien in den Mittelpunkt, aber sie hat auch etwas von Abgrenzung. Deshalb möchte ich sie hier erwähnen. Die Deutung dieser Haltung hängt noch von einigen weiteren Faktoren ab. Die Ausrichtung Ihrer Zehen beispielsweise kann auf Ihr Interesse an einem bestimmten Gegenstand hinweisen. Wenn Sie sitzen, können wippende oder unruhige Beine ein Zeichen von Nervosität sein. Über die Vierer-Haltung gehen die Meinungen besonders weit auseinander. Um Ihnen anzudeuten, was diese Form von »Scham-Display« alles unausgesprochen sagt, gebe ich Ihnen hier ein paar Einschätzungen meiner Schüler wieder:

Die Sitzhaltung in Form einer Vier kann auf Nervosität, mangelnde Flexibilität, schlechte Manieren oder auch kraftvolle Präsenz hindeuten – das hängt ganz von der Situation und dem Normalverhalten der Person ab.

argumentierfreudig
arrogant
verschlossen
selbstbewusst
abwehrend
dominant
die am wenigsten professionelle Haltung
anstößig
kraftvoll
ungehobelt
eigensinnig
jung und hip

Wenn Sie jemanden in dieser Haltung sitzen sehen, wissen Sie jetzt, dass die Auslegungen ganz unterschiedlich sein können, je nachdem, wer Zeuge dieses Scham-Signals ist. Ziehen Sie also besser keine voreiligen Schlüsse. Für jeden, der sich in sicheren Gewässern bewegen möchte – insbesondere wenn es darauf ankommt, einen guten ersten Eindruck zu hinterlassen –, lautet meine Empfehlung für Männer und Frauen gleichermaßen, die Vierer-Haltung gar nicht erst einzunehmen. Wenn Sie ein Mann sind, stellen Sie Ihre Füße einfach weit auseinander auf den Boden und zeigen Sie, was Sie haben, um damit ein Signal der Kraft zu geben. Und den Damen sage ich: Seien Sie lieber konservativ, für Frauen gibt es keinen Anlass, zu dem man die Scham zur Schau stellen kann, um sich durchzusetzen. Nutzen Sie lieber die Powergesten der Hände, um sich Respekt und Bewunderung zu verschaffen. (Dazu mehr im 6. Kapitel.)

Behalten Sie jedoch unabhängig von der Beinhaltung immer auch das Normalverhalten der Person im Blick. Wenn jemand seine Füße zu Beginn des Gesprächs parallel auf dem Boden stehen hat und dann irgendwann im Verlauf der Diskussion zur Vierer-Haltung oder zum Feigenblatt und anderen Schamkaschierungsmaßnahmen greift, deutet die veränderte Beinhaltung klar darauf hin, dass noch etwas im Busch ist. Wenn Sie die Neigung haben, Ihre Schamteile zu verstecken, bedenken Sie bitte, dass Sie auf andere kaum einen selbstbewussten Eindruck machen, wenn Sie das öfter tun. Die Leute denken dann vielleicht, hier bekunde sich eine innere Grundhaltung, und gewinnen ein Bild der Schwäche von Ihnen. Es gibt eigentlich kaum echte Gründe für die bewusste Anwendung dieser Versteckhaltungen; die Leute sehen Sie dann eher als kleine Nummer, die man leicht in die Tasche steckt.

Die Scham präsentieren – ah, das ist etwas ganz anderes. Aufgepasst!

Die Scham präsentieren

Ihre Leistenregion ist wie ein Kostüm von Elton John oder Cher – sie findet Aufmerksamkeit sogar auf den hinteren Plätzen. Sie zur Geltung zu bringen hat etwas Selbstbewusstes und Kraftvolles, als würden Sie sagen: »Seht her, was ich zu bieten habe!« Sobald Sie selbst gelernt haben, wie dieser Bereich des Körpers ins Bild zu setzen ist, werden Sie die Signale überall erkennen: im Sitzen mit überkreuzten Beinen oder in der Vierer-Haltung, im Stehen mit weit gespreizten Beinen oder diesen Bereich betonenden Händen und Daumen.

Da ich nun eindeutig gegen Scham tarnende Haltungen bin, denken Sie vielleicht, Scham präsentierende Haltungen seien immer angesagt. Ja und nein. Wenn Ihnen ein Typ unterkommt, der ständig sein Becken in die Gegend streckt wie ein Chippendale-Tänzer, werden Sie vielleicht nicht unbedingt auf seine Nummer erpicht sein, sondern eher eine einstweilige Verfügung gegen ihn erwirken wollen. Das Präsentieren der Scham will gekonnt und wohldosiert sein.

Im Schritt

Selbstbewusste Männer führen ihre Habseligkeiten gern in »Schritt-Displays« vor, wie ich das nenne. Manche dieser Präsentationen künden von Kraft und Selbstbewusstsein (und sind oft das Markenzeichen der ganz Unentwegten), während andere etwas Engstirniges und Streitlustiges haben.

Haben Sie in Ihrer Kneipe schon mal einen Mann gesehen, der ein Bein links und das andere rechts von seiner Dame abgestellt hatte. Man weiß gleich, wie das gemeint ist: Er hat sein Revier markiert. Aber wenn Ihnen die Botschaft seiner Genitalien nicht eindeutig genug ist, sehen Sie sich seine Füße an. Füße weisen immer auf den Gegenstand des Interesses. Zusammen mit der Bauchnabelregel und der Schamregel haben Sie hier eine verlässliche Messlatte für sein Interesse, bevor auch nur ein Wort gefallen ist. Wenn nicht alle Indikatoren zusammenkommen, können Sie am ehesten am Scham-Display eines Mannes erkennen, wie er die Lage sieht. (Ich hätte mir nie träumen lassen, dass ich diesen Satz einmal in einem Buch schreiben würde!)

Schräge Präsentation

Wenn Männer oder Frauen einen Fuß etwas höher setzen als den anderen, so dass sich die Schamgegend ein wenig nach außen wendet, heben sie sich buchstäblich hervor. Diese Bewegung deutet an, dass wir das, worauf unser Fuß ruht, in Besitz nehmen, sei es ein Barhocker, die Stoßstange am Wagen, eine Treppenstufe, auf der jemand sitzt, oder irgendetwas anderes. Sich als Besitzer und damit Herr der Lage zu platzieren, das ist der Hebel, wenn es darum geht, andere zu dirigieren, bei Verhandlungen die Oberhand zu behalten oder sich in einer hitzigen Debatte durchzusetzen.

Wird dagegen der andere Fuß gehoben, so dass sich der Unterleib eher von der Person weg und vielleicht zur Wand wendet, kann man davon ausgehen, dass ein Wunsch nach Rückzug besteht – oder einfach mangelndes Interesse an der Person am unteren Ende des eher abwehrenden Beins.

Daumeneinsatz

Wenn Babys ihr Trost- oder Schutzbedürfnis selbst zu befriedigen versuchen, lutschen sie entweder am Daumen oder sie schlagen ihn in die Fäustchen ein. Am Daumen ist das Ausmaß Ihres Selbstbe-

Einsatz der Powerdaumen.

wusstseins zu erkennen. Was teilen Sie anderen mit, wenn Sie die Hände in den Taschen haben?

Viele Berühmtheiten und Führungsgestalten legen es auf Daumentechniken an, die mehr als nur Selbstbewusstsein, Autorität und Macht ausdrücken, nämlich Überlegenheit. John F. Kennedy setzte seine Daumen ständig ein. Heutige Beispiele sind Patrick Dempsey, Tim McGraw, Ryan Seacrest, John Travolta, Brad Pitt und Jennifer Aniston. Achten Sie auf Prominente, die zwar die Hände in den Taschen haben, aber immer mit den Daumen nach außen. Das sind sehr deutliche Signale ihrer Eigenständigkeit.

Aber es geht auch umgekehrt: Sie können die Daumen in den Taschen und den Rest der Hand außerhalb haben. Es ist ein typisches Cowboy-Attribut, dieses Einhaken.

Einhaken

Das Einhaken der Daumen – am Gürtel, am Hosenbund, an den Taschen – ist nichts für die Zartbesaiteten. Wenn eine der beiden Fronttaschen dazu gewählt wird, ist das wirklich ein Schlaglicht auf die Geschlechtsteile. Als wollte man damit sagen: »Hast du heute schon meine Teile in Augenschein genommen?« Sehen Sie sich Foto A auf Seite 132 an. Ist das Einhaken mit einer Hand nicht eine Wucht und auch noch sexy?! Und wie.

Beachten Sie in Bild A außerdem, dass der Mann sein linkes Bein leicht angehoben hat – in dieser Kombination eine tolle Powergeste. Wie gesagt, wenn einer seinen Fuß auf die Barhockersprosse, eine Stoßstange oder die Treppenstufe stellt, auf der eine Frau sitzt, deutet er damit gewisse Besitzrechte an. Vielleicht kommt das ja Ihren Vorstellungen entgegen, aber wenn nicht, dann sollten Sie möglichst bald nach solch einer Geste Ihre eigene Gemütslage deutlich ma-

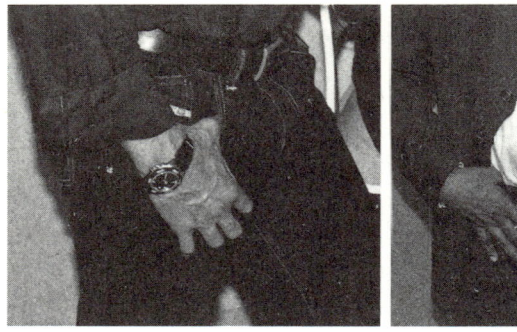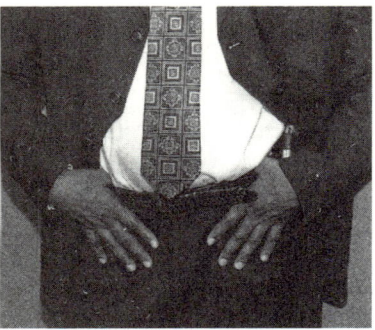

A   B

chen. Wenn Sie nicht »in Besitz genommen« werden möchten, wäre das jetzt der Zeitpunkt, Scham oder Nabel Ihrerseits abzuwenden, um ihm den Wind aus den Segeln zu nehmen.

Beim Einhaken tut man des Guten leicht zu viel, sehen Sie sich nur das Bild rechts an – was für eine elende Stümperei. Buh! Hinsetzen, sechs! Zwei eingehakte Hände vermitteln etwas von aggressiver Selbstsicherheit und wirken abstoßend auf Leute, die kein Platzhirschgebaren mögen (also auf die meisten). Wenn Sie das bei jemandem als Anteil seines Normalverhaltens ausmachen, hüten Sie sich besser. Gut möglich, dass Sie es hier mit einem Ausbund an Selbstbewusstsein zu tun haben. Großspurig und arrogant ist er womöglich auch noch.

Übrigens ist das Einhaken nicht nur etwas für die Jungs. Wenn Sie finden, dass Sie fad aussehen, müssen Sie nicht gleich neue Klamotten kaufen. Ziehen Sie einfach eine Jeans an und haken Sie sich in eine der Taschen ein – vielleicht vorne, da sieht man es am besten. Wenn eine Frau das macht, dann hat es Zunder und brodelt vor Selbstbestimmung und Sexappeal. Miau.

Scham-Einsatz

7-Sekunden-Abhilfe

Das Problem: Wenn Sie den Unterkörper dieser Frau mit einem Blatt Papier abdecken, werden Sie feststellen, dass ihr Gesicht auf beiden Bildern ungefähr gleich aussieht. Aber kaum nehmen Sie das Papier weg, schon wird sichtbar, wie viel selbstsicherer sie wirkt, wenn sie vom Feigenblatt zur Präsentationshaltung übergeht.

 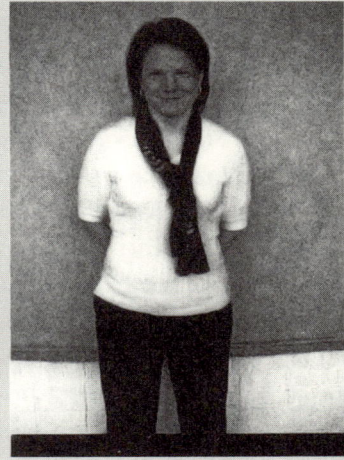

Abhilfe: Sobald Sie bemerken, dass Sie in der Feigenblatthaltung dastehen, nehmen Sie die Hände hinter den Rücken. Es ist wirklich so einfach. Jetzt stehen Sie da als jemand, der selbstbewusst ist und weiß, wo es langgeht.

Anwendung: Nicht verstecken – oder nur, wenn es unbedingt sein muss

»Pass gut auf. Mach dir zwei Listen, die eine von den wichtigsten Daten und Informationen, die andere von deinen Qualifikationen. Setz dich gerade hin. Sprich laut und klar. Halte Blickkontakt. Beantworte jede Frage nach bestem Wissen und Gewissen wahrheitsgemäß. Bleib bei den Fakten; der Richter und die Geschworenen befinden darüber, ob deine Aussage glaubwürdig und überzeugend ist. Und achte auf Fangfragen.«

Als ich im Zeugenstand saß, als sachverständige Zeugin geladen, vor mir eine Schachtel Papiertücher und im Kopf all diese Ratschläge, dachte ich: *Ob das ein Tag zum Heulen wird?* Andere Fahnder und Sonderagenten hatten mich mit all diesen gut gemeinten Anregungen versorgt, aber im Moment beschäftigten mich eigentlich nur die möglichen »Fangfragen«.

Wie soll ich da aufpassen? Woran erkennt man Fangfragen?

Ich wurde nervös. Würde ich den Fall völlig verderben? Würde ich mich aufs Glatteis führen und meine Schwäche als Ermittlerin, wenn nicht als Mensch offenbar werden lassen? Würde ich die ATF-Behörde und mein Land verraten und dafür sorgen, dass ein Waffenhändler wieder auf freien Fuß kam? Ich musste es einfach schaffen. *Atmen, Janine,* ermahnte ich mich innerlich immer wieder.

Dann begann meine Aussage. Man ersuchte mich, mein typisches Bostoner Sprechtempo zu verlangsamen, da meine Aussage mitgeschrieben wurde. Der Staatsanwalt lächelte zufrieden, als der Richter mich bat zu wiederholen; immerhin würden die Geschworenen meine Aussage jetzt ein zweites Mal hören. Ich war trotzdem nervös. *Atmen, Janine.*

Meine Schultern hielt ich ganz gerade, und an meinem Blickkontakt war sicher auch nichts auszusetzen, aber meine Füße zappelten nur so, und die Hände hielt ich zusammengepresst im Schoß, wobei der linke Daumen unentwegt auf der rechten Hand herumrieb. Nach jeder Frage des Verteidigers jagten sich in meinem Kopf die Gedanken, immer auf der Suche nach Fallgruben und anderen Gefahren. Was, wenn mich die sicherlich anwesenden Freunde des Waffenschiebers nach der Verhandlung verfolgten? Was, wenn sie herausfanden, wo meine Eltern und Schwestern lebten? Setzte ich mich und meine Familie Gefahren aus?

Trotz meiner beinahe lähmenden Nervosität wurde der Angeklagte schuldig gesprochen, und auch der Staatsanwalt machte eine Bemerkung über die Stichhaltigkeit meiner Aussage. Was mich rettete, waren die drei abgeschabten Holzwände des Zeugenstands. Ohne diesen Schutzschild hätten alle im Saal mühelos das ganze Ausmaß meiner ängstlichen Spannung erkannt, ein Blick auf Unterleib und Beine hätte genügt.

Jede Tarnung ist recht, wenn es erforderlich ist

Ich sehe Sie förmlich vor mir, wie Sie sich den Kopf kratzen und fragen: »Heißt das etwa, ich soll mich hinter irgendwas verkriechen, damit man meine Körpersprache nicht sieht? Kann ich auf die Art wirklich lernen, meine Körpersprache zu beherrschen?«

Meine Antwort: Genau das. Sie benutzen das, was Ihnen zur Verfügung steht, und das gehört einfach zur Kenntnis Ihres Normalverhaltens dazu. Ich wusste, dass meine Angst mich nahezu lähmte – aber die Show musste ja weitergehen. Ich nutzte einfach das, was da war, um nicht einknicken oder in Tränen ausbrechen zu müssen, und da im Zeugenstand nur das obere Drittel meins Körpers sichtbar war, habe ich meine Nervosität bewusst nach unten verlagert, wo sie sich Ventile suchen konnte. Niemand in der Jury sah meine wippenden Beine, aber für meine zum Zerreißen gespannten Nerven war das ein Überdruckventil, und so konnte ich der Jury mit Oberkörper und Gesicht den Eindruck von Selbstsicherheit, Kraft und professioneller Autorität vermitteln.

Ich erzähle diese Geschichte gern in meinen Kursen, weil sie den Leuten klarmacht, dass man sogar in Paniksituationen eigentlich nur ein bisschen Planung und Strategie braucht, um seine Angst nicht sichtbar werden zu lassen. Das ist eine weitere Möglichkeit, sich gefahrlos Ihren natürlichen Instinkten anzunähern und im Rahmen der neuen Körpersprache gute Lösungen zu finden. Wenn Sie besonders nervös sind oder zu Ängsten neigen, was den Umgang mit anderen betrifft, suchen Sie sich für Ihr Meeting oder ein erstes Rendezvous einen Ort, wo Sie Ihren Nerven den Platz unter dem Tisch überlassen können, sei es ein Tisch im Restaurant, ein Konferenztisch oder ein Schreibtisch.

Natürlich müssen Sie letztlich selbst wissen, ob Sie sich unterhalb des Nabels bedeckt halten wollen oder nicht. Achten Sie aber darauf, ob sich diese Entscheidung fördernd oder hemmend auf den Austausch mit Ihrem Gegenüber auswirkt. Solange Ihr Einkommen, Ihr Familienleben und Ihr Wohlbefinden nicht gefährdet sind, sollten Sie lernen, darauf zu achten, dass Sie die Schamgegend weder unbewusst noch willentlich verstecken und auch die Beine nicht verhaken. Andere meinen dann nämlich schnell, sie seien wehrlos oder angespannt oder fühlten sich herabgesetzt.

Zu komisch, dass viele Leute auf Gruppenfotos so dastehen, sogar Nachrichtenmoderatoren und Prominente erwischt man dabei und manche Politiker lassen sich für ihre Publicityfotos so ablichten. Die herabhängenden Hände sind zum Feigenblatt geformt oder die eine Hand klammert sich am anderen Handgelenk fest. In dieser Haltung liegt wirklich nichts von Kraft, Selbstbewusstsein oder Autorität, und ich staune immer wieder, wenn ich einflussreiche oder mächtige Leute in dieser Haltung dastehen sehe. Wenn Sie etwas mit den Händen tun müssen, um Ihre Schüchternheit oder Kontaktscheu zu beschwichtigen, dann verschränken Sie sie hinter dem Rücken, da sieht sie keiner. (Aber Vorsicht: So wirken Sie leicht ein wenig überheblich. Da Sie jedoch jetzt die neue Körpersprache anwenden, um zu bekommen, was Sie möchten, ist diese Lösung eindeutig die bessere Wahl.)

Die Knie nicht vergessen

Ihre Knie taugen nicht nur zur Selbstverteidigung. Es gibt Studien, die belegen, dass ein Berühren oder Streicheln der eigenen Knie möglicherweise sexuelles Interesse signalisiert. Außerdem sind die Knie wie zwei große Pfeile, mit denen man auf den Gegenstand seines Interesses deuten kann. Wenn Sie die Knie jedoch halten oder bedecken, lässt das auf Unruhe oder Schutzbedürftigkeit schließen. Knie sind oft einfach Bestandteil der Signale, die mit den Beinen gegeben werden, aber sie können auch ihre ganz eigenen Zeichen setzen.

Richtig stehen ist wichtig

Wenn Sie Unterleib und Beine wirklich zu Ihrem Vorteil einsetzen möchten, müssen Sie auch darauf achten, wie Sie dastehen. Auch die Beine für sich allein können Zeichen für Interesse, Kraft und Selbstvertrauen setzen.

Bei Frauen stehen die Füße im Allgemeinen weniger als 15 Zentimeter auseinander, bei Männern 15 bis 25 Zentimeter. Man steht so ganz bequem, aber wenn Sie die Füße etwas weiter auseinandersetzen, entsteht ein Eindruck von Kraft. Das wird Ihnen zunächst vielleicht ganz undamenhaft, wenn nicht allzu maskulin erscheinen, aber mit diesen Zentimetern mehr wirken Sie selbstbewusster und fühlen sich auch so. (Aber holen Sie unbedingt im Freundeskreis Meinungen ein, Sie wollen ja nicht übertreiben und wie ein Sumoringer oder Revolverheld wirken.)

Wie kommt es, dass ein etwas breiterer Stand selbstbewusst wirkt? Mein Schulungsleiter für Selbstverteidigung bei ATF, Sonderagent Steve Bisnett, fand dafür ein sehr einprägsames Bild. Stellen Sie sich zwei Kerzen auf einem Tisch vor. Die eine ist dünn und hoch, die andere dick und kurz. Wenn jemand an den Tisch stößt, fällt die dünne Kerze um, die dicke rührt sich nicht: Wenn Sie etwas breiter dastehen, signalisieren Sie, dass man Sie nicht herumschubsen kann. Und Sie wollen der Welt ja bestimmt vermitteln, dass Sie felsenfest hinter Ihren Ansichten und Ihrer Firma stehen. Stellen Sie sich also ganz leicht breitspurig auf wie Supermodel Cindy Crawford mit ihrer unglaublich langlebigen Karriere oder wie Elvis Presley oder Ellen DeGeneres. Sie haben als große Orientierungsgestalten Geschichte geschrieben, und wenn es ihnen möglich war, können Sie es auch. Wenn Ihnen auffällt, dass Sie nervös oder ängstlich sind und die Füße sich überkreuzen, können Sie Folgendes versuchen: Setzen Sie die Füße nebeneinander auf den Boden und krallen Sie mit den Zehen, um die innere Spannung zu lösen. Das merkt außer Ihnen niemand.

Die Übungen für den dritten Tag

Jetzt wissen Sie also, welche enorme Bandbreite von Signalen die Schamteile senden können, und es wird Zeit zu überlegen, wie Sie das für sich nutzbar machen können. Machen Sie heute mindestens zwei oder drei dieser Übungen. Sobald Sie Ihre anfängliche Befangenheit überwunden haben, werden Sie sehen, wie viel Spaß eine geschickte Präsentation macht und was sie alles bewirkt – und das muss gar nichts Sexuelles haben, es sei denn, Sie wollten es.

▶ *Bilderspiel.* Sehen Sie sich im Internet unter den Neuigkeiten der letzten Tage nach Fotos von Leuten um. Wählen Sie ein Bild aus, um es eingehend zu studieren. Was sagen Ihnen die Leute ohne ein Wort? Betrachten Sie die Fotos auf diese Themen hin: anmaßend, selbstbewusst, nervös, ängstlich besorgt oder »Lass mich in Ruhe«.

▶ *Schwingen Sie das Salsa-Tanzbein.* Wie der ganze Unterkörper einschließlich der Beine einzusetzen ist, zeigt sich besonders schön beim Salsa. Schon der Name, »Salsa«, beschreibt treffend, wie es dabei zugehen soll: scharf! Richtig getanzt, ist Salsa ein einziges Schwingen und Wiegen, und die Hüften sind immer in Aktion. Der Oberkörper bleibt weit offen und macht ausgreifende Ausdrucksbewegungen, während die Beine die meiste Arbeit leisten. Man tanzt meist eher breitbeinig, das macht die Bewegungen weich und sicher. Die Arme sind weit offen bzw. halten sich am Tanzpartner fest – ein wunderbares Übungsfeld für selbstbewusste Körpersprache.

Die Körperspracheregeln beim Salsatanz gelten auch für andere Tanzformen, eigentlich für alles von Ballett bis Zumba. Sie werden kaum je einen Tänzer oder eine Tänzerin mit hängendem Kopf, überkreuzten Füßen oder mit den Händen in der Feigenblatthaltung vor der Scham sehen. Und so soll Ihre Körpersprache immer sein: selbstbewusst, ausdrucksvoll und fließend.

Ich möchte, dass Sie sich heute für einen Tanzkurs einschreiben (auch die Männer!), egal was für einer es ist. Wenn Sie glauben, dass Sie nicht gern tanzen, ist das ein Grund mehr, es zu tun! Dieser Widerwille bedeutet wahrscheinlich, dass Ihnen ein bisschen Übung guttun wird, was die Grundbegriffe der Körpersprache angeht: ein raumgreifender, selbstsicherer Stand, unverschämte Scham, ein gut ausgerichteter Nabel und Arme, die Raum einnehmen. Machen Sie mindestens einmal mit, keine Ausreden!

▶ *Tragen Sie heute Abend (und mindestens einmal die Woche) Stöckelschuhe.* Die Frauen in *Sex and the City* haben das wohl richtig verstanden: Hochhackig macht eine Frau mehr her als in den langweiligen alten Halbschuhen. Die Erscheinung wird insgesamt größer, der Rücken wölbt sich, die Beine werden länger, die ganze Haltung ist besser. Stöckelschuhe trainieren den Beckenboden, so dass man sich aus der Mitte heraus stärker fühlt, und sie geben den Schritten einer Frau den rechten Schwung. Auch wenn Sie solche Schuhe nicht zum festen Bestandteil Ihrer Garderobe machen wollen, sollten Sie sie mit einer gewissen Regelmäßigkeit benutzen.

▶ *Stellen Sie sich dem Test.* Etwa in der Mitte meiner Laufbahn bei ATF habe ich am Fortgeschrittenenkurs für Aussagen vor Gericht teilgenommen. Unser Lehrer, Jeff Cohen, immer für neue Ideen gut, hatte sich für die Fahnder und Sonderagenten eine besondere Form der Vorbereitung ausgedacht: Sie mussten zu einem fingierten Fall frei im Raum ihre Aussage machen, also ohne jeden physischen Schutz wie etwa durch einen Tisch. Dazu stellte er einen festen Stuhl mit gerader Lehne etwa zwei Meter vom Konferenztisch entfernt auf. Jede Bewegung, die wir während unserer Aussage machten, war für die gesamte Gruppe sichtbar, von Kopf bis Fuß.

Sie können Jeffs Verfahren anwenden, um sich auf die nächste Präsentation vor dem Führungsgremium, das nächste Vorstellungsgespräch oder das nächste Blind Date vorzubereiten. Sie wissen nie, ob es da eine Sicherheitsbarriere für den unteren Teil Ihres Körpers geben wird; wenn Sie vorbereitet sind, haben Sie schon einen schönen Vorsprung.

▶   Bitten Sie einen Freund zum Rollenspiel, stellen Sie eine Videokamera auf und nehmen Sie sich einen Küchen- oder Esszimmerstuhl.

▶ Lassen Sie Ihren Spielpartner bequem in einem Sessel, auf der Couch oder auch hinter dem Tisch Platz nehmen und geben Sie ihm irgendetwas zur anvisierten Situation Passendes in die Hand – Ihren Lebenslauf, eine Grafik aus Ihrer letzten Präsentation oder etwas, das als Speisekartenersatz dienen kann. Er soll es bequem haben und sich sicher fühlen. Weisen Sie ihn an, nur in begrenztem Maße Blickkontakt zu halten, die Arme zu verschränken und ruhig auch mal ein bisschen ärgerlich oder ungläubig zu blicken. Respektlos soll er sein. Eigentlich fordern Sie ihn auf, das denkbar unangenehmste Publikum abzugeben, denn so werden Sie immer sicherer in der Kunst, sich auch unter ungünstigen Umständen überzeugend Gehör zu verschaffen.

▶ Sie wollen sich wirklich exponieren, also rücken Sie Ihren Stuhl weit genug von dem Ihres Freundes weg, mindestens zwei Meter. Sie wählen einen ungewohnt weiten Abstand von Ihrem Rollenspielpartner, damit Unbehagen und Spannung so groß wie möglich werden.

▶ Stellen Sie die Videokamera an. Beginnen Sie jetzt mit dem Einstellungs- oder Verkaufsgespräch, mit der Präsentation oder Ansprache – eben mit dem, was Sie einüben möchten, es kann auch Small Talk sein.

▶ Spielen Sie die Darbietung ab, und halten Sie alles fest, was nicht gut gelaufen ist. Wiederholen Sie das Ganze, bis Ihr Freund sicher ist, dass Sie es drauf haben.

Wenn Sie das geübt haben, werden Sie nicht mehr ausgerechnet dann in Übersprungshandlungen hineinstolpern, wenn es darauf ankommt, Selbstbewusstsein auszustrahlen. Ihre Körpersprache wird dabei auf natürlichem Wege fließender, überzeugender und kraftvoller, sogar wenn Sie hinter einem Tisch oder im Zeugenstand sitzen.

Kapitel 5

Vierter Tag:
Wechseln Sie zur richtigen Seite

> Die Dinge sind nicht, was sie zu sein scheinen;
> genauer gesagt sind sie nicht nur das, was sie zu
> sein scheinen, sondern sehr viel darüber hinaus.
>
> *Aldous Huxley (1894–1963)*

Bunte Neonschriftzüge zierten die eingestaubten übervollen Fenster, und in der Auslage waren neben erstklassigen Gitarren und gebrauchten Hämmern auch Pistolen, Revolver, Gewehre und Schrotflinten in schier unübersehbarer Zahl zu bewundern. Die Zeit, die ich in diesem übervollen Pfandleiherladen zuzubringen hatte, verdankte ich einem Fahndungsauftrag wegen Verdacht auf illegalen Waffenhandel. Der Laden lag in einer Gegend mit hoher Verbrechensrate außerhalb von Hartford in Connecticut.

Ich hatte über den Ladeninhaber bereits Ermittlungen angestellt und wusste, dass er mitten in einer Scheidung steckte. Aus den Gerichtsakten ging hervor, dass seine Frau ihn wegen jedes Cents, den er besaß, in die Zange nehmen wollte. Armer Kerl. Eine meiner Freundinnen steckte damals auch in einer Scheidung, und so konnte ich mir ungefähr vorstellen, was in ihm vorging. So sprachen wir denn in einem unserer ersten Gespräche darüber, wie zermürbend eine Scheidung sein kann. Wie immer bei der Kontaktaufnahme zu neuen Verdächtigen wandte ich die Bauchnabelregel konsequent an: Ich hielt den Nabel immer auf ihn gerichtet; dem konnte er entnehmen, dass ich ihn für wichtig hielt. Mit der Scheidungsthematik, die uns beide interessierte, war eine Gemeinsamkeit hergestellt worden, aus der sich bald eine Vertrauensbeziehung entwickelte. Wir plauderten wie alte Freunde beim Kaffee. Wenn ich links von ihm stand, schluckte er und steckte die Hände in die Taschen, aber sobald ich auf seine rechte Seite wechselte, entspannte er sich, wurde gesprächig und setzte seine Hände ein, um sich besser mitzuteilen. Die nächsten fünf Tage bot er mir morgens immer Donuts und zu Mittag eine Pizza an (was ich dankend ablehnte).

Eine meiner Hauptaufgaben bestand darin, seine Bücher zu prüfen, die seinen Bestand, seine Verkäufe und dergleichen verzeichneten. Ich überprüfte stichprobenartig seine Inventur und fand in den Büchern nur zwei Arten von Unstimmigkeiten, nämlich unvollständig ausgefüllte Formulare und Einträge, die erst einen oder zwei Tage nach der Transaktion gemacht worden waren.

Als sich die Nachforschungen zwei Wochen später ihrem Abschluss näherten, sprach ich den Ladeninhaber auf die festgestellten Unstimmigkeiten an. Ich erkannte an seiner eingesunkenen Haltung und dem mit den Händen geformten Feigenblatt, dass ihm gar nicht wohl zumute war – viel zu unwohl eigentlich für die paar Lappalien, auf die ich gestoßen war. Als er antwortete, verschränkte er die Arme und presste sich dabei auch noch ein Buch vor den Bauch. Ich sagte mir, dass an der Sache wohl doch etwas mehr sein müsse.

Am Tag nach diesem Gespräch kam ich schon früh um sieben in den Laden und traf ihn beim Vornehmen von Änderungen in über 20 seiner Bücher an. Er trug an bisher leer gelassenen Stellen nach, dass die Waffen von ihren Eigentümern »zurückgenommen« worden seien. In unseren zurückliegenden, ganz ungezwungenen Gesprächen hatte ich den Eindruck gewonnen, dass er sich wohler fühlte, wenn man sich rechts von ihm aufhielt. Ich bewegte mich also an seine rechte Seite und ging in die Knie, so dass er oberhalb von mir war. Ich sagte: »Was ist los, Ralph?«

»Ich hatte vergessen, dass diese Leute ihre Waffen wieder abgeholt haben«, sagte er, ohne mich anzusehen.

Powerteam-Kehrtwendung
Name: Valerie Palmer
Alter: 33
Beruf: Lehrerin

Was hat dich zurückgehalten? Mir ist es schon immer schwergefallen, neue Leute kennenzulernen oder allein irgendwohin zu gehen. Was Konfrontation angeht, bin ich ganz schlecht – mich behaupten oder ein- fach sagen, was ich möchte, und es dann auch durchsetzen, das kann ich nicht gut, und mit Leuten, die negativ drauf sind, komme ich ganz schwer zurecht. Man hat bei mir eine Angststörung diag- nostiziert, die mich im Umgang mit anderen oft linkisch und verle- gen macht. Wenn ich neue Leute kennenlernte, habe ich mich nie getraut, einfach so draufloszureden – und selbst bei denjenigen, die ich kenne, fällt mir unverbindliches Plaudern manchmal schwer. Meine Ängste haben mir viele Tränen- und Kummertage beschert. Ich wäre so gern ruhiger gewesen, um mich von meiner besten Seite zeigen zu können – und ich wusste, dass nichts außer mir selbst dagegen stand.

Wie hast du dich verändert? Vor dem 7-Tage-Programm für meine Körpersprache wusste ich einfach nicht, dass manche Leute die linke und andere die rechte Körperseite bevorzugen. Wenn ich bei irgendwelchen Anlässen jemanden begrüßte, war ich gehemmt, nervös und schüchtern und immer versucht, mich nach links zu wenden, sogar wenn die betreffende Person rechts von mir stand. Es fühlte sich für mich immer so an, als würde man einfach in meine Persönlichkeitssphäre eindringen.

Inzwischen weiß ich, wie ich es machen muss. Wenn ich neuen Leuten begegne und sie begrüße, sehe ich zu, dass sie links von mir sind. Das ist die neue Richtige-Seite-Regel. Ich sorge dafür, dass sich jemand, mit dem ich rede, links von mir befindet. So fühle ich mich wohler und selbstsicherer, ich habe die Sache besser in der Hand. Im Restaurant lasse ich meinen Begleiter links von mir Platz nehmen; im Kino sitze ich rechts von ihm. Wenn es mit Kollegen etwas zu besprechen gibt, schleiche ich mich von rechts an, damit ich sie links habe. Dadurch kann ich mich jetzt besser entspannen, ich kann klarer denken, ich lächle und lache mehr. Es steckt sogar an, Männer lachen gern mit.

Vor der Überarbeitung meiner Körpersprache fiel es mir sehr schwer, mit Leuten, die ich noch nicht kannte, ein Gespräch anzufangen. Das ist jetzt vorbei. Ich fühle mich so sicher, dass es mir nichts ausmacht, die Initiative zu ergreifen und zu sagen: »Hi, ich bin Valerie, was führt Sie her?« Ich habe eine komplette Kehrtwendung gemacht und bin geradezu »leute-selig« geworden. Danke, Janine, für alle meine neuen Männerbekanntschaften!

»Keine Sache«, erwiderte ich, »aber wie können Sie sich daran noch erinnern?«

»Das habe ich im Gedächtnis«, sagte er knapp und gepresst.

»Wie viele Jahre reicht das denn zurück?« Ich fragte nicht in zweifelndem Tonfall, sondern neugierig.

»Sechs ungefähr.« Er sagte, er sei die ganze Nacht aufgeblieben, um die Einträge nachzuholen.

»Kann ich verstehen«, erwiderte ich und ließ immer noch nichts vom Ernst der Lage durchklingen. »Ich bin selbst schrecklich nachlässig bei meinen Einnahmen und Ausgaben, immer wieder vergesse ich etwas einzutragen. (Sie erinnern sich: Die Leute fühlen sich unter ihresgleichen wohler.) Übrigens, könnten Sie Ihre Änderungen in den Büchern vielleicht abzeichnen und datieren?«

Er seufzte.

Ich richtete mich auf. Wie eine Mutter, die ihren Sprössling zur Raison bringen muss, baute ich mich links von ihm auf, verschränkte die Arme und richtete meinen Nabel von ihm weg, um den Rapport gezielt zu brechen. Ich sagte:»Ralph, ich möchte, dass Sie diese Sachen abzeichnen und datieren.« Er gab nach.

Er hatte dann mit der Überarbeitung seiner Bücher einige Stunden zu tun. Etwas später stieß der ATF-Ermittler Neal Earl dazu, und wir nahmen zusammen eine komplette Inventur des Ladens vor. Dabei kam heraus, dass über 70 Schusswaffen fehlten, während sich an die 100 weitere, die als »Vom Eigentümer zurückgenommen« verbucht waren, noch im Laden befanden. Das war ein deutliches Indiz für unerlaubten Waffenhandel.

Am nächsten Tag wachte ich zu Hause um neun Uhr früh auf und schaltete den Fernseher ein. Hauptnachricht: Es brannte irgendwo, und das Gebäude kam mir bekannt vor. Der Pfandleiherladen.

Irgendwie waren die Bücher in ein Regal geraten, in dem sich auch Schwarzpulver befand, und das hatte sich leider *irgendwie* entzündet, so dass alle 30 Bücher verbrannt waren. Am nächsten Tag machte der Inhaber Versicherungsansprüche wegen etlicher seiner teuersten Waffen geltend.

Monate danach wurden der Polizei Informationen zugespielt, wonach der Mann in seiner Wohnung illegalen Waffenhandel betrieb. Man rückte ihm mit einem Haussuchungsbefehl auf den Pelz, und da fanden sich viele der angeblich dem Brand zum Opfer gefallenen oder von ihren Eigentümern zurückgenommenen Waffen im Keller wieder.

Er wurde wegen des Verdachts auf Versicherungsbetrug verhaftet. Zum Entsetzen des Ladeninhabers und seines Anwalts wurden die Kopien, die ich von seinen geänderten Büchern gemacht hatte, zu wichtigen Beweismitteln für das Vergehen. Er wurde schuldig gesprochen und verurteilt. Jetzt darf er nicht nur keine Schusswaffen mehr verkaufen, er darf nicht einmal mehr eine besitzen.

In meiner Ausbildung hatte ich gelernt, wie Rapport herzustellen ist – und dass es einen Moment gibt, in dem man ihn wieder brechen muss. Diese Episode bestätigte mir erneut, dass es dafür einen simplen Schalter gibt: die neue Richtige-Seite-Regel. Sehen wir uns jetzt die Anwendung näher an.

Treffsicherheit: Die neue Richtige-Seite-Regel

Haben Sie schon einmal erlebt, dass jemand, mit dem Sie normalerweise gern zusammen sind, Sie plötzlich und ohne erkennbaren Grund in schlechte Stimmung versetzt? Oder Sie kommen etwas vorzeitig zum Supervisions-Meeting, um direkt neben Ihrem Chef sitzen zu können, aber der wendet sich dann ständig zur anderen Seite und zeigt Ihnen die kalte Schulter? Oder Sie gehen zu einem vielversprechenden Rendezvous im Restaurant, aber kaum sitzen Sie, wirkt die neue Bekanntschaft plötzlich distanziert, verschlossen und reserviert?

Wahrscheinlich sitzt einer von Ihnen auf dem falschen Platz, wenn nicht sogar beide. Jeder Mensch besitzt einen Ein-Aus-Schalter für Rapport, eine richtige oder eben offenere Körperseite. Wenn man weiß, welche Seite für einen Menschen die angenehmere ist und welche ihm eher Unbehagen bereitet, kann das für den effektiven Einsatz der Körpersprache entscheidend sein. Ob Sie es glauben oder nicht, wenn Sie nur diese eine Wahrheit kennen, kommen Sie leichter an das, was Sie wollen, ohne dass der andere überhaupt etwas merkt.

Die Tricks der Anwälte und Lehrer

Wenn ein Anwalt vor Gericht möchte, dass die Geschworenen einem auf seiner Seite stehenden Zeugen gut zuhören, stellt er sich am entfernten Ende der sogenannten Jury-Box auf, so dass der Zeuge gezwungen ist, die Jury direkt anzusehen und für alle laut genug zu sprechen. Lehrer machen das auch so. Wenn sie einem Schüler oder Studenten eine Frage stellen und dieser mit leiser Stimme antwortet, gehen sie ans andere Ende des Raums, damit der Schüler wirklich mit Stimm-Einsatz sprechen muss.

Bei einer für seinen Fall ungünstigen Zeugenaussage geht der Anwalt anders vor. Er blättert eifrig in seinen Akten oder muss sich unbedingt mit jemandem beraten – und deutet damit an, dass es sich um eine völlig unbedeutende Aussage handelt. Mit solchen Ablenkungsmanövern sind die echten Zauberkünstler in der Lage, uns das zu verbergen, was direkt vor unserer Nase ist.

Während meiner Grundausbildung bei ATF habe ich erstmals von diesem ganz instinkthaften Teil der Körpersprache erfahren. Wir hatten eine Menge trockenes und langweiliges Zeug zu lernen, über Hersteller und Importeure alkoholischer Getränke, Schusswaffen, Sprengstoffe, Gesetze und Verordnungen, Aussagen vor Gericht und Ethik. Dann gab es einen dreieinhalbtägigen Kurs über Verhörtechnik, und der war wirklich interessant. Im Rahmen des Teils über den Rapportaufbau – mein Lieblingsthema – war von einem Prinzip die Rede, das ich heute als die »alte Rechte-Seite-Regel« bezeichne. Es gibt kaum ein schöneres Beispiel für die Grenzen der alten Körpersprache.

Diese alte Regel verdankt sich dem festen Glauben an die vertrauensbildende Kraft des Händedrucks. Der Theorie zufolge erzeugt der erste Händedruck bei der ersten Begegnung mit jemandem einen

»Anker«, er wird als bedeutsame körperliche Empfindung erlebt, die eine stabile emotionale Erinnerung begründet. Ein Anker, nimmt man an, sendet Impulse ans Gehirn, die so stark sind, dass sie das rationale Denken einfach passieren und uns in einen bestimmten inneren Zustand versetzen. Wenn mit dem ersten Händedruck ein positiver Anker gesetzt ist, so die Theorie weiter, können wir seine Funktion jederzeit wieder wachrufen, wenn wir uns rechts von der Person positionieren. Unbewusst führt das den Menschen zurück in die erste positive Gefühlsregung beim Händedruck. Können Sie mir folgen?

Deshalb bekamen wir von unseren Ausbildern die Anleitung, uns immer rechts von einem Befragten zu halten, wenn er sich kooperationsbereit und aufrichtig zeigte. Dieser Maßnahme traute man zu, den Rapport zu festigen und Vertrauen zu schaffen. Immer wenn der Befragte verschlossener wurde oder zu Täuschungsmanövern ansetzte, sollten wir auf seine linke Seite wechseln und den Rapport brechen, was ihn unter Stress und Angst setzen würde. Dann, so die alte Theorie weiter, würde er sich wieder zur Wahrheit bekehren, um die verloren gegangene Verbindung wieder aufzunehmen – alle Menschen fühlten sich im Einklang mit anderen wohler, insbesondere in Stresssituationen. Wir erfuhren außerdem, dass die ATF-Inspektoren und Spezialagenten diese Technik auch bei ganz ausgekochten Lügnern und Schlitzohren anwendeten.

Es klingt nicht schlecht, nicht wahr? Leider nur in der Theorie, das Rezept hat einen Fehler. Das fand ich allerdings erst elf Jahre später heraus, im Sommer 2004, als ich selbst Ausbildungsleiterin bei dieser Akademie war. So lange brauchte ich, um zu merken, dass unsere »rechte« oder positive Seite nichts mit dem Händedruck zu tun hat, nicht einmal mit Rechtshändigkeit oder Linkshändigkeit.

Die richtige Seite ermitteln

Im Verlauf meiner ersten zehn Jahre bei ATF habe ich über 2000 Befragungen und Verhöre durchgeführt und dabei die in der Grundausbildung und späteren Fortbildungen gelernten Techniken angewandt. Manche Ansätze führten, wie ich bemerkte, sehr zuverlässig zum Ziel, aber bei der alten Rechte-Seite-Regel war die Erfolgsquote nicht überzeugend. Da habe ich einiges an Zeit vergeudet, aber zum Glück konnte ich das mit der neuen Regel wieder wettmachen.

Im Sommer 2004 übernahm ich für die Neuzugänge bei ATF den im Rahmen der Grundausbildung vorgesehenen Lehrgang in Gesprächsführung. Ich hatte diesen Kurs 1993 als Teilnehmerin absolviert und seitdem viel Male geleitet. Es war ein interaktives und spielerisches Programm, das immer die Aufmerksamkeit der Teilnehmer fand. Am ersten Tag lernten sie, wie man Rapport herstellt und das Normalverhalten des Befragten eruiert. Am zweiten Tag sahen wir uns bekannte Fälle wie den Mordprozess gegen O. J. Simpson oder die Bombenattentäter von Oklahoma City an und analysierten die Feinheiten.

Nachdem wir uns ein Bild von den möglichen Anzeichen eines Täuschungsmanövers gemacht hatten, kamen etliche Teilnehmer nacheinander auf den »heißen Stuhl«, einen hohen Barhocker, der mitten im Zimmer stand. Hier konnten sie ihre neuen Kenntnisse unter Beweis stellen. Ich sollte die erste Befragung vornehmen, bevor sich dann die anderen daran versuchen konnten. Zunächst stellte ich simple Fragen, die eine erste Verbindung schaffen können: Wie läuft der Tag bei Ihnen? Erzählen Sie mir von Ihrer ersten Wohnung nach dem Auszug von zu Hause. Wie gefällt Ihnen Georgia? Wie war Ihr bester Freund/Ihre beste Freundin, als Sie so um die acht waren? Erzählen Sie mir doch von Ihrem allerersten Fahrrad. Das waren lauter Anstöße, bei denen sich der Befragte keinerlei Sorgen um seine Antworten machen musste. Bei diesem Teil des Gesprächs stand ich rechts vom Befragten, wie ich es gelernt und seitdem immer wieder selbst gelehrt hatte. Aber an diesem Nachmittag wurde die lebhafte junge Dame auf dem heißen Stuhl sofort böse und widerspenstig. Sie verschränkte die Arme, wandte ihren Nabel in Richtung Tür und zeigte mir die kalte Schulter. Ohne mich anzusehen, sagte sie: »Ich mag das gar nicht, wenn Sie rechts von mir stehen!« Erst lachte ich, aber sie änderte ihre Meinung nicht, es war ihr ernst. Also wechselte ich auf ihre linke Seite, und sofort entspannte sie sich. Ich staunte. Mein Glaube an die Rechte-Seite-Regel bekam Risse.

Ich nutzte eine Pause, um gut nachzudenken, und entschloss mich dann, etwas Neues auszuprobieren. Ich entwarf auch gleich eine Übung als Test für meine neue Theorie.

Die Teilnehmer wurden in Paare eingeteilt. Nacheinander musste jeder der beiden Partner auf den anderen zugehen, sich rechts von ihm halten und dann etwas nach diesem Muster sagen: »Jeff, ich brauche das Geld zurück, das ich dir geliehen habe.« Danach wechselte man zur linken Seite und wiederholte die Aufforderung. Schließlich wurde das Ganze mit vertauschten Rollen wiederholt.

Ich ließ abstimmen. 60 Prozent fanden es in Ordnung, jemanden rechts von sich zu haben, aber den übrigen 40 Prozent war es unangenehm.

Seit damals habe ich diese Übung mit über 20 000 Leuten gemacht, und die Resultate sind sehr aufschlussreich. Gesetzeshüter empfinden die Seite, an der sie ihre Waffen tragen (sehr oft rechts), in der ganz überwiegenden Mehrzahl der Fälle als ihre negative Seite und nur etwa 20 Prozent als ihre positive Seite. Bei nicht Waffen tragenden Beamten war die Verteilung annähernd 50 zu 50: Etwa die Hälfte hatten andere Leute lieber rechts von sich und die andere Hälfte lieber links.

In den Monaten nach diesem Seminar erbot ich mich, die Lehrpläne zu überarbeiten und die neue Richtige-Seite-Regel zu integrieren. Sie ist seitdem fester Bestandteil der ATF-Grundausbildung und wurde sehr wichtig für die Fortbildung in Gesprächsführung, deren Leiterin ich später wurde. Und tatsächlich, überall, wo ich Kurse für Analyse und Anwendung der Körpersprache gebe, bestätigt sich die neue Regel immer wieder.

Und jetzt sind Sie an der Reihe, die neue Richtige-Seite-Regel anzuwenden und damit noch besser gerüstet zu sein, um andere einzuschätzen, Rapport herzustellen und die Wahrheit herauszufinden.

Wie man die Seitenvorliebe bei anderen ermittelt

Nachdem ich Sie jetzt ausgiebig mit der neuen Richtige-Seite-Regel gefüttert habe, wollen Sie bestimmt wissen, auf welcher Seite andere Leute Sie gern hätten. Wie geht man dazu vor? Manchmal ist der direkte Ansatz der beste: fragen. Im Restaurant oder im Kino können Sie Ihren Begleiter ohne Weiteres fragen, welchen Platz er möchte. Aber Sie können auch subtiler vorgehen, wenn Ihnen das zu frontal erscheint. Positionieren Sie sich zu Beginn eines Gesprächs auf der einen Seite Ihres Gegenübers, um dann irgendwann ganz beiläufig zur anderen zu wechseln. Wenn Sie an der schlechten Seite des anderen stehen, kann das an Körpersignalen zu erkennen sein: Er oder sie schluckt vielleicht mehrmals oder kichert nervös, das Kinn wird eingezogen, die Augenbrauen senken sich und werden ein wenig in Richtung Nasenrücken zusammengezogen, der Nabel wendet sich ab, die Scham wird bedeckt, oder die Hände verschwinden in den Taschen. Ganz anders, wenn Sie an der guten Seite stehen: Die Leute entspannen sich, Arme und Hände bleiben sichtbar, vielleicht legt man sogar die Hände an die Hüften, um noch mehr Raum einzunehmen. Wenn Sie auf der richtigen Seite stehen, bauen Sie das Selbstbewusstsein des anderen auf.

Hier noch ein paar nützliche Tipps:

▶ Sorgen Sie am Anfang immer dafür, dass sich der andere für eine halbe Minute und bis zu zwei Minuten auf Ihrer guten Seite befindet. So stellen Sie fest, ob Ihre Seitenvorlieben kompatibel sind oder nicht. Das ist zwar für den Rapport nicht erforderlich, aber er bildet sich dann schneller und tiefer.

▶ Bringen Sie den anderen dann auf Ihre weniger gute Seite. Wie verändert sich sein Verhalten? Achten Sie in allen diesen Testsituationen darauf, wie das Gespräch läuft und was auf der nonverbalen Ebene geschieht. Fragen Sie sich:»Wann zeigt er mehr Interesse am Gespräch mit mir – wenn ich rechts stehe oder wenn ich links stehe?« Wenn Sie seine bevorzugte Seite ermittelt haben, bleiben Sie da für fünf bis zehn Minuten, danach testen Sie die andere Seite 15 bis 30 Sekunden lang. Nutzen Sie alle Situationen, die sich bieten, um die richtige Seite auszutesten – wenn Sie zum Beispiel nach einer Serviette oder einem Glas Wasser greifen, wenn Sie sich ein wenig entfernen, um einen Anruf entgegenzunehmen, oder wenn Sie die Toilette aufsuchen. Dann wählen Sie die Seite, auf der Sie am besten stehen.»Am besten« heißt natürlich: Ihrer Intention für dieses Gespräch entsprechend.

▶ Beobachten Sie, wie sich die Person im Umgang mit Freunden, Kollegen oder ihrem Chef verhält. Vielleicht sorgt sie in 90 Prozent der Fälle dafür, dass sich ihr Gegenüber rechts von ihr befindet; bei den übrigen 10 Prozent kann es sein, dass sie sich nicht durchsetzt, weil jemand anderes einen stärkeren Einfluss hat.

▶ Kommt es auf einer Seite eher als auf der anderen vor, dass der andere sich zu Ihnen herüberbeugt und Sie vielleicht sogar leicht an der Hand, an der Schulter oder am Rücken berührt?

Wenn Sie die richtige Seite eines Menschen kennen, haben Sie ein Instrument an der Hand, mit dem sich eine Menge ausrichten lässt.

Die Zeichen für die richtige Seite erkennen
Wenn Sie die richtige Seite eines Menschen austesten, halten Sie nach diesen Anzeichen Ausschau:

Gute Seite: Die Lachfalten um die Augen treten in Aktion; hält den Kopf gerade oder zur Seite geneigt; spricht in normalem Tonfall ohne viel »äh« und »wissen Sie« und andere Füllsel; hält das Kinn gerade oder leicht erhoben; die drei Kraftzonen Kehle, Nabel und Scham sind offen; Schultern entspannt; neigt sich zu Ihnen hin; Hände hängen entspannt herab oder sind an die Hüften gelegt, und sollten sie in den Taschen stecken, sind sie eingehakt oder die Daumen schauen heraus; bei Handgesten sind die Hände offen, und die Handflächen weisen nach oben; der Nabel folgt Ihnen, wenn Sie die Position wechseln; beide Füße weisen auf Sie; wenn Sie sitzen, wird er vielleicht mit den Beinen die Vier bilden, wobei er das obere Bein von Ihnen entfernt hält (und Sie so in seinem Vertrauenskreis hält).

Schlechte Seite: Runzelt die Stirn oder feixt, schiebt manchmal die Zungenspitze kurz durch die Lippen, nagt von innen an den Wangen; spricht stockend, stottert, wiederholt Fragen, macht unmotivierte Pausen, verdreht Worte, verhaspelt sich; die Stimme wird leise bis fast unhörbar; fasst sich an den Hals, hebt die Schultern, verschränkt die Arme, neigt sich plötzlich von Ihnen weg, fasst sich ums Handgelenk; versenkt die Hände mitsamt den Daumen in den Taschen; die Finger sind verkrampft oder die Handflächen nach unten gerichtet; wendet den Nabel von Ihnen weg; setzt die Füße übereinander, setzt einen Fuß in Richtung Tür; im Sitzen wird er vielleicht die Beine übereinanderschlagen oder die Vier bilden, aber mit dem oberen Bein zu Ihnen (wie um eine Mauer aufzubauen).

Die richtige Seite

7-Sekunden-Abhilfe

Das Problem: Ihre Flamme ist unzufrieden, und Sie stehen auch noch auf ihrer schlechten Seite. Geben Sie nicht zu schnell auf. Frauen stehen nicht unbedingt auf Männer, die gleich den Rückzug antreten (wie auf dem linken Bild). Das wirkt nicht sehr selbstbewusst.

Abhilfe: Auf dem rechten Bild wirkt er viel selbstsicherer, obwohl er immer noch unter Beschuss ist. Er hat sich von ihrer rechten Seite (es ist nicht ihre Butterseite) weg und in eine insgesamt etwas tiefere Position bewegt. Außerdem spiegelt er ihre Körpersprache. So wahrt er sein Selbstvertrauen und sie kommt schneller über ihren Ärger hinweg. Sehr schlau – gute Arbeit!

Anwendung: Umgang mit der neuen Richtige-Seite-Regel

Seitenwechsel ist nicht nur im Fußball vorteilhaft.

Ich habe einmal mit über 600 Teilnehmerinnen – Müttern und Töchtern – das Erkennen der richtigen Seite geübt. Und alle hatten dann wirklich etwas von diesem Abend: Die Töchter wussten, wo sie sich postieren mussten, wenn sie Mama um die Autoschlüssel baten, und Mama wusste, wo sie zu stehen hatte, wenn sie sich erkundigte, wohin es denn gehen solle.

Ein paar Wochen später bekam ich von einer der teilnehmenden Mütter eine E-Mail. Mit der Beziehung zu ihrem Mann war es seit der Verlobungszeit im körperlichen wie im seelischen Sinne immer weiter bergab gegangen, aber nach dem Kurs kam diese Frau auf die Idee, die neue Richtige-Seite-Regel auch bei ihrem Mann auszuprobieren. Sie bezog die Betten frisch und überredete ihn zu einem Wechsel der Schlafseiten. Das fand er spannend. (Apropos ... Lesen Sie zum Thema »Die Scham präsentieren« noch einmal im vorangehenden Kapitel nach.)

Das klingt sicher nicht gerade nach Revolution, aber in diesem Fall war es so, dass sie andere lieber rechts von sich hatte, und ihr Mann hatte jahrelang links neben ihr geschlafen. Buchstäblich über Nacht fanden sie wieder Zugang zueinander, auch körperlich, und die Beziehungen innerhalb der Familie wurden insgesamt besser.

Die neue Richtige-Seite-Regel wirkt in alle Bereiche unseres Lebens hinein – Arbeit, Freizeit, Freunde und Familie. Wenn Sie spät zu einer Besprechung erscheinen und dann vielleicht auf der Seite sitzen müssen, die Ihnen gar nicht liegt, kann es sein, dass Sie nicht viel aus der Sitzung mitnehmen und sich auch noch langweilen. Ich zum Beispiel brauche meinen Mann und meinen Sohn rechts von mir, wenn wir im Kino sitzen. Wenn jemand links neben mir ist, fühle ich mich beengt, also achte ich darauf, dass links gleich der Gang kommt.

Führen Sie Buch

Wenn Sie bei einem Kollegen, Manager oder möglichen Kunden die richtige Seite ermittelt haben, ist es gut, sie nicht wieder zu vergessen. Machen Sie sich in Ihrem Notizbuch oder auf den zum Fall gehörenden Unterlagen den Vermerk »L« oder »R«, damit Sie auch beim nächsten Treffen auf der richtigen Seite der Person sitzen.

Zum Erfolg beim Umgang mit dieser Regel gehört, dass Sie gut achtgeben. Überlassen Sie es nicht dem Zufall, ob jemand links oder rechts von Ihnen ist, damit setzen Sie sich unnötigem Stress aus. Vielleicht lag es gar nicht am Lehrer, an den Schülern oder am Klassenzimmer, dass Sie jene Klasse nicht mochten, vielleicht haben Sie einfach den Unterschied zwischen Ihrer guten und Ihrer schlechten Seite nicht bemerkt. Achten Sie darauf, wenn jemand auf Sie zukommt, an welcher Seite es Ihnen lieber ist, dann liegt es in Ihrer Hand, alle Begegnungen mit anderen so wertvoll wie möglich zu gestalten.

Wie Sie die neue Regel zu Ihrem Vorteil anwenden

Wenn Sie wissen, welche Seite Ihres Körpers Sie zu Abwehrreaktionen bewegt, sind Sie diesem Effekt längst nicht mehr so ausgeliefert wie bis dahin. Sie können diese negative Reaktion (oder diesen »Anker«; dazu noch mehr im 8. Kapitel) in den Griff bekommen und haben sich und Ihre Stimmungen dann besser unter Kontrolle. Dieses Werkzeug ist sehr wichtig, wenn Sie Herr(in) im eigenen Leben sein möchten. Wirklich, Sie können selbst bestimmen, dass Sie nicht mehr hilflos Ihrer alten Programmierung ausgeliefert sein wollen.

Stellen Sie sich vor, Sie sind mit einem Freund an der Bar verabredet und zuerst da. An beiden Enden der Bar sind je zwei Plätze frei – welche nehmen Sie? Sind es die Plätze, auf denen Sie all die fremden Leute im Raum auf Ihrer guten Seite haben würden? Wenn nicht, warum nicht? Tun Sie sich das nicht an, nutzen Sie diese Regel, um das zu bekommen, was Sie möchten, und sei es auch etwas so Simples, wie sich unter fremden Leuten behaglich zu fühlen.

Sobald Sie jemanden studiert haben und seine gute Seite kennen, können Sie den Austausch ins richtige Fahrwasser lenken. Solange Ihnen Rapport und Kooperation wichtig sind, halten Sie sich auf der guten Seite des anderen, vor allem wenn Sie ihn um einen Gefallen bitten möchten. Wenn Sie Ansätze zu Täuschungsmanövern erkennen, wechseln Sie auf die schlechte Seite. Das verunsichert. Jeder wünscht sich Rapport, auch ein Lügner, und das Unbehagen des von Ihnen unbemerkt abgebrochenen Rapports wird ihn sanft dazu bewegen, weitere Karten auf den Tisch zu legen.

Die neue Richtige-Seite-Regel ist ein großartiges Mittel, wenn es darum geht, mehr Selbstbewusstsein zu finden, sich klarer mitzuteilen und Beziehungen zu verbessern. Sie müssen aber aufpassen: Wenn Sie jemanden bewusst an Ihre schwächere Seite nehmen, damit Sie auf *seiner* guten Seite stehen und er sich besser fühlen kann, darf das nicht so weit gehen, dass Ihr Selbstbewusstsein leidet. Sie müssen das immer abwägen: Ihr Selbstbewusstsein oder das Wohlbehagen des anderen. Wenn Sie die Regel lange genug angewendet haben, wird da schließlich kein Unterschied mehr zu spüren sein.

Die Übungen für den vierten Tag

Die heutigen Übungen sollen Sie erstens auf Ihre bevorzugte Seite aufmerksam machen und Ihnen zweitens einprägen, dass Sie sich immer vergewissern, welche Seite bei anderen die bevorzugte ist. Sehen Sie sich heute mindestens sechs Leute beiderlei Geschlechts an, auch Kinder.

▸ *Welche Seite ist Ihre gute?* In einem Gespräch, bei einer Besprechung, in Verhandlungen und Konfrontationen oder beim Einstellungsgespräch sollten Sie wissen, wo Ihre richtige Seite ist. Dazu verhilft Ihnen ein Test, den ich auch mit den Kursteilnehmern bei ATF mache. Lassen Sie jemanden erst von der einen, dann von der anderen Seite auf sich zukommen und dann etwas ruppig, beinahe ärgerlich etwas anordnen, zum Beispiel:»Kann ich Sie jetzt gleich mal kurz in meinem Büro sprechen? Sehen Sie mich an, wenn ich mit Ihnen rede. Finden Sie das lustig?«Achten Sie genau auf Ihre Reaktion. Zucken Sie zurück oder ziehen das Gesicht zusammen, wenn die Person sich links oder rechts befindet? Gibt es eine Seite, auf der Sie ihr zwar das Gesicht zuwenden, aber den Nabel abwenden?

▸ *Sammeln Sie Indizien für Ihre gute Seite.* Wenn Sie die Regel gezielt anwenden möchten, müssen Sie Ihre starke Seite gut kennen. Machen Sie es sich bequem und versetzen Sie sich in die folgenden Situationen. Wo liegen Ihre Vorlieben? Wenn Sie alles durch haben, zeichnet sich vielleicht ein Muster ab.

▸ Im Flugzeug: Wenn Sie für Ihren nächsten Flug Fensterplatz links oder rechts wählen können, und Sie entscheiden sich für den linken, so dass Sie einen Fremden rechts neben sich sitzen haben werden, könnte Ihre bevorzugte Seite rechts sein.

▸ Im Bus: Wenn Sie sich im Bus, sofern genügend Plätze frei sind, für gewöhnlich mit der rechten Körperseite zur Tür setzen, so dass die linke den übrigen Fahrgästen zugewandt ist, könnte es sein, dass Ihre linke Seite die eher vertraute und zugängliche ist.

▶ Im Kino: Wenn Sie mit jemandem ins Kino oder Theater gehen, sitzen Sie am liebsten so, dass Sie links gleich den Gang haben und rechts Ihre Begleitung. Sitzt Ihr Begleiter einmal links von Ihnen, fühlen Sie sich schrecklich beengt, Sie werden nervös, alles wird Ihnen zu viel, und der Film will einfach nicht enden. Dann ist rechts vermutlich Ihre gute Seite.

▶ In der Küche: Ihre Frau hat für heute Abend Freunde von der Arbeit eingeladen, und Sie kochen ganz groß. Sie rühren gerade etwas, als Ihre Frau Ihnen über die rechte Schulter späht und sagt: »Mmm, riecht das gut.« Sie dagegen würden am liebsten schreien: »Raus aus der Küche, wenn ich koche!« Ein paar Minuten später kommt sie wieder zum Schnuppern, nur diesmal von links. Wieder lässt sie eine Bemerkung über Ihre geniale Kochkunst fallen, und diesmal lächeln Sie und freuen sich, dass sie da ist. Das ist ein starkes Indiz dafür, dass Sie Ihre linke Seite bevorzugen.

▶ In Ihrem Büro: Wenn Ihr Büro so groß ist, dass Sie die Möbel nach Belieben aufstellen können, und Sie haben es so eingerichtet, dass man von rechts auf Sie zukommt, ist wahrscheinlich rechts Ihre starke Seite. Aber angenommen, Sie sind aus Platzmangel oder weil alle Kabelanschlüsse rechts sind an eine bestimmte Aufstellung gebunden. Wenn sich jetzt jemand Ihrem Arbeitsplatz nähert, drehen Sie Ihren Körper dann so, dass Ihr Besucher direkt vor Ihnen ist? In dem Fall ist die rechte Seite ganz sicher Ihre bevorzugte.

▶ *Im Schlaf lernen.* Angenommen, Sie haben andere gern rechts von sich, aber nachts macht es Ihnen nichts aus, wenn Ihr Partner die linke Bettseite einnimmt, weil Sie Bauchschläfer sind und dadurch alles wieder richtig wird. Schlafen Sie heute einmal auf der anderen Seite, nur um auszuprobieren, was dann passiert.

▶ *Fahrschule, Zusatzkurs.* Schließen Sie die Augen. Sind Sie im Auto lieber Fahrer oder lieber Beifahrer? Steuern Sie ganz gern, wenn Sie allein sind, aber wären lieber Beifahrer, wenn nicht? Wenn ja, woran liegt es? Daran, dass Sie lieber den E-Mail-Eingang auf Ihrem Smartphone checken? Oder dass Sie es genießen, kutschiert zu werden? Oder fühlen Sie sich einfach besser, wenn andere links von Ihnen sind? Wenn es Ihnen unangenehm ist, beim Autofahren jemanden rechts neben sich zu haben, kann es sein, dass links Ihre stärkere Seite ist. Aber dieses Wissen allein wird ausreichen, um Ihren Stress bei einer Fahrt mit Beifahrer zu verringern.

▶ *Wie sieht es bei anderen aus?* Beobachten Sie Seitenvorlieben bei Menschen im Gewühl: Mütter mit Kindern, Leute bei Verabredungen, Kollegen, die beim Mittagessen Sitzplätze suchen. Listen Sie in Ihrem Körpertagebuch die wichtigen Menschen in Ihrem Leben auf. Was ist wohl ihre bevorzugte Seite.

Notieren Sie alle auf S. 155 (»Die Zeichen für die richtige Seite erkennen«) genannten Kriterien in zwei Spalten – »Gute Seite« und »Schlechte Seite«. Welche der genannten Zeichen sendet eine von Ihnen beobachtete Person unbewusst aus? Versuchen Sie daraus auf die Seitenvorliebe zu schließen.

▶ *Und bei den Promis?* Notieren Sie drei oder vier Prominente oder Politiker, die Sie besonders anziehend oder interessant finden. Gehen Sie jetzt im Internet auf die Suche nach Fotos dieser Leute, und versuchen Sie wieder Seitenvorlieben zu ermitteln. Stehen sie oft so, dass sie andere rechts von sich haben? Liegt es an ihrer eigenen Vorliebe oder der des anderen, zum Beispiel des Ehepartners?

Kapitel 6

Fünfter Tag:
Tunen Sie Ihre Powergesten

> Viele hochintelligente Leute können nicht richtig denken.
> Viele durchschnittlich Intelligente sind hervorragende Denker.
> Die PS-Stärke eines Wagens lässt nicht darauf
> schließen, wie er gefahren wird.
>
> *Edward de Bono (*1933)*

Coca-Cola ist sich seines Produkts sehr sicher. In jeder Reklame, gedruckt oder auf dem Bildschirm, sieht man, dass diese Firma es versteht, aufrecht und stolz dazustehen.

Sie sind da außerdem kreativ, und so kam es vor einiger Zeit zu einem Workshop, bei dem die ohnehin schon sehr selbstbewussten höheren Entscheidungsträger lernen sollten, die Latte noch ein wenig höher zu legen. Es ging bei diesem Anlass darum, von Trapezkünstlern, Feuerwehrleuten und einigen der mutigsten und selbstsichersten Menschen dieser Erde zu lernen.

Ich gehörte an diesem Tag zu den Trainern und sollte die Mitglieder dieses Eliteteams motivieren, ein paar neue Strategien der Körpersprache auszuprobieren (die Sie zu einem Großteil in diesem Buch finden), um sich von ihrer ohnehin schon beeindruckenden Erfolgsbilanz aus noch ein wenig mehr Vorsprung vor der Konkurrenz zu verschaffen.

Vor dem Beginn meiner Präsentation wurde ich von Matt begrüßt, einem Angestellten der Schulungsagentur, die den ganzen Tag organisiert hatte. Matt war es, der mich für den Anlass engagiert hatte, und ich war begeistert, ihn persönlich kennenzulernen.

Powerteam-Kehrtwendung
Name: Loretta Duverney
Alter: 43
Beruf: Zahnärztin

Was hat dich zurückgehalten? Mir ist gesagt worden, ich hätte einen strengen Blick, aber ich selbst kann den eigentlich nicht an mir entdecken. Ich gehe gern aus und treffe mich mit anderen Leuten. Straßenfeste mag ich besonders gern. Ich bin einfach gern unter Leuten – dazu Musik, schauen, was es zu kaufen gibt, etwas trinken, alles zusammen. Eigentlich bin ich ein Spaßvogel, ich nehme die Dinge nicht so ernst. Ich wünsche mir eine langfristige stabile Beziehung und nehme an allen möglichen Gemeinschaftsaktivitäten teil, ich mache Kunstkurse, gehe auf Partys, frequentiere Kneipen. Ich weiß nicht, warum ich niemanden finde. Vielleicht hat meine Körpersprache die falschen Signale gegeben.

Wie hast du dich verändert? Durch das Körperspracheprogramm habe ich gelernt, dass ich mit Gesichtsausdruck, Handgesten und Haltung mitbestimmen kann, wie andere mich wahrnehmen. Immer wieder hatte ich gehört, ich wirkte streng und ernst, und das bedrückte mich. Ich sagte mir: Die bräuchten doch nur ins Gespräch mit mir zu kommen, dann würden sie schon sehen, dass ich ganz anders bin. Jetzt merke ich, dass ich zum Beispiel beim Einkaufen oder Spazierengehen nur zu lächeln brauche, dann lächeln die Leute zurück oder sagen hallo. Mir ist bewusst geworden, dass mein Gesichtsausdruck für den Umgang mit anderen wichtig ist.

Und noch etwas habe ich gelernt, nämlich dass ich mich häufig am Kopf, im Gesicht oder anderswo berührt habe und anderen damit den Eindruck gab, ich fühlte mich unbehaglich und müsste mich ständig begütigend tätscheln. Inzwischen weiß ich, dass man anderen mit der unauffällig angebrachten Okay-Geste gelassene Selbstsicherheit signalisieren kann; dabei liegt die Hand auf dem Bein, die Kuppen von Daumen und Zeigefinger berühren sich.

Und was meinen Beruf angeht – da ist mir so manches Licht aufgegangen. Es kam während der Behandlung immer wieder mal vor, dass ich gefragt wurde, ob etwas nicht in Ordnung sei. Mir war schleierhaft, woher diese Fragen kamen, bis ich merkte, dass sich mein Gesicht manchmal zu einem auf andere ärgerlich oder gestresst wirkenden Ausdruck verzog, wenn ich besonders konzentriert arbeitete. Natürlich dachten meine Patienten dann, irgendetwas sei nicht in Ordnung oder ich sei beunruhigt. Heute warne ich meine Patienten gleich im Vorhinein, damit sie sich keine unnötigen Sorgen machen. Angst haben sie sowieso schon genug. Da brauchen sie bestimmt nicht auch noch eine verärgerte Zahnärztin!

Als Expertin für Körpersprache bin ich es gewohnt, dass die Leute (vor allem bei Seminaren) immer meinen, ich würde jetzt jede kleinste Regung an ihnen analysieren und irgendwie ihre tiefsten persönlichen Gedanken erraten. Das funktioniert immer: Ich schüttle jemandem die Hand, und dann kann ich zusehen, wie sie sich verschließen – Arme verschränkt, Füße eng zusammen und, wie jetzt bei Matt, die Hände in den Taschen vergraben, damit ich nur ja nichts zu sehen bekomme. (Ich würde dann immer gern sagen: »Hört mal, Leute, ich bin zwar gut, aber so gut auch wieder nicht. Ihr wollt mir doch nicht erzählen, dass ich euch nervös mache!«)

Da muss ich also immer erst einmal zusehen, dass sich mein Gegenüber entspannt, damit eine echte Beziehung entstehen kann. Ich fragte Matt also:»Mögen Sie Ihren Job?« Und dann:»Was gefällt Ihnen besonders daran?« Seine Spannung ließ nach und schon nach wenigen Minuten zeigte er sich selbstbewusster. Er begann von den tollen Leuten zu erzählen, mit denen er zusammenarbeitete, von seinen interessanten Projekten, von den abgefahrenen Büroräumen seiner Firma, und dabei wurden seine Handgesten immer offener, er wirkte lebendig und bekam etwas sehr Gewinnendes. Als er fertig war, steckte er die Hände wieder in die Taschen, aber diesmal blieben die Daumen draußen, und damit signalisierte er, wie Sie inzwischen wissen, Eigenständigkeit und Selbstvertrauen. Wir waren jetzt in Kontakt, seine Körpersprache bekam etwas klar Konturiertes. Seine Hände blieben auch die nächsten zehn Minuten in dieser Haltung, während wir über das maßgeschneiderte Programm sprachen, das ich dem Kunden seiner Firma vorstellen wollte.

Dann schoss plötzlich ein gut 40-jähriger Mann mit britischem Akzent auf uns zu und stellte sich vor. Er sagte, man liege bereits 20 Minuten hinter dem geplanten Zeitablauf zurück. Ich sah Matt förmlich schrumpfen, die Schultern sanken, die Daumen schlüpften zurück in die Taschen. Als der zackige Brite seine Mitteilung gemacht hatte und in den Schulungsraum zurückstürmte, sagte ich zu Matt:»Das muss Ihr Chef oder zumindest ein Vorgesetzter sein.«

Matt sah mich verblüfft an.»Ja, er ist einer der beiden, die hier diese Woche die Leitung haben. Woher wissen Sie, dass er über mir steht?«

»Das sagt mir Ihr Körper«, erwiderte ich. Dann erläuterte ich ihm, wie seine Körpersprache sich kaum merklich verändert hatte, als der andere zu uns stieß.

Jetzt war Matt wirklich platt. Er hatte von der Veränderung seiner Gestik nichts bemerkt. (Und natürlich wusste er auch nicht, dass er

sich zu einem kleinen Sonderseminar in Selbstbewusstsein einge-
schrieben hatte, als er mich engagierte.)

Es geht uns allen wie Matt, mit unseren Gesten senden wir unsere
Gefühle, ob wir es bemerken oder nicht. Mit Gesten unterstreichen
wir unsere Worte. Ob wir anderen gegenüber leidenschaftlich eine
von uns getroffene Entscheidung verteidigen, tief Luft holen, um etwas zu erklären, was wir geträumt haben, oder einfach zum Abschied
winken, immer setzen wir bewusst oder unbewusst Gesten ein, die
unseren Worten noch mehr Gewicht geben.

Sie erinnern sich: Wenn wir nervös sind, werden wir kleiner, wenn
wir selbstsicher sind, werden wir größer. An unseren Gesten zeigen
sich diese Veränderungen. In der Gegenwart von jemandem, den wir
als übermächtig empfinden, wird unsere Gestik fahrig und macht
uns kleiner, aber wo wir selbstbewusst sind, machen unsere Powergesten uns buchstäblich größer.

Sich mit Gesten und ihrer Bedeutung auszukennen, das ist immer
dann besonders wertvoll, wenn ein bisschen mehr »Hebelkraft« er-
wünscht ist, etwa bei Verhandlungen. Wenn Sie das Normalverhalten
eines Gegenübers richtig eingeschätzt haben und dann sehen, wie er
von einer kraftvollen Gestik in eine eher nervöse und angespannte
fällt, ist vielleicht ein für Sie sehr vorteilhafter Knackpunkt erreicht.
Wenn Sie Ihre Karten jetzt richtig spielen, kommen Sie vielleicht an
die wichtige Information, die Ihnen noch fehlt.

Aber kraftvolle Gestik ist für mich vor allem dazu da, *Ihnen* Selbstvertrauen zu geben. Jeder hat schon Bedrohungssituationen erlebt
wie Matt, in denen unsere eben noch selbstsichere Körpersprache in
verdrucktes Nuscheln umschlägt und wir es nicht einmal merken.
Deshalb sollen Sie lernen, Powergesten zu verstehen. Danach zeige
ich Ihnen, wie Sie dieses Wissen anwenden können, um jederzeit Signale von Kraft auszusenden. Ihre Powergesten sorgen dafür, dass
Ihr Chef Ihnen viel zutraut, ohne sich bedroht zu fühlen, aber vor
allem geben sie *Ihnen* Selbstbewusstsein und bringen Sie ein gutes

Stück auf dem Weg zu der Haltung voran, die für Erfolg unabdingbar ist.

Treffsicherheit: Das Spektrum der Gesten verstehen

Manche Gesten sind immer schwach, etwa das Nägelbeißen oder das Zupfen an der Nagelhaut. Sie werden kaum je erleben, dass ein führender Vertreter einer Firma bei einer Konferenz an den Nägeln kaut. Stellen Sie sich Donald Trump Nägel kauend bei einer Verhandlung vor – so etwas bekommen Sie niemals zu sehen. Andere Gesten, etwa der Stinkefinger, sind so frontal, wie Gesten nur sein können. Aber diese beiden Signale liegen an den beiden Enden des Spektrums. Dazwischen liegt ein ganzes Universum an nonverbalen Mitteilungen, und alles kann für Sie eine Hilfe sein, um die innere Verfassung anderer treffender einzuschätzen.

Justieren wir also ihre Körpersprache-Detektoren etwas nach und sehen wir uns eine ganze Reihe üblicher Gesten an, von den schwächsten bis zu den stärksten. Wenn man hoch hinaus will, muss man wissen, wo man herkommt.

Ganz schwach: Selbstberührungsgesten

Selbstberührungen signalisieren Nervosität, schwaches Selbstbewusstsein oder einfach Langeweile. Mit solchen Gesten, bei denen ein Körperteil einen anderen berührt, versuchen wir die Fassung zu bewahren und uns selbst zu beruhigen. Es ist, als würden wir uns sagen: »Schon gut, wir überstehen das irgendwie.«

Selbstberührungsgesten sind beispielsweise:

- Finger oder Hände aneinander reiben
- fummeln
- an den Nägeln zupfen
- Arme reiben
- Beine berühren
- Hände in die Taschen stecken

Kontext
Beispiel

Selbstberührungsgesten sieht man häufig in peinlichen, ungewohn-
ten oder besonders stressigen Situationen. Sehen Sie sich zum Beispiel das Foto unten an.

Wenn es sich um Freunde bei der Beerdigung eines geliebten
Menschen handelt, sind solche Selbstberührungen verständlich.
Man steht zusammen, um sich gegenseitig Trost zu spenden, und
angesichts des Unfassbaren berührt man auch noch den eigenen
Körper.

Sollte es sich aber um junge Leute handeln, die aus beruflichen
Gründen zusammengekommen sind, dann müssen sie noch an sich

Nach all den Selbstberührungen zu urteilen, sind diese Leute entweder sehr
traurig oder sehr schüchtern.

arbeiten. Sie geben ein Bild der Verunsicherung und des fehlenden Selbstvertrauens, beinahe als wollten sie sagen: »Sprich mich lieber nicht an, meine Unsicherheit wird dich nur Nerven kosten.« Mit dieser Körpersprache wird man bei neuen Kontakten nicht unbedingt punkten.

Eine verbreitete Form der Selbstberührung ist das Versenken des Daumens in der Faust in Augenblicken von ängstlicher Spannung. Sogar Menschen, die eigentlich nicht als ängstlich einzustufen sind, können in Stresszeiten in solche Gesten zurückfallen. Christopher Chiccone erzählt in seinem Buch *Life with My Sister Madonna* (*Meine Schwester Madonna und ich*) von der Gebärdensprache seiner ultraselbstbewussten Schwester: »Ähnlich unserem Vater, einem Mann, der nicht viele Worte machte, haben wir beide keinen Sinn für Small Talk. Wir kennen die Blicke und Gesten des anderen in- und auswendig und deuten sie mit unfehlbarer Sicherheit. Wenn meine Schwester die Hände in die Hüften stemmt wie ein Fischweib, weiß ich, dass es Ärger gibt. Wenn sie an ihrem Nagellack knibbelt, rot für gewöhnlich, ist sie ganz eindeutig nervös. Und wenn sie die Daumen einschlägt, kann ich sicher sein, dass sie Zuspruch braucht.«

Unser Körper hat drei besonders sensible Zonen: die Halsgrube, die Nabelgegend und die Schamgegend. Wenn Leute nervös werden oder sich bedroht fühlen, vor allem Frauen, kann man mitunter beobachten, wie sie ihre Halsgrube schützen. Diese Selbstberührung ist ein vollkommen unbewusster Instinkt, der dem Schutz unseres Gehirns bzw. dem Schutz der das Gehirn versorgenden Blutgefäße dient. Sobald wir etwas Bedrohliches wahrnehmen, sei es auch verbaler Art, kann es sein, dass wir automatisch die Kehle schützen, als müssten wir uns gegen einen direkten Angriff wappnen. Dieser Geste können Aussagen ganz unterschiedlicher Art zu entnehmen sein, zum Beispiel: »Was du gerade sagst, gefällt mir gar nicht«, oder »Ich traue dir nicht«, »Das ist mir unangenehm« oder sogar »Du hast recht, ich bin im Irrtum und es ist mir peinlich«.

Selbstberührungsgesten können aber auch ein schöner Anblick sein. Den Finger an die Lippen legen, übers Bein streichen, mit einem Halsband oder Anhänger spielen – mit all diesen Formen der Selbstberührung kann eine Frau Blicke auf sich ziehen.

Nehmen wir an, Sie haben sich ein Bild vom Normalverhalten einer Frau gemacht und festgestellt, dass sie sich normalerweise nicht selbst berührt. Wenn sie es dann irgendwann doch tut, können Sie sicher sein, dass Sie auf einen Knackpunkt gestoßen sind, an dem es erst wirklich interessant wird. Irgendetwas, das gerade passiert ist oder gesagt wurde, verunsichert diese Frau; jetzt müssen Sie noch herausfinden, was das ist. (Wir werden im 8. Kapitel darauf zurückkommen, wie man solche Augenblicke nutzen kann, um den Dingen auf den Grund zu gehen.)

Wenn Sie solche Gesten bei anderen beobachten, entgeht Ihnen nicht, dass sie schwach wirken, oder? Für sich selbst werden Sie das nicht wollen. Lassen Sie Selbstberührungen weg, und Sie werden eher wach und klar bleiben. Außerdem wird dann wie von selbst eine neue Körpersprache mit anderen Gesten an die frei werdende Stelle treten: aufrechte Haltung, lockere Armhaltung, standfester wirkende Beinstellung. Auch andere sehen dann, dass Sie selbstbewusster und klarer sind. Wenn Ihnen Selbstberührungen auffallen, können Sie die Hände hinter dem Rücken verschwinden lassen oder zu einer Powergeste formen; Sie können auch Notizen machen oder die Hände einfach hängen lassen. Wichtig ist, dass Sie Selbstberührungen in Ihrem eigenen Interesse möglichst vermeiden.

Auch noch schwach: Schulterzucken

Ein Schulterzucken ist der klassische Ausdruck der Unentschieden-heit oder Gleichgültigkeit, ein wortloses »Was weiß ich?« oder »Ist doch egal«. Wenn jemand beim Schulterzucken »Ich habe mich ent-schieden« sagt, schwingt darin Unsicherheit oder Resignation mit. Es kann auch sein, dass der Betreffende nicht ganz hinter dem steht, was er sagt, oder sich seiner Sache nicht ganz sicher ist.

Wenn Ihnen ein unpassendes Schulterzucken bei einem anderen auffällt, hat es keinen Sinn, ihn der Unaufrichtigkeit zu bezichtigen. Achten Sie lieber genau darauf, an welcher Stelle des Gesprächs es dazu kam. Was sagte er gerade? Wie war der Zusammenhang und welche Worte hat er gebraucht? Im 8. Kapitel werden wir auf eine Reihe von wirkungsvollen Fragen eingehen, mit denen Sie einkreisen können, weshalb Ihr Gegenüber so unsicher und zweifelnd wirkt.

Ein Schulterzucken kann man kaum übersehen. Vor ein paar Jah-ren war im Fernsehen ein stark emotional gefärbtes Interview mit Britney Spears zu sehen, in dessen Verlauf sie immer wieder die Schultern hob, als es um die Stabilität ihrer Ehe ging. Es mehrten sich Gerüchte von Seitensprüngen ihres Mannes und von seiner Vor-liebe für wilde Partys, und Britney wurde gefragt, wie sie zu diesen Gerüchten stehe. Fünf Monate später reichte sie die Scheidung ein.

Schon stärker, aber nicht überzeugend: Die einhändige Breitseite

Ich bin kein Fan dieser Geste. Wenn wir eine Hand an die Hüfte le-gen, ist das für sich allein eine Waffe, es kommt einer wortlosen sar-kastischen Antwort gleich. Wir halten damit Leute fern, die uns zu nahe treten, oder wir schlagen damit nach einem vermeintlichen

Eine Hand an der Hüfte kann als respektlos oder verächtlich aufgefasst werden.

Angriff zurück. Es kann auch sein, dass wir grundsätzlich alle auf Distanz zu halten versuchen.

Wer diese Geste macht, möchte Selbstbewusstsein signalisieren, aber sie wirkt eher wie ein trotziges Ablenkungsmanöver. Sie hat etwas von einer abwehrbereiten Klapperschlange und sagt: »Noch einen Schritt weiter, und ich beiße zu.« Echtes Selbstbewusstsein hat dagegen etwas von einer Rüstung.

Wenn Sie keine passiv-aggressive Ausstrahlung von sich geben möchten, sollten Sie die einhändige Breitseite zur beidhändigen Supermanpose aufstocken.

Powergeste: Die Supermanpose

Powergesten geben Ihnen die Möglichkeit, andere einzuschätzen, und lassen Sie beim Reden selbstbewusst, sicher und kraftvoll erscheinen. Die beidhändige Breitseite, auch Supermanpose genannt, ist die erste wirklich kraftvolle Geste, die wir hier besprechen.

Diese Haltung mit beiden Händen an den Hüften, das klassische Anzeichen für Selbstbewusstsein, signalisiert anderen Bereitschaft und Tatendrang. Die ausgestellten Ellbogen lassen den Oberkörper breiter und imposanter erscheinen, sie vermitteln etwas von Kraft. So lassen Sie die Leute wissen, dass Sie bereit sind, aktiv zu werden.

Sarah Jessica Parker mit beiden Händen an den Hüften in der Supermanpose. (Foto by Getty Images)

Powergeste: Ganz frontal

Wenn wir unsere drei verletzlichsten Stellen am Körper – Halsgrube, Nabel und Schamgegend – offen halten, haben wir das, was wir die »ganz frontale« Haltung nennen wollen.

Wenn Sie mit jemandem zu tun haben, der die Hände locker hängen lässt oder hinter dem Rücken hält und die ganze Zeit in einer vollkommen offenen Haltung bleibt, haben Sie es mit einem sehr selbstbewussten Menschen zu tun – oder mit einem schüchternen Menschen, der gelernt hat, seine Körpersprache zu beherrschen. Jedenfalls erreicht man mit dieser Haltung zwei für eine fruchtbare Begegnung wichtige Dinge: Man wirkt ebenso selbstbewusst wie zugänglich. Sie sagt: »Ich bin mir meiner selbst sicher. Nichts, was du tust, kann mir etwas anhaben.« Nichts überzeugt mehr und nichts bewegt mehr als dieses Maß an Selbstbewusstsein.

Selbstbewusste Leute ziehen uns an. Ihr Glaube an sich selbst sagt uns mehr als jedes noch so perfekte Aussehen. Selbstbewusste Menschen wirken so, als wüssten sie, was sie tun oder was zu tun ist. In ihrer Gegenwart fühlen wir uns sicher, so als könnten wir uns unter allen Umständen darauf verlassen, dass ihre Entscheidungen und ihr Vorgehen für einen guten Ausgang sorgen werden. Selbstsicherheit ist von geradezu magnetischer Kraft und Tiefe, immer die ruhige Stimme inmitten des Chaos, die starke Hand auf deiner Schulter, wenn du dich in der Menge verlaufen hast. Sie ist der Stoff, aus dem Legenden und Anführer gemacht sind.

Ein selbstbewusster Mensch glaubt, dass er bekommen, erreichen und werden kann, was er möchte. Wenn Sie dieses Selbstbewusstsein noch nicht besitzen, können Ihnen Powergesten dazu verhelfen. Man tut einfach so, bis es dann echt wird. Wenn Sie Powergesten anwenden, werden Sie andere Reaktionen bekommen, selbst ohne hundertprozentige Selbstsicherheit. Die respektvolleren Reaktionen werden Ihr Selbstbewusstsein dann mit der Zeit aufbauen – eine sich selbst verstärkende Rückkopplungsschleife. Machen Sie sich das Geschenk der Powergesten.

Powergeste: Das Fingerdach

Stellen Sie sich Tony Soprano vor, wie er einen seiner Männer zurechtstutzt – immer mit der Geste, die wir »Fingerdach« nennen. Das Dach mit den zusammengelegten Fingerspitzen eignet sich großartig, um anzudeuten, dass man sich auskennt und den totalen Durchblick hat. Wenn noch andere selbstbewusste Gesten und entsprechende Worte dazukommen, entsteht ein überzeugender Eindruck von Gewissheit und Selbstsicherheit.

Vielleicht haben Sie sich bis jetzt in Ihrer Unwissenheit mit dieser Geste zu Dingen bewegen lassen, die Sie eigentlich nicht wollten. Da Sie jetzt aufmerksam gemacht worden sind, werden Sie sie überall sofort erkennen und verstehen – bei Besprechungen und Verhandlungen und anderen Machtspielen, bei denen es um viel geht.

Diese Geste kommt immer dann besonders gut zur Geltung, wenn Sie etwas darlegen und einen entscheidenden Punkt unterstreichen möchten. Zu oft oder an der falschen Stelle eingesetzt kann sie allerdings den Eindruck erwecken, man sei allzu selbstbezogen oder ein Besserwisser. Richtig dosiert ist sie dagegen hochwirksam, und zwar nicht nur für das Publikum, sondern auch für den, der sie anwendet.

Vor ein paar Jahren haben meine Eltern mich auf eine Karibik-Kreuzfahrt begleitet, bei der ich ein Engagement als Rednerin hatte. Während meine extravertierte Mama beim Vortrag in der ersten Reihe saß und immer als Freiwillige zur Verfügung stand, ließ sich mein sehr zurückhaltender Vater nur irgendwann in der Mitte für fünf Minuten blicken, um mir seine Unterstützung zu verstehen zu

Bei Oprah Winfrey wirkt die Dach-Geste ganz selbstverständlich. (Foto by Pan Media Agency/Film Magic)

geben. Ich ging folglich nicht davon aus, dass er irgendetwas aus dem Vortrag mitgenommen hatte.

Über ein Jahr danach musste mein Vater einmal bei einer Gerichtsverhandlung aussagen. Sicher kennen Sie Männer wie meinen Vater, grundehrlich und überaus arbeitsam. Er arbeitet als Mechaniker bei der Feuerwehr und hat sein Leben lang nur einmal die Stelle gewechselt. Am Wochenende mäht er zu Hause den Rasen und hält überhaupt alles rings ums Haus in Ordnung. Ich bekomme von ihm keine handschriftlichen Briefe, denn er sieht sich da als völlig unbegabt. Er besitzt keine höhere Bildung, und mit einem sechsstelligen Jahreseinkommen kann er auch nicht dienen. Schon Monate vor dem Gerichtstermin war Papa wie von Sinnen. Was würde ihm da im Gericht blühen mit all den hochnäsigen Anwälten und Richtern und Jurymitgliedern?

Als ich nach dem großen Termin meine Eltern besuchte, kam Papa auf mich zu und umarmte mich. »Das glaubst du nie«, sagte er in tiefstem Bostoner Dialekt, »ich hab gestern vor Gericht [dramatische Pause] drei Stunden und zwanzig Minuten ausgesagt. Ich hab die ganze Zeit so gemacht.« Er zeigte mir das Fingerdach. Ich lachte. »Das nennt man Dach, Janine. Das drückt Selbstbewusstsein aus. Wer das macht, der weiß, was er redet.«

»Ach, wirklich, Papa?«

»Und wie. Die Anwälte wussten nicht, was sie mit ihren Händen anfangen sollten. Ich hatte ihnen den Trick geklaut.«

Tatsächlich hatte mein Vater mehr gelernt, als bloß eine Geste nachzumachen. Er *glaubte*, dass sie Kraft und Selbstbewusstsein vermittelte, und so flossen ihm diese Eigenschaften zu. Wären Sie an diesem Tag im Gericht dabei gewesen, wäre Ihnen gewiss aufgefallen, wie sich Tonfall, Haltung, Satzbau und Kopfhaltung meines Vaters änderten. Er glaubte an die Kraft der Geste, und dann besaß er diese Kraft.

Powergeste: Alles okay

Daumen und Zeigefinger, zum Kreis geschlossen, können Übereinstimmung oder Bestätigung andeuten. Diese Zweifingergeste steht vielfach für präzises Denken. Sie eignet sich zum Unterstreichen einer wichtigen Aussage.

Diese Geste sieht man auch manchmal im Zusammenhang mit einer Selbstberührung, zum Beispiel auf dem Bein unter dem Tisch, oder als kurzen Wink, den man einem anderen gibt. Vielleicht steht sie mitunter im Widerspruch zu dem, was jemand gerade sagt, und deutet an, dass er eigentlich positive Empfindungen zu dem hat, worüber er sich gerade negativ äußert. Als Hillary Clinton 2008 für die

Apple-Chef Steve Jobs macht eine präzise Aussage, die er mit der Okay-Geste hervorhebt. (Foto by Justin Sullivan/Getty Images)

Präsidentschaft kandidierte, war es die Geste, mit der sie sich als Expertin auswies, wenn sie über das Gesundheitssystem sprach. Unausgesprochen stand dahinter: »Wählt mich, und alles wird gut.«

Powergeste: Die Basketballhaltung

Mit der Basketballgeste kann man nichts falsch machen. Diese ansprechende und gefühlsbetonte Powergeste war in der Krimiserie *Columbo* häufig zu sehen. Wenn ein Fall seiner Lösung entgegenstrebte und die Szene bevorstand, in der Columbo dem Übeltäter auf den Kopf zusagen würde, was er wie gemacht hatte, zeigte er die

Bei Präsident Barack Obama schwingen in der Basketballgeste Leidenschaft und Autorität mit. (Foto by Scott Olson/Getty Images)

Basketballgeste, wobei eine Hand meistens eine Zigarette hielt. Und jedes Mal wirkte er dabei aufrichtig, freundlich und selbstbewusst.

Mit einem imaginären Basketball zwischen den Händen wirken Sie hoffnungsvoll, liebenswürdig, engagiert und wie jemand, der fest zu seinen Überzeugungen steht. Es ist eine besonders wirkungsvolle Geste, wenn es darum geht, die Zustimmung und das Vertrauen anderer zu gewinnen, und sie eignet sich für alle Gelegenheiten – Hochzeiten, Familientreffen, Motivationsansprachen, Konfrontationen und Verhandlungen.

Ein paar Monate nach einem von mir geleiteten Kurs bekam ich die E-Mail einer Teilnehmerin, die mir erzählte, sie sei geradezu süchtig nach diesen Power-Handgesten. Sie schrieb: »Ich bin immer schüchtern gewesen, aber nach Ihrem Kurs hat sich alles geändert. Jetzt mache ich überall das Dach und andere Handgesten – bei der

Arbeit, in der U-Bahn, sogar in der Kirche. Ergebnis: Ich bin selbstsicherer geworden!«

Powergeste: Das Schießeisen

Wenn die Kinder mit uns streiten oder lügen oder sarkastische Bemerkungen fallen lassen, wird es Zeit für eine besonders kämpferische Handgeste (die wie die vorhergehenden als eine Abwandlung des »Dachs« gesehen werden kann). Gerade in politischen Zusammenhängen sieht man diese Handgeste überall in den Nachrichten. In Besprechungszimmern der Vorstandsetagen ist der Hahn sozusagen gespannt, man ist schussbereit. Diese Geste hat ja auch wirklich etwas von einer Handfeuerwaffe. Sie kann als eine Art Ausrufezeichen eingesetzt werden, die Ihre Aussage unterstreicht oder sehr nachdrücklich auf etwas hinweist, aber sie eignet sich ebenfalls dafür, die Ideen eines anderen »abzuschießen«.

Eine Frau stellt sich darauf ein, den sich nähernden Mann, an dem sie nicht interessiert ist, mit der »Schießeisengeste« zu erledigen.

Bedenken Sie aber, dass diese wuchtige Geste auch herrisch und herrschsüchtig wirken kann. Setzen Sie sie nur ein, wenn es wirklich wichtig ist, sich Gehör zu verschaffen, aber wenn Sie Teamgeist aufbauen möchten, lassen Sie sie ganz weg. Ich bediene mich dieser Geste sehr gern gegenüber allzu herablassenden Chefs oder arroganten Leuten, die glauben, sie seien besser als alle anderen im Raum. Man sagt damit »Blödmann!«, ohne das Wort aussprechen zu müssen.

Powergeste: Oberhand

Handgesten mit nach unten gewandter Handfläche sind eine deutliche Verneinung anderer, bis hin zur Auslöschung. Das kündigt sich oft bereits beim ersten Handschlag an (siehe linkes Foto). Wenn jemand den anderen ganz klar wissen lassen möchte, wer der Boss ist, dreht er die Hand des anderen beim Händedruck so, dass seine oben ist. Sie reagieren auf diese Machtgeste am besten mit einem begütigenden »Handauflegen« (rechtes Foto). So neutralisieren Sie das Machtgebaren des anderen mit einer leichten Berührung von echter Klasse. (Auch Sie, meine Damen, sollten den Oberhand-Händedruck nicht scheuen, wenn es den Herren der Schöpfung klarzumachen gilt, dass Sie sich nicht herumschubsen lassen.)

Nach dem gleichen Muster wischen auch andere Oberhand-Gesten den anderen mitsamt seinen Aussagen förmlich weg. Wer sich solcher Gesten bedient, signalisiert damit, dass er das Sagen hat.

Solche Gesten können also etwas sehr Negatives haben und sollten sparsam verwendet werden. Sehr nützlich sind sie allerdings, wenn Sie Ihr Kind zurechtweisen müssen oder jemanden zur Rede stellen, der Sie anlügt. Sie sagen: »Hör gut zu, was ich dir jetzt sage, sonst gibt es Ärger.«

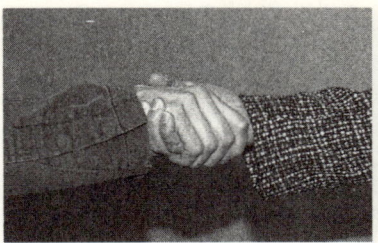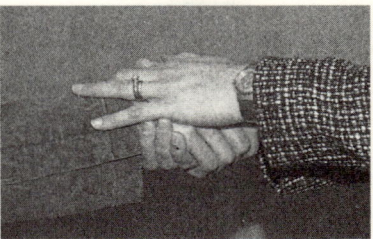

Einem allzu herrischen Handschlag begegnen Sie mit der begütigenden Hand.

Auf dem nächsten Foto beispielsweise (Seite 184) scheint der Mann links den anderen beinahe zu maßregeln, oder vielleicht weist er auch seine Ideen, Bedenken und Anregungen zurück. Der Mann rechts hält die Hand in der Faust, und seine zusammengezogenen Brauen zeigen etwas Verärgertes oder Verwirrtes. Außerdem ist sein Nabel von dem anderen abgewandt. Sollte der Mann rechts der Chef sein, könnte es dem anderen blühen, dass er bei der nächsten Entlassungswelle seine Papiere bekommt.

Wenn Sie diese Geste machen, wo sie nicht angebracht ist (etwa wenn Sie Ihren Chef fragen, ob Sie nicht zwei Tage die Woche von zu Hause aus arbeiten können, oder wenn Sie sich von jemandem in der Familie Geld borgen möchten), können sich die Emotionen schnell hochschaukeln, und dann gibt es Streit oder Schlimmeres. Der andere tut dann vielleicht genau das Gegenteil dessen, was Sie sich wünschen.

Sollten Sie sich von jemandem mit solchen Gesten herumgeschubst fühlen, können Sie den Nabel von ihm abwenden oder ihn mit der Schießeisengeste kaltstellen, und wenn er sitzt, stehen Sie vielleicht auf und zeigen ihm mit der »Superwoman-Pose«, Hände an den Hüften, was Sache ist. Oder Sie bleiben ganz ruhig sitzen, lehnen sich zurück und halten sich die Hände in der Dach-Geste wie eine Krone auf den Kopf. Diese Geste signalisiert unerschütterliches

Selbstbewusstsein und kann für den anderen ärgerlich sein, denn im Endeffekt sagen Sie:»Mich kannst du nicht einschüchtern.« Gerade gegenüber breitspurigen Kraftprotzen kann diese Powergeste diebisches Vergnügen bereiten. Alles in allem: Verwenden Sie sie selten, aber mit Bedacht, wenn Sie etwas mitzuteilen haben, das auf keinen Fall überhört werden darf.

Provokationsgeste: Mittelfingereinsatz

Viele halten den »Stinkefinger« für das Nonplusultra der Powergesten, und das mit gutem Grund. Welcher andere Finger könnte für sich allein Raufereien und mörderische Wut auslösen? Sie wären sicher schockiert, wenn Sie wüssten, wie oft Sie von anderen den Einfingergruß entboten bekommen.

Der unbewusste Einsatz des Mittelfingers kann Frustration oder Arroganz verraten.

In Konferenzräumen überall auf der Welt ruht dieser Finger auf Frauenbeinen oder lehnt an den Gesichtern arroganter Männer. In Stresssituationen kommt der Mittelfinger zum Einsatz, um die Brille hochzuschieben oder sich an der Nase zu kratzen. Aber kommt es hier wirklich darauf an, ob es sich um den Mittelfinger oder um einen anderen Finger handelt?

Kurz und bündig: ja. Sicher kann es um nichts weiter als einen Juckreiz gehen, aber der gestreckte Mittelfinger im Gesicht bedeutet oft auch, dass man anderer Meinung ist oder etwas bzw. jemanden nicht mag. Vielleicht drückt er auch Verärgerung oder Unbehagen aus. Im März 2004, während einer Folge der Castingshow *American*

Idol (vergleichbar mit *Deutschland sucht den Superstar*), machte der Juror Simon Cowell diese Geste in Richtung der Jurorin Paula Abdul. Er stützte seinen Kopf richtig auf den Mittelfinger. Bestimmt wollte er Paula nicht den Finger geben, aber er machte diese Geste, ohne es zu merken, weil er anderer Meinung war als sie. Oft ist es so, dass man es gar nicht so meint – es passiert einfach. *Sie* müssen herausfinden, ob es da eine versteckte Bedeutung gibt und worin sie besteht.

Ein Beispiel aus meiner eigenen Erfahrung: Ich hatte ein Gespräch mit Lisa, einer Grafikdesignerin, vereinbart. Es ging um ein mögliches gemeinsames Projekt. Wir hatten bei ATF schon einmal zusammengearbeitet, ohne jedoch regelrecht befreundet zu sein. Jetzt wollten wir uns am Nachmittag kurz treffen und die Idee durchsprechen.

Alles schien gut zu laufen, und wir fanden schnell einen Draht zueinander. Wir redeten sogar viel länger miteinander, als eigentlich vorgesehen war. Dann fiel es mir auf. Für einen flüchtigen Beobachter könnte es ausgesehen haben, als würde sich Lisa die Nase reiben ... oder mir den Finger zeigen!

Jetzt jagten sich die Gedanken und Zweifel in meinem Kopf. Mochte sie mich nicht? Hatte sie kein Interesse an dem Projekt? Oder sagte sie es nur und hatte nicht die Absicht, es weiter zu verfolgen? War das Ganze für sie nur eine Einladung zum Abendessen? Oder hatte es sie nur gejuckt? Ich wusste es wirklich nicht. Dann gab ich mir einen Ruck und fragte:»Lisa, vielleicht liege ich ja ganz falsch, aber gibt es da etwas, das Ihnen unangenehm ist?«

»Ja«, sagte sie.»Meine Parkuhr ist vor 20 Minuten abgelaufen. Ich kann schon noch eine Stunde bleiben, aber ich müsste zuerst Geld einwerfen.«

Hätte ich einfach angenommen, dass Lisa nicht interessiert war oder mich nicht mochte, wäre der ganze Deal vielleicht geplatzt. Aber ich machte mir bewusst, dass diese Geste von ihrer Norm abwich, ging dem Problem auf den Grund – und da war es auch schon gelöst.

Bitte recht freundlich

Das Problem: Dieser Mann zeigt das traditionelle Fingerdach, eine sehr kraftvolle Geste, die jedoch problematisch sein kann, wenn es darum geht, Teamgeist zu fördern oder jemanden zu trösten. Auch beim Rendezvous kann man dazu nicht unbedingt raten.

Abhilfe: In solchen Fällen wählt man besser die Basketballgeste, die ebenso viel Autorität ausstrahlt, dabei jedoch emotional offener ist.

Wir machen gern den Fehler, für ein Körpersprachesignal nur eine einzige Bedeutung anzunehmen. Aber dieser Irrtum der alten Körpersprache hat uns in so vielen Situationen und Beziehungen nur Nachteile gebracht. Sicher, eine Geste *kann* für bestimmte Gefühle, Absichten und Haltungen stehen, aber maßen wir uns nicht an, Gedanken lesen zu können. Treffsicherheit hat ganz entscheidend mit unserer Offenheit für eine neue Sicht der Dinge zu tun – und in der Anwendung geht es dann darum, diese neue Sicht für uns nutzbar zu machen.

Anwendung: Fortgeschrittene Powergesten

Jetzt haben Sie einen Überblick über das Spektrum der schwachen und starken Gesten, und wir können auf zwei Gesten der fortgeschrittenen Art zu sprechen kommen, nämlich das »Packen und Loslassen« und das »Leiten«. Bei beiden geht es um Berührungen des anderen, wir schlagen ein neues Kapitel der Körpersprache auf. Berührung kann den Rapport sowohl aufbauen als auch abbrechen, das habe ich in einem New Yorker Restaurant sehr eindrucksvoll erfahren.

Packen und loslassen

Das Restaurant bot kaum mehr als 50 Sitzplätze und lag in einer quirligen In-Gegend an New Yorks Upper West Side. Wir hatten eben das Dessert und noch ein Glas Weißwein bestellt, als eine alte Dame, eine majestätische Erscheinung, mit ihrer hübschen, wenn auch etwas zurückhaltenden Enkelin eintrat und rechts neben mir, keine Armlänge entfernt, auf der mit Kissen ausgelegten Bank Platz nahm. Ich konnte mir nicht verkneifen zu sagen: »Tut mir leid, Sie kommen zu spät, wir konnten nicht mehr warten und sind jetzt schon beim Nachtisch.«

Sie war schon über 80 und erwiderte, ohne mit der Wimper zu zucken: »Ja, schade, aber meine Enkelin wollte unbedingt noch ins Hotel zurück, um sich Jeans anzuziehen. Wie war denn das Essen?«

»Großartig!«, rief ich. Wir lachten. Mein leutseliges Wesen, das ich von meiner Mutter geerbt habe, ging wieder einmal mit mir durch.

Mein Begleiter schob mir einen Zettel zu, auf dem stand: »Ich glaube, das ist Cloris Leachman.« Ich warf einen kurzen Blick auf die alte Dame und schrieb zurück: »Wer ist Cloris Leachman?« Als ich den Zettel von meinem Geschäftsfreund zurückbekam, las ich: »Aus der Serie *The Mary Tyler Moore Show*!« (Das war natürlich lange vor der Zeit, als sie 2008 mit 82 Jahren noch einmal mit ihren Tango-Darbietungen in der Sendung *Dancing with the Stars* Furore machte.)

Als ich mir meine schlagfertige neue Freundin noch einmal näher ansah, erkannte ich sie.

Gleich darauf begann sie witzig lästerliche Bemerkungen über das in der Butter fehlende Salz zu machen. Ich war so begeistert vom Schwung und Witz der alten Dame, dass ich ihr plötzlich, das heißt, bevor ich mich auf meine guten Manieren besinnen konnte, einen ordentlichen Schubs gegen den Oberarm versetzte und dann auch noch fragte: »Sind Sie berühmt?«

»Das bin ich«, lautete die ebenso schlichte wie selbstbewusste Antwort.

»Sind Sie Cloris Leachman?«

»Die bin ich«, sagte sie stolz.

Sagenhaft! Da saß ich neben einer der echten komischen Größen, und sie war auch noch so was von cool!

Die nächsten eineinhalb Stunden saßen wir da und plauderten wie alte Freunde beim Klassentreffen – wie aufregend New York war, dann über den Film, den Cloris hier drehte, und über meinen morgigen Auftritt in der Sendung *Today*. Und während des ganzen angeregten Gesprächs versetzte ich Cloris immer wieder mal diesen Rausschmeißer-Schubs.

Eine feste Berührung kann den Rapport vertiefen.

Schließlich ging sie dann hoch wie eine überstrapazierte Großmutter: »Jetzt hauen Sie mich doch nicht dauernd! Wenn man etwas sagen und sich Gehör verschaffen will, drischt man doch nicht los wie ein Specht, der einen Baum umlegen will. Ich meine, Sie packen mich, und dann schubsen Sie mich weg.« Sie demonstrierte es an mir.

Aber dann kamen weitere spannende Geschichten, und ein paar Minuten später passierte es doch wieder. Sie raunzte mich erneut an. »Oh, tut mir so leid, Cloris«, entschuldigte ich mich. »Ich hab das von meiner Mutter. Wir tun das bei Leuten, denen wir uns richtig nah fühlen. Soll nicht wieder vorkommen.«

20 Minuten später war meine Hand doch wieder schneller als ich. Es war mir sehr unangenehm. Ich entschuldigte mich, aber gleichzeitig legte ich meine Hand an ihren Arm und hielt sie dort mit sanfter Festigkeit, bis ich sie wieder löste und Cloris einen Schubs von gleicher Konsistenz gab, sanft und fest. »Ah, so fasst man Leute an«, tönte Cloris.

Da hatte ich schon zehn Jahre lang die Wichtigkeit der Körpersprache gelehrt und damit mein Geld verdient, aber erst an diesem Abend wurde mir ganz klar, dass Berührungen – und seien sie noch so gut gemeint – die Verbindung stören können, wenn man sie falsch einsetzt.

Wir lernen aus Fehlern. Wenn Sie jemanden berühren, während Sie eine wichtige Aussage machen oder auch um die Verbundenheit zu betonen, wenn der andere eine dramatische Geschichte erzählt hat, soll es eine feste und liebevolle Berührung sein, aus der Sie den anderen mit einem leichten Schubs wieder entlassen. Die Berührung sollte mindestens drei Sekunden dauern – nichts von meinen eher deftigen Überfällen.

Ich muss allerdings zugeben, dass mir die Hand immer noch ab und zu ausrutscht. Heute entschuldige ich mich dann aber gleich und erzähle meinem Opfer von meiner Begegnung mit Cloris Leachman.

Leiten

Eine weitere Form der Berührung, mit der Sie Stärke und Selbstbewusstsein zeigen können, ist das Führen oder Leiten. Das sind sehr leichte Berührungen wie etwa die Hand auf dem Rücken, wenn man einen Raum verlässt, den Gang entlanggeht und so weiter. Leitberührungen lassen den anderen wissen, dass Sie den Weg kennen und ihn sicher hinbringen werden und dass Ihre Aktionen überhaupt eine klare und bestimmte Richtung haben.

Wenn Sie jemanden aus einem Zimmer oder Gebäude führen, sollten Sie ihm die Hand in Höhe der Schulterblätter auf den Rücken legen. Alle derzeit lebenden US-Präsidenten lieben dieses Zeichen von Macht und Verbundenheit. Bei Präsident Obama beispielsweise sieht man diese Rückenberührung ständig, wenn er ein paar Schritte mit jemandem zu gehen hat. (Und zur Begrüßung schätzt er den Oberarmgriff in Kombination mit dem Rückenklopfen.)

Wenn ein tiefer gehendes persönliches Interesse besteht, können Sie bei einer Frau die Hand auf den unteren Rücken oberhalb des Kreuzbeins legen – da schmilzt jede Frau. Halten Sie den Kontakt bis zu sieben Sekunden, wenn Sie zum Beispiel auf eine Tür zugehen. Die Berührung muss nur sicher und fest sein, ungefähr so, wie man einen Einkaufswagen schiebt. Verwenden Sie diese Geste mit Augenmaß, sonst könnte sie als etwas aufdringlich, wenn nicht zudringlich empfunden werden. Und nicht zu oft, Sie wollen ja kraftvoll und nicht »gefühlsduselig« rüberkommen. Sie möchten sicher, dass Ihre Berührungen – wie überhaupt alle Gesten – einen selbstsicheren und souveränen Eindruck machen und nichts Drängendes oder Bittendes haben.

Noch eine Powergeste: Die Pause

Wenn Sie etwas Neues mitzuteilen haben, legen Sie ungefähr jede halbe bis ganze Minute eine Pause von drei Sekunden ein. Denken Sie einfach: »Drei Sekunden Pause«, das dauert drei Sekunden. Das gibt Ihren Zuhörern oder Ihrem Gesprächspartner Pufferzeiten, in denen die Informationen besser verarbeitet werden können – und Sie macht es zu einem Menschen, der zu führen versteht und dessen Präsentationen richtig einschlagen.

Die Übungen für den fünften Tag: Powern, aber mit Verstand

Durch sparsamen und bedachten Einsatz von Powergesten werden Sie im Umgang mit anderen ohne viele Worte mehr Selbstbewusstsein ausstrahlen. Sie empfinden dann auch selbst, dass Sie umsichtiger und gezielter und vor allem selbstsicherer agieren. Mit den folgenden Übungen können Sie feststellen, welche Powergesten Ihnen am meisten liegen – und bringen.

▶ *Ihr Auftritt!* Bereit für die Großaufnahme? Nehmen Sie sich das Video vor, das Sie am ersten Tag von sich gemacht haben. Was für ungünstige Anteile können Sie in Ihrem körpersprachlichen Normalverhalten entdecken? Selbstberührungen, eingesunkene Haltung, viel »Äh«, fahrige Bewegungen, schnelles Sprechen? Halten Sie Ihr Körpersprache-Erfolgstagebuch bereit. Notieren Sie die »Fehler«, die Ihnen in Ihrem Video auffallen. Sie werden staunen, wie viel mehr Ihnen heute an Ihrem Normalverhalten auffällt.

Wenn Sie ganz mutig sind, bitten Sie doch einen guten Freund (oder drei), sich den Film ebenfalls anzusehen. Geben Sie ihnen den Auftrag, drei Körpersprachegesten zu finden, die Sie weniger selbstbewusst erscheinen lassen.

▶ *Probieren Sie Powergesten aus.* Bei einer Besprechung oder wenn Sie jemandem zuhören oder selbst ein Argument vorbringen, setzen Sie eine der in diesem Kapitel besprochenen Hand-Powergesten ein, zum Beispiel das Dach, oder probieren Sie alle nacheinander durch. Nur keine Hemmungen!

▶ *Wählen Sie sich Vorbilder.* Sehen Sie sich kraftvoll wirkende Leute in Ihrem Bekanntenkreis an. Studieren Sie deren Körpersprache und eignen Sie sich die Gesten an, mit denen Sie ähnlich starke Signale senden können. Wenn Sie sicher sind, dass Sie deren Repertoire beherrschen, setzen Sie die in diesem Kapitel besprochenen Gesten ein, um Chancengleichheit herzustellen.

▸ *Weibliche Singles, zeigen Sie Puls!* Wenn Sie die Kunst beherrschen, Ihre drei empfindlichsten Zonen – Kehle, Nabel und Scham – in entspannter frontaler Haltung offen zu halten, gehen Sie einen Schritt weiter und lassen Sie die Hände ganz locker. Und jetzt überwinden Sie sich, einem Kandidaten Ihre Handflächen zu präsentieren und dabei die Handgelenke zu entblößen.

Zeigen Sie heute, nur so zum Spaß, verschiedenen Leuten auf der Straße oder bei der Arbeit die Innenseite Ihrer Handgelenke und beobachten Sie, wie dieses erstaunliche, unbewusst wirkende Flirt-Werkzeug ankommt. Achten Sie darauf, was Frauen, die in Ihren Augen Sexappeal besitzen und die Kunst des Flirtens beherrschen, mit ihren Handgelenken tun. Wenn Sie im Supermarkt an der Kasse anstehen, haben Sie vielleicht Zeit, sich ein paar Promis in den Illustrierten anzusehen. Welche Frauen entblößen ihre Handgelenke, welche nicht? Ein besonders schönes Beispiel ist Angelina Jolie.

Übrigens ist wissenschaftlich erwiesen, dass Männer auf den Duft von Vanille und Zimt fliegen. Falls Sie das mögen, betupfen Sie doch Ihre Pulse mit einem der beiden Düfte.

Kapitel 7

Sechster Tag:
Zeigen Sie Ihr schönstes Gesicht

> Emotionen sind vor allem im Gesicht und nicht
> am übrigen Körper erkennbar. Der Körper zeigt eher,
> wie die Leute mit ihren Gefühlen umgehen.
>
> *Paul Ekman (*1934)*

Eine der ganz wichtigen Funktionen des ATF besteht darin zu überprüfen, ob die Hersteller und Vertreiber von Waffen ihre Steuern
ordnungsgemäß zahlen. 1996 kam gegenüber einem großen Schuss-
waffenhersteller der Verdacht auf, er habe zu wenig Steuern abgeführt, und so wurde der Fall dem Ermittlungsleiter Tom Shalayda
zugeteilt. Tom war als findig und äußerst gewissenhaft bekannt; sollte es in den Büchern der Firma irgendwelche Unstimmigkeiten geben, würde er sie ganz sicher aufspüren. Mein damaliger Supervisor
fand, es würde mir sicher guttun, diese Betriebsprüfung zu verfolgen, und so versenkten sich Tom und ich fünf Monate lang in die
Akten der Firma.

Am Ende der Prüfung legten wir dem Direktor der Firma die
Steuernachforderung des Finanzamts vor. Versehentlich waren die
Herstellungskosten falsch kalkuliert worden, und die Steuernach-
zahlung belief sich einschließlich Bußgeld und Zinsen auf über eine
Million Dollar. Das machte den Firmenchef nicht gerade froh, wie
man sich denken kann.

Zwei Wochen später stieß Tom auf einen weiteren kleinen Fehler,
der die Summe noch einmal um 2 000 Dollar erhöhen würde. Wir
suchten die Firma wieder auf, um den neuerlichen Irrtum zu erläu-

Powerteam-Kehrtwendung
Name: Cory Laws
Alter: 39
Beruf: Hausrenovierungsunternehmer

Was hat dich zurückgehalten? Ich konnte schon immer gut mit Leuten, aber ich wollte noch besser werden. Eigentlich bin ich ziemlich selbstbewusst, aber ich bin unter etwas schwierigen Umständen aufgewachsen und habe zwei gescheiterte Ehen hinter mir. Ich möchte unbedingt noch an mir arbeiten, sowohl im geschäftlichen als auch im privaten Bereich. Ich möchte die Leute sicherer einschätzen können, und selbst möchte ich Erfolg ausstrahlen, um auch an die gehobene Kundschaft mit ihren lukrativen Aufträgen heranzukommen.

Wie hast du dich verändert? Für mich persönlich lässt sich das 7-Tage-Körperspracheprogramm mit einem einzigen Wort zusammenfassen: Wahrnehmung. Ich habe jetzt den Schlüssel in der Hand, der mir bei anderen in das Innerste zu blicken erlaubt, das sie eigentlich nicht zeigen möchten oder nicht einmal kennen. Das ist wirklich eine unglaubliche Sache.

Ich glaube, für mich war der sechste Tag der beste. Ich habe meine Kopfhaltung beim Sprechen weitgehend korrigiert, aber mir ist etwas noch viel Wichtigeres klar geworden, nämlich dass ich mein ganzes Auftreten ein bisschen zurücknehmen muss. Ich bin keiner von den Kleinen, und da ich immer unter vollen Segeln fahre, kann das manchmal etwas einschüchternd wirken.

Wenn ich heute zu einer ersten Kostenschätzung zu jemandem gehe, nehme ich mir vor, mit einwandfreier Körpersprache aufzutreten. Die Leute kaufen bei jemandem, den sie mögen, und einer, der lächelt, ist leichter zu mögen als einer, der die Stirn runzelt. Ich beobachte die Reaktionen der potenziellen Kunden genau, um einschätzen zu können, wie meine Chancen auf den Auftrag stehen. Immer wieder erlebe ich, dass ich mit den Mitteln der Körpersprache zusammen mit meiner Verkaufserfahrung schnell einen Rapport aufbauen kann und auch erkenne, ob er echt ist oder gezwungen wirkt.

In letzter Zeit habe ich einen hohen Anteil der möglichen Aufträge an Land ziehen können, und zwar aus zwei Gründen. Erstens glaube ich, dass ich in meinem Umgang mit anderen tatsächlich besser geworden bin. Dadurch kommt es jetzt zweitens öfter vor, dass meine Begeisterung auf die Kunden übergeht und sie geradezu Verkünder meiner Person und meiner Firma werden. Das Ganze wird dann mehr und mehr ein Selbstläufer. Seit dem 7-Tage-Programm habe ich zwei komplette Küchenrenovierungen (mit einem Gesamtvolumen von 130 000 Dollar) gemacht – und das im Vergleich zu gerade einmal zwei (wesentlich kleineren) Küchenprojekten in den vorangegangenen vier Jahren.

Das Training tut auch meinem Privatleben gut. Ob es sich um Ausdrucksformen auf der Mikro- oder auf der Makroebene handelt, ich nehme meinen Austausch mit anderen und zumindest einen Teil des psychologischen Hintergrunds sehr viel deutlicher wahr. Als ich meine Ehe beendete und das Renovierungsgeschäft aufzog, habe ich den Entschluss gefasst, mich mit positiver Energie zu umgeben. Ich habe mich persönlich entwickelt, und das kommt den Rollen zugute, die ich zu spielen habe. Ich bin heute ein besserer Vater, ein besserer Geschäftsmann und überhaupt ein besserer Mensch. Und das 7-Tage-Programm war der Katalysator, der das alles in Gang gebracht hat.

tern. Der Chef wollte bei diesem Gespräch nicht zugegen sein und beauftragte stattdessen seinen Vize und einige andere, mit uns zu sprechen.

Sie führten uns zu einem Besprechungstisch, der ausgerechnet vor dem Büro des Chefs stand. Während unserer Besprechung sah ich den Chef in seinem Zimmer auf und ab tigern. Ich erkannte auch, dass er beide Fäuste geballt hatte, dass die Stirn in tiefen Ärgerfalten lag und die Oberlippe praktisch verschwunden war. Das war keine Verärgerung mehr. Er war richtig wütend.

Es überraschte mich nicht, dass er kurz darauf plötzlich dastand, eine Münze auf den Tisch warf und knirschte:»Sie sind für ein bisschen Kleingeld noch einmal hergekommen. Hier, bitte. Und jetzt runter von meinem Gelände, aber dalli.« Pulsfrequenz und Blutdruck müssen schon mehr als grenzwertig gewesen sein. Er warf alle Vernunft über Bord und brüllte zwei Staatsbeamte an:»ICH HABE SIE BIS OBENHIN SATT. ICH WERDE MEINEN ABGEORDNETEN ANRUFEN. PACKEN SIE IHREN KRAM ZUSAMMEN, UND DANN ABER RAUS HIER, HIMMELARSCH!«

Wir klappten unsere Computer zu, sagten nur noch sehr wenig und verließen sofort das Gebäude und Gelände.

In der Rückschau denke ich, dass diese Zuspitzung hätte vermieden werden können, wenn wir uns anderswo beraten hätten, nicht ausgerechnet unter den Augen des ohnehin schon angekratzten Chefs. Ich hatte damals bereits gelernt, sehr genau auf drastische Stimmungsumschwünge zu achten, und hätte Tom ein Zeichen geben sollen, das Meeting schnellstens zu beenden. Wir hatten nicht groß auf die Gefühlslage der anderen Seite geachtet, wir wollten einfach diese Arbeit abschließen, die wir fünf Monate vorher begonnen hatten. Wir hatten das Gesamtbild nicht im Auge.

Das ist Ihnen bestimmt schon einmal passiert. Sie waren so darauf aus, etwas abzuschließen, dass Sie das Gesamtbild aus den Augen verloren – und wenn Sie dann zurückblicken, wird Ihnen klar, dass die Sache wohl einen besseren Verlauf genommen hätte, wenn Sie näher an den Gefühlen geblieben wären, die in der Situation eine Rolle spielten.

Für die neue Körpersprache ist es grundlegend, den Ausdruck der Gefühle in den Gesichtern anderer erkennen zu können. Wir erkennen im Allgemeinen mühelos, ob jemand fröhlich oder traurig ist oder Angst hat. In diesem Kapitel wollen wir uns ein paar komplexere Formen des emotionalen Gesichtsausdrucks ansehen, und dabei geht es um Gefühle, die man andere nicht unbedingt sehen lassen möchte. Diese Kenntnisse brauchen Sie nicht nur, um die Bedürfnisse anderer zu verstehen und Ihr eigenes Vorgehen entsprechend anpassen zu können, damit Sie das Angestrebte erreichen – es geht vielmehr außerdem ganz schlicht um Ihre Sicherheit.

Treffsicherheit: Die »gefährlichen Vier« erkennen

So gut wie alles, was Sie über andere wissen möchten, steht ihnen deutlich ins Gesicht geschrieben. Alle Menschen überall auf der Welt besitzen die gleiche Anzahl von Gesichtsmuskeln, und sie machen in Kuba dieselben Ausdrucksbewegungen wie im Engadin.

Einer der bahnbrechenden Forscher auf diesem Gebiet, der Anthropologe und Psychologe Paul Ekman hat zeigen können, dass es universale Gefühlsregungen gibt, die in jedem Gesicht die gleichen Muskelbewegungen auslösen. Zunächst hatte Ekman geglaubt, der Gesichtsausdruck sei etwas Anerzogenes, durch familiäre und andere gesellschaftliche Einflüsse von einer Generation auf die nächste übertragen. Mit der Zeit festigte sich dann jedoch bei ihm die Überzeugung, Darwin habe recht gehabt, als er annahm, der Gesichtsausdruck sei angeboren. Um der Sache auf den Grund zu gehen, reiste

Ekman nach Papua-Neuguinea und suchte einen von der Zivilisation noch weitgehend unberührten Stamm auf, dessen Mitglieder in der Lage waren, auf Fotos aus aller Welt präzise anzugeben, in welcher Stimmungslage sich die abgebildeten Personen befanden.

Ekman postulierte auf seine Forschungen hin sechs Grundemotionen:

Ärger/Wut
Widerwille/Ekel
Furcht/Angst
Fröhlichkeit
Traurigkeit
Überraschung

Später fügte er noch eine siebte hinzu: Verachtung.

Ärger/Wut

- ▶ Lippen gepresst, manchmal einwärts gerollt
- ▶ Lider zusammengezogen
- ▶ Augenbrauen zusammen- und nach unten gezogen
- ▶ Zähne können sichtbar sein wie bei einem angriffsbereiten Hund

Verachtung

- ▶ ein Mundwinkel zurückgezogen
- ▶ es handelt sich um den einzigen einseitigen emotionalen Gesichtsausdruck

Widerwille/Ekel

▶ Oberlippe hochgezogen
▶ Nase gerümpft
▶ Augenbrauen abgesenkt
▶ oft ist nur die hochgezogene Oberlippe zu sehen

Furcht/Angst

▶ Mundwinkel zurückgezogen
▶ Augen aufgerissen, das Weiße tritt deutlich hervor
▶ Augenbrauen hoch- und zusammengezogen

Fröhlichkeit

▶ beide Mundwinkel zurück- und nach oben gezogen
▶ Lachfalten um die Augen
▶ Augen schmäler

Traurigkeit

▶ Mundwinkel nach unten; Mund kann offen stehen
▶ die Lider sind schwer
▶ die inneren Enden der Augenbrauen biegen sich
  nach oben (wenn man Traurigkeit vortäuschen
  möchte, gehört diese letzte Bewegung zu den
  schwierigsten überhaupt)

Überraschung

▶ Mund geöffnet
▶ Augenbrauen angehoben, Augen aufgerissen
▶ Überraschung ist die schnellste aller Emotionen;
  sie schlägt in weniger als drei Sekunden in eine
  der anderen um

Alle diese Gefühlsregungen sind in jedem Gesicht überall auf der Erde eindeutig zu erkennen. Sie haben sich nach Ekmans Auffassung im Rahmen unserer Evolution herausgebildet.

Allerdings haben wir seit der Höhlenzeit einiges dazugelernt, zum Beispiel wie wir unsere wahren Gefühle vertuschen können (»Nein, wirklich, der Hut steht dir großartig!«). Aber die biologisch bedingten unwillkürlichen Gesichtsbewegungen, die mitunter nicht länger als eine Viertelsekunde dauern, sind uns geblieben. Ekman hat ihnen den Namen »Mikroausdrücke« gegeben, und wer diese kaum merklichen Bewegungen zu erfassen vermag, wird staunen, was sie ihm über das Denken und Fühlen anderer verraten.

Weil wir grundsätzlich vertrauensselig sind, nehmen wir die Menschen manchmal als das, was der erste Eindruck zu vermitteln scheint, und dann fühlen wir uns düpiert, wenn sie später ihr wahres Gesicht zeigen.

Nehmen wir zum Beispiel an, dass Ihre neue Chefin an ihrem ersten Arbeitstag freundlich lächelnd und mit einem Augenzwinkern auftritt. Sie scheint ganz begeistert, dass sie nun dieses Team leiten darf, und sie ergeht sich in lobenden Worten über die Arbeit, die Sie und Ihre Kollegen bisher geleistet haben. Aber kaum zwei Monate später müssen Sie sich jeden Tag geradezu zur Arbeit schleppen und haben nur noch die Hoffnung, unbemerkt in Ihrer Bürobox verschwinden zu können und nicht diesem üblen, machtbesessenen Monster über den Weg zu laufen, in das sich Ihre lebenslustige neue Chefin aus unerfindlichen Gründen verwandelt hat.

Was ist passiert? Hätten Sie gleich wissen können, dass sie sich als solch ein Miststück erweisen würde?

Vielleicht hätten Sie es geahnt, wenn Sie ihre Mikroausdrücke wahrgenommen hätten. Vielleicht wäre Ihnen gleich aufgefallen, dass sie in Wirklichkeit niemanden respektiert: Dieses kurz aufblitzende halbe Lächeln oder spöttische Lächeln zeugte doch eigentlich von Verachtung, sie sah alle anderen weit unter sich stehen. Ich spreche hier von »Killer-Verachtung«; es handelt sich um eine von vier Formen des Mikroausdrucks, die Unheil verkünden.

Mikroausdrücke verraten uns nicht, warum die Person dieses oder jenes Gefühl hat, aber im 8. Kapitel werden Sie lernen, wie man Leuten versteckte Fragen stellt, die sie dann mehr sagen lassen, als sie meinen. Jetzt geht es erst einmal darum, dass Sie bestimmte Veränderungen im Gesicht bemerken, um die »gefährlichen Vier« zu erkennen. Sobald sie diese Bewegungen zuverlässig erkennen, werden Sie schneller die Wahrheit herausfinden – und sich notfalls nach einem neuen Job umsehen.

Die »gefährlichen Vier« erkennen

Im Rahmen unseres 7-Tage-Programms in diesem Buch werden wir nur vier der sieben universalen Gefühlsregungen näher betrachten, und zwar diejenigen, die ins Bedrohliche abgleiten können – daher die »gefährlichen Vier«. Es sind:

1. Psychopathische Fröhlichkeit
2. Aufflackernder Zorn
3. Verhohlene Abscheu
4. Killer-Verachtung

Um den Muskelbewegungen mit einiger Sicherheit Gefühlsregungen zuordnen zu können, müssen wir uns erst einmal klarmachen, dass die Deutung nicht einfach ist, weil man zusammengehörige Gruppen von Zeichen leicht verwechselt. Bei Angst und Überraschung beispielsweise finden wir Übereinstimmungen: Die Augenbrauen gehen hoch und der Mund öffnet sich. Wir sind nicht alle von Natur aus gleich gut im Lesen solcher Zeichen, aber es gibt Untersuchungen, die erkennen lassen, dass wir alle lernen können, auch subtilere Formen des Gesichtsausdrucks wahrzunehmen und deren Code zu knacken. Sehen wir uns jetzt die gefährlichen Vier an.

▸ **Psychopathische Fröhlichkeit bzw. diebische Freude.** Ich war gerade auf dem Weg zu einem Vortrag, den ich in der World Bank mitten in Washington halten sollte, als mein Handy vibrierte. Am Apparat war der Produzent der Nachrichten- und Klatschsendung *Inside Edition.* Sie wollten einen Beitrag über den Mord an einer jungen Mutter und ihrer neun Monate alten Tochter bringen, zu dem es in Hopkinton, Massachusetts, gekommen war, also ungefähr in der Gegend, in der ich aufgewachsen bin.

Ehemann und Vater der beiden Getöteten war der in England geborene Programmierer Neil Entwistle. Als während der Gerichtsverhandlung Bilder vom Tatort gezeigt wurden, an dem Mutter und Tochter zusammengekauert erschossen wurden, verdeckte Entwistle teilweise sein Gesicht und begann zu weinen – das zumindest wollte sein Anwalt uns alle glauben machen. Tatsächlich deuteten alle Anzeichen perverserweise auf Freude hin. Sein Anwalt äußerte sich dazu so:»Es ist völlig undenkbar, dass er gelacht hat. Er ist in Trauer. Er hat seine Frau verloren. Er hat sein Kind verloren. Sie haben doch alle gehört, was für ein liebevoller Vater und Ehemann er war.«

Am Abend war ich also zu Gast bei *Inside Edition.* Nach einem Videoclip sagte ich über Entwistle, was ich gesehen hatte:»Man sieht ihm an, wie er über das empfindet, was er da sieht. Man könnte unter Umständen noch annehmen, dass er nervös ist. Traurigkeit ist das jedenfalls nicht. Ein Lächeln im Gesicht und um die Augen – man muss kein Experte für Körpersprache sein, um zu sehen, dass er nicht traurig ist. So sieht Kummer nicht aus.«

Was man in diesem Gesicht erkennt, ist bei Verbrechern nicht ungewöhnlich, vor allem wenn es sich um Psychopathen handelt. Es

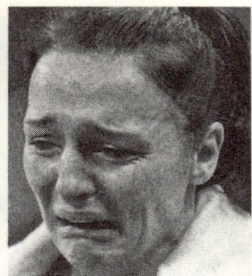

Links: Neil Entwistle, des Mordes an seiner Frau und seiner Tochter schuldig gesprochen. Mitte: Die Ungarin Timea Toth weint nach dem gegen Südkorea verlorenen Handballspiel um die Bronzemedaille bei den Olympischen Spielen in Peking 2008. Rechts: Prince Charles bei einer Wohltätigkeitsveranstaltung in Hill Holt Woods, England, am 20. Januar 2009. (Fotos by Getty Images)

handelt sich um ein durchaus echtes Vergnügen, die diebische Freude, wenn es gelungen ist, andere hinters Licht zu führen. Wenn eine Gefühlsregung nicht zu den Umständen passt, muss man sich immer fragen: »Wie kann er Freude zeigen, wenn er doch eigentlich am Boden zerstört sein müsste?«

Sehen Sie sich die Fotos oben an. Eins davon passt einfach nicht hierher – welches?

Sehen Sie es? Das Foto links passt nicht zu den beiden anderen, die eindeutig Traurigkeit zeigen. Entwistle lacht in Wirklichkeit. Bei Traurigkeit und Kummer ziehen sich die Mundwinkel nach unten, die inneren Enden der Augenbrauen sind etwas zusammen und nach oben gezogen. Bei Entwistle ist es eher das psychopathische Vergnügen.

Aber kommen wir zum Alltäglichen zurück, zu diesem Miststück von einer Chefin, die Ihnen vielleicht an diesem ersten Tag mit gut verhohlener Verachtung begegnet ist. Sie hat sich vielleicht wirklich gefreut und gelächelt, aber es war womöglich ein diebisches Lächeln, weil sie den Posten ergattert hat, obwohl sie nicht die besten Qualifikationen besaß. (Zusatztipp, mit dem Sie ein gespieltes Lächeln von einem echten unterscheiden können: Ein Lächeln, das weniger als eine halbe Sekunde oder länger als vier Sekunden anhält, ist oft unecht.)

Echte und unechte Überraschung
In der Welt des Gesetzesvollzugs ist es so, dass die echten Überraschungsreaktionen von den wirklich Unschuldigen kommen: Die Augenbrauen sind im Bogen hochgezogen, die Kinnlade fällt herunter. Bei Schuldigen sieht man ähnliche Reaktionen – die Augenbrauen angehoben und gerade, der Mund offen –, aber sie halten diesen Ausdruck länger, was darauf hindeuten kann, dass sie etwas zu verbergen haben. Wenn Sie also Ihren Sohn/ Ihre Tochter wegen eines Kratzers am Wagen oder einen Angestellten wegen fehlender Kleinbeträge zur Rede stellen, dann achten Sie genau auf die Bewegungen der Brauen und des Mundes – und auf ihre Dauer. Halten die Zeichen der Überraschung zu lange an, sind Sie vermutlich auf einen Knackpunkt gestoßen.

▶ *Aufflackernder Zorn.* Zornreaktionen haben etwas Faszinierendes, und wir beobachten sie gern – aus sicherer Entfernung. Wo gestritten oder gerauft wird, können wir den Blick schier nicht abwenden – seien es Hockeyspieler, die mehr als erlaubt aneinandergeraten, seien es Stühle zertrümmernde Revolverhelden im Western oder Britney Spears, die mit dem Schirm einen Paparazzowagen attackiert. Bei allzu großer Nähe dagegen nimmt der Unterhaltungswert einer heftigen Auseinandersetzung merklich ab.

Zorn gilt den meisten als unsere stärkste und aggressivste Gefühlsregung. Wut ist eine ganz natürliche Reaktion, die von leichter Verärgerung oder Frustration bis zu schnaubendem Zorn reichen

David Beckham dringt in die Persönlichkeitssphäre des Schiedsrichters ein, das heißt, er nähert sich ihm auf weniger als einen Meter, während er aufgebracht mit ihm argumentiert: zusammengezogene Augenbrauen, Mund und Kiefer in Hochspannung. (Foto by Getty Images)

kann. Eine Wutreaktion kann uns vor Schaden bewahren, aber wir müssen hier wohl nicht viel über ihre Vorteile sagen. Konzentrieren wir uns lieber auf die destruktive Seite.

Offener Ärger gehört im Sport und im Reality-TV zum akzeptablen Verhalten, aber wenn Sie daheim oder bei der Arbeit ständig aufgebracht sind, kann das engeren Beziehungen ganz erheblich schaden. Wenn Sie bei jemandem in Ihrem Leben Anzeichen von Wut erkennen, sollte bei Ihnen das Rotlicht angehen. Vorsicht!

Wir werden aus unterschiedlichsten Gründen ärgerlich:

▶ Wenn jemand uns hängen lässt, sein Wort bricht, uns Widerstand entgegensetzt oder wir uns angelogen bzw. manipuliert fühlen.

▶ Wenn wir gespannt und nervös sind. Solche Anspannung kann leicht in Aggression und Wut umschlagen, weil uns die rohe Energie der Wut ein Gefühl jener Kraft vermittelt, die uns in unserer ängstlichen Nervosität gerade fehlt.

▶ Wenn jemand in seiner Leistung hinter den Erwartungen zurückbleibt oder sein Potenzial nicht ausschöpft, ist er wahrscheinlich frustriert und schnell aufgebracht.

▶ Lügner werden schnell wütend, wenn irgendwer in die Nähe der Wahrheit kommt. Um nicht erwischt zu werden, gehen sie aggressiv auf denjenigen los, um ihn abzuschrecken.

Es gibt auch Leute, die chronisch verärgert oder wütend sind. Nach einer neueren Untersuchung an der Harvard University haben 16 Millionen Amerikaner eine psychische Störung, von der Sie vielleicht noch nie gehört haben. Sie hört auf den Namen »Intermittierende explosive Störung« (IES). Menschen mit IES reagieren auf jede Kleinigkeit mit überschäumender Wut. Vielleicht verschafft ihnen der Ausbruch eine gewisse Erleichterung. Danach bereuen sie ihn, was jedoch leider den nächsten Ausbruch nicht verhindert. Sie können bei der kleinsten Provokation völlig ausrasten und gehen dann auf Leute und Gegenstände los, wobei sie auch Verletzungen oder die Beschädigung von Eigentum in Kauf nehmen (ist hier jemand, dem im Auto schon mal der Kragen platzt?). Sie sind auch verbale Rambos, die anderen drohen, sie neigen zu Depressionen und Ängsten, zu Alkohol- und Drogenmissbrauch, aber die Störung ist nicht von solchen Heimsuchungen *verursacht*.

Kennen Sie da vielleicht jemanden? Wenn Sie die feinen Anzeichen des Zorns zu erkennen lernen, werden Sie die ganze Situation tiefer erfassen und können sich besser vor Schaden, Täuschung und peinlichen Situationen bewahren. Hier ein paar Regeln für den Umgang mit übermäßigem Ärger:

Regel 1: Wenn Sie das ungute Gefühl haben, dass eine verbale oder handgreifliche Attacke bevorsteht, nehmen Sie den direkten Blickkontakt zurück. Machen Sie Ihren Körper kleiner, indem Sie Kehle, Nabel oder Scham bedecken. Sagen Sie nichts mehr. Bewegen Sie sich langsam in Richtung Fluchtweg. Fragen Sie wütende Leute nie, warum sie wütend sind, und geben Sie ihnen auch keine eigenen Deutungen – sie sind im Moment nicht für rationale Dinge zugänglich. Zum Beispiel: Sie teilen Ihrer Chefin mit, dass Sie kündigen. Wenn Sie jetzt kurz aufblitzende Anzeichen von Ärger an ihr entdecken (zusammengezogene Augenbrauen, weite Augen, schmale Lippen), dann fragen Sie besser nicht, ob sie ärgerlich ist. Damit könnten Sie eine verbale Attacke auslösen.

Regel 2: Wenn Sie die Person mögen und den Eindruck gewinnen, eine Aussprache könnte den Ärger besänftigen, schadet vielleicht ein Versuch nicht, den anderen ein wenig aus der Reserve zu locken. (Dazu noch mehr im 8. Kapitel.) Es könnte sich zum Beispiel um Ihre vierjährige Tochter handeln, die enttäuscht und böse ist. Vielleicht sagen Sie:»Ich weiß, dass es für dich gar nicht schön ist, nicht auf der Schaukel sitzen zu können, wenn es regnet. Du bist sicher enttäuscht, wenn Mami das sagt. Möchtest du vielleicht darüber sprechen, jetzt oder später?« Beachten Sie, dass ich das Wort »ärgerlich« in diesem Beispiel nicht verwende.

Wer wütend ist, glaubt manchmal – zumindest vorübergehend –, dass die ganze Schuld an der unerfreulichen Situation bei anderen liegt. (Vielleicht kommt so etwas sogar bei Ihnen vor.) Wo Sie dieses Muster sehen, ist es wichtig, nichts zu forcieren. Ermahnen Sie sich zu Verständnis und Geduld, vielleicht sogar zu einem Hauch von Freundlichkeit. Machen Sie sich aber klar, dass manchmal nichts hilft, um den anderen zu beruhigen. Das hat nichts mit Ihnen zu tun, es liegt ganz beim anderen. Sorgen Sie dafür, dass man sich nicht an

Ihnen abreagiert. Und wenn Sie selbst ebenfalls verärgert sind, versäumen Sie es nicht, sich in die Lage des anderen zu versetzen.

Geschäft ist Geschäft

Eine an der University of Virginia durchgeführte Studie hat ergeben, dass unterschwelliger Ärger unter guten Freunden nicht so leicht bemerkt wird, während ein weitläufiger Bekannter die Anzeichen relativ schnell erkennt.

Wenn es ums Geschäft geht, müssen wir schon selbst für Harmonie sorgen. Vergessen Sie nie, dass Ihr neuer Geschäftskontakt nicht gar so sehr an Ihnen persönlich interessiert ist. Wenn er aufgrund von subtilen Anzeichen Ärger bei Ihnen spürt (vielleicht haben Sie eben erst einen Strafzettel bekommen), könnte er meinen, dass Sie mit dem Deal, dem Gang der Verhandlungen oder dem Projekt überhaupt unglücklich sind. Oder er hält Sie, was noch schlimmer wäre, für jemanden, der kein Feingefühl besitzt. Sehen Sie also vor einer geschäftlichen Besprechung zu, dass Sie allen noch irgendwo nistenden Ärger loswerden – sonst kann es teuer werden.

▸ *Vorhohlene Abscheu.* Abscheu, eng mit Verachtung verwandt, kann erheblichen Schaden anrichten, wenn man ihr einfach ihren Lauf lässt. Sie eskaliert dann zu Ärger, wenn nicht Hass oder sogar Handgreiflichkeiten. Wenn wir so richtig angewidert sind, ist das an der gerümpften Nase, der verzogenen Oberlippe oder dem insgesamt schiefen Mund, dem zusammengezogenen Gesicht und den gerunzelten Brauen zu erkennen.

Wie bei allen »Vokabeln« der Körpersprache ist es auch hier so, dass Sie Widerwillen nur mit Sicherheit konstatieren können, wenn Sie das Normalverhalten der Person ermittelt haben. Ich zum Bei-

Wie die Mutter, so die Tochter: Meine jüngere Schwester Caileen und ihre Tochter führen »angewidert« vor.

spiel habe eine sehr schmale Oberlippe, und wer mich nicht kennt und zum ersten Mal sieht, könnte meinen, ich sei ärgerlich oder leicht angewidert. Wenn ich im Fernsehen auftrete, muss man mir erst einmal eine Oberlippe anschminken. Zum Glück liegen Ärger und Widerwille überhaupt nicht in meiner Natur, und wenn ein falscher erster Eindruck entsteht, hält er sich nicht lange.

▸ *Killer-Verachtung.* Verachtung (die sich gern auch als Hohn äußert) geht meist mit dem Gefühl einher, dass man moralisch über dem oder den anderen steht. Verachtung beinhaltet, dass man etwas oder jemanden als minderwertig oder wertlos betrachtet. Ein schiefes Lächeln ist besonders charakteristisch für diese Gefühlsregung.

Verachtung sieht man vielfach vor Gericht oder bei Verhören, wenn jemand seine Unschuld beteuert, obwohl er oder sie schuldig ist. Anstelle von Besorgnis oder Überraschung, wie wir sie meist bei

Unschuldigen sehen, wenn sie von der Polizei befragt werden, zeigen die richtig bösen Buben in dieser Situation häufig unbewusst Verachtung, vielleicht in dem Gefühl, dass sie der Staatsgewalt eins auswischen. (Der »böse Bube« kann natürlich Ihr Kind oder ein Angestellter oder Ihr Chef sein – irgendwer, der Ihnen überlegen zu sein glaubt.)

Anschauungsmaterial

Als der Zauberkünstler und Stunt-Spezialist Chriss Angel in Oprah Winfreys Show auftrat, erriet er eine von der Gastgeberin gewählte Zahl zwischen 1 und 100. Wie machte er das? Telepathie? Präkognition? Röntgenblick? Zauberei? Wohl eher nicht. Er wird sich an Mikroausdrücke und sogenannte eingebettete Kommandos gehalten haben. Eingebettete Kommandos sind sprachliche Muster, die am bewussten Denken vorbei direkt zum Unterbewusstsein sprechen.

Mehrmals sagte Chriss Angel zu Oprah: »Geben Sie mir keine sichtbaren Anzeichen«; er sagte ihr sogar, dass er ihre Muster genau beobachten würde. Er hielt sich an Oprahs Blinzeln, ihren Atemrhythmus und – natürlich – feinste Signale von Überraschung: Als er die richtige Zahl hatte, zuckten ihre Brauen leicht, und der Kopf bewegte sich ein wenig zur Seite. Angel hatte eine verneinende Anweisung gegeben und »*keine* sichtbaren Anzeichen« betont, und das lenkte Oprah unbewusst in Richtung eben dieser sichtbaren Anzeichen. Eingebettete Kommandos entfalten ihre Wirkung auf der unterbewussten Ebene, weshalb »Bleib auf dem Gehsteig« besser wirkt als »Lauf nicht auf die Straße«. (Sie können sich das auf YouTube ansehen: http://www.youtube.com/watch?v=wyD9v6cBfkM.)

Verachtung im Gesicht von Debbie Clemens, der Frau des früheren Major-League-Pitchers Roger Clemens, während eines Hearings zum Anabolika-missbrauch im Major League Baseball.

John Gottman, emeritierter Professor der Psychologie an der University of Washington, hat sich mit seiner Arbeit zu den Faktoren und Persönlichkeitsmerkmalen einen Namen gemacht, die für die Haltbarkeit einer Ehe verantwortlich sind. Nach seinen Worten wird Verachtung schnell zum Tod einer neu geschlossenen Ehe, weil immer der Anspruch von moralischer Überlegenheit mitschwingt. Wie Malcolm Gladwell in seinem Buch *Blink: die Macht des Moments* darstellt, kann Gottman mit neunzigprozentiger Sicherheit voraussagen, welche Neuvermählten zusammenbleiben werden und bei welchen nach vier bis sechs Jahren die Scheidung ansteht. Wichtigster Faktor? Wenn einer der beiden unbewusst Verachtung zeigt.

Verächtliche Menschen sehen sich selbst als so viel höher stehend, dass sie kalt, arrogant und gehässig wirken. Sie glauben das Recht zu haben, von für sie verachtenswerten Dingen oder Personen befreit zu werden – sie erwarten sogar, dass der von ihnen verachtete

Mensch sich von selbst entfernt. Geschieht das nicht, ziehen sie sich entweder selbst zurück oder gehen auf den anderen los. Seien Sie vorsichtshalber auf das Schlimmste gefasst.

Hier ein paar grundsätzliche Regeln für den Umgang mit brenzligen Situationen dieser oder anderer Art:

Gefährliche Situationen und wie man sich darauf einstellt
Wenn man plötzlich in eine Angstsituation gerät, wird das Denken nicht mehr wie sonst von den höheren rationalen Zentren der Großhirnrinde bewältigt, sondern der primitivste Teil des Gehirns, die Amygdala, setzt sich durch. Deshalb können auch kluge Leute unter außerordentlich hohem Stress Dummheiten begehen. Dann geht vielleicht die frühere Ehefrau Ihres Mannes oder der Mann, dem Sie gerade eine Delle in den Wagen gefahren haben, auf Sie los. Halten Sie sich zu Ihrer Sicherheit an die folgenden drei Punkte, mit denen Sie Gehirn und Körper vorbereiten und dann vielleicht ohne ein blaues Auge davonkommen.

1. **Probedurchlauf:** Ähnlich wie Sportler vor einem Spiel visualisieren, wie sie eine perfekte Partie hinlegen, können Sie Ihr Gehirn auf potenzielle Stresssituationen einstimmen. »Proben« Sie Ihre Reaktionen auf vorgestellte Situationen wie Carjacking (Entwendung Ihres Wagens unter Androhung von Gewalt), Raub oder versuchte Vergewaltigung. Was würden Sie tun? Spielen Sie es durch. Sie haben dann größere Chancen, klar zu bleiben, sollte tatsächlich eine solche Situation eintreten.

2. **Wachsamkeit:** Seien Sie sich Ihrer Umgebung jederzeit bewusst. Gehen Sie nicht mit gesenktem Kopf. Verbrecher halten sich bevorzugt an Menschen, die nervöses Verhalten zeigen. Ein Freund, der auf dem Gebiet der Drogenbekämpfung

arbeitet, vertraute mir an: »Wenn die Schultern immer breiter werden und er das Kinn einzieht wie ein Stier, der gleich angreifen wird, dann pass gut auf. Vielleicht überlegt er gerade, ob er um dich herumgeht oder über dich weg.«

3. **Ruhig bleiben und den Rückzug antreten:** Wenn Sie es mit jemandem zu tun bekommen, der gerade vom primitivsten Teil seines Gehirns beherrscht ist, müssen Sie ganz ruhig sprechen. Tun Sie sich selbst den Gefallen, diesen Menschen möglichst zu beruhigen, damit Sie ungeschoren davonkommen. Sagen Sie beispielsweise: »Ich will Ihnen nichts tun. Ich gehe jetzt, Sie können ganz ruhig sein.« Alles, was er dann noch sagt, beantworten Sie (ohne Sarkasmus) mit: »Sie haben recht, es tut mir leid.« Und dann nichts wie weg.

Verachtung – drei typische Situationen

Teenager   Bevor Ihr eingeschnapptes Kind Verachtung zeigt, gibt es Warnzeichen, auf die Sie achten müssen. Ist die Verachtung nämlich erst einmal da, werden die Dinge richtig schwierig – manche Eltern meinen sogar, dass es nahezu hoffnungslos ist. Ihr Kind glaubt dann nämlich, Sie hätten etwas Schreckliches getan und seien seiner unwürdig – mit Ihnen zu sprechen sei vertane Zeit.
Achten Sie stets auf Verhaltensänderungen. Vielleicht spricht Ihr Sohn immer weniger mit Ihnen und verbringt immer mehr Zeit allein in seinem Zimmer. Fragen Sie sich, warum das so sein mag. Weshalb empfindet er so, was geht vor in seinem Leben? Wenn Sie ihn ansprechen, halten Sie die Füße nah beieinander, machen Sie offene Handgesten, gehen Sie irgendwie in eine niedrigere Haltung, als er gerade einnimmt. Fragen Sie ihn, ob Sie etwas falsch gemacht haben. So lassen Sie ihn wissen, dass Sie sich nicht davor scheuen, die Verantwortung für sein Verhalten zu übernehmen.

Verachtung – drei typische Situationen

Sollte er bereits in der Verachtung sein, müssen Sie trotzdem den Grund ermitteln, nur so kann auch eine Lösung gefunden werden. Halten Sie Ihre drei Kraftzonen (Halsgrube, Nabel, Schamgegend) offen, bleiben Sie etwas tiefer als er und teilen Sie Ihre Gefühle mit: »Wenn du so bist, bekomme ich das Gefühl, dass ...« Rechnen Sie mit der Antwort: »Na und, wen interessiert das?!« Sagen Sie: »Mich. Ich mache mir wirklich Sorgen.«

Besserwisser

Bei Leuten, die alles zu wissen glauben, ist oft Verachtung herauszuspüren, ganz gleich, was man tut. Ahmen Sie die Körpersprache des Betreffenden nach, seine Art zu stehen, seine Kopfhaltung. Jetzt äußern Sie sich anerkennend über seine Sicht der Dinge, und erst dann (nicht früher) sagen Sie: »Diesmal machen wir etwas anderes.« Und sehen Sie immer genau hin, es könnte auch Fälle geben, in denen der andere es wirklich besser weiß.

Bewerber um eine Stelle

Wenn Sie für die Besetzung von Stellen zuständig sind, hüten Sie sich vor diesen charmanten Geschöpfen, an denen subtile Anzeichen von Verachtung zu erkennen sind. Gehen Sie allen Referenzen nach und fragen Sie dort nach weiteren Leuten, denen die Bewerberin persönlich bekannt ist – Leute, die nicht auf ihrer Liste stehen. Sprechen Sie mit denen. So machen sie es bei der US-Notenbank, und es hat sich bewährt. Ein bisschen Recherche im Vorfeld kann einem ein paar Tausender an Schulungskosten ersparen und dazu ungezählte Stunden, die man für weitere Bewerbungsgespräche vergeudet, weil niemand mit der Neuen zusammenarbeiten kann.

Anwendung: Zeigen Sie Ihr schönstes Gesicht

Ihr Gesicht ist eine wichtige Informationsquelle, was Ihren Charakter, Ihr Verhalten und Ihre ganze Persönlichkeitsstruktur angeht. Vor allem nach Ihrem Gesicht bilden sich die meisten Menschen ihr erstes Urteil von Ihnen, selbst wenn noch kein Wort gewechselt wurde. Für manch einen bedeuten üppige Lippen bei einer Frau, dass sie sexy ist, während schmale Lippen eine Frau angeblich gewissenhaft machen. Ein Mann mit etwas hervorquellenden Augen ist nervös, einer mit hoher Stirn intelligent. Diese sehr groben Sortierungsprinzipien mögen noch so falsch sein, wir haben mit ihnen zu leben, und das täglich und bei jeder Begegnung.

Von der Wiege an hängen unsere Gefühle und Entscheidungen stark vom Gesichtsausdruck der Menschen in unserer Umgebung ab. Stellen Sie sich vor, Ihre kleine Tochter macht sich in einem Haus, in dem sie noch nie war, an dem Schutztürchen am oberen Treppenabsatz zu schaffen. Wie reagieren Sie? Ihr Kind jedenfalls erkennt Ihr Entsetzen von Weitem an den aufgerissenen Augen und dem offenen Mund und wird verstehen, dass man die Tür besser in Ruhe lässt.

So lernen wir. Wenn einem Kleinkind oder Kind etwas noch nicht Bekanntes begegnet, schaut es sich nach den Eltern um und versucht ihrem Gesicht zu entnehmen, wie es sich jetzt verhalten soll. Bei einer Studie ging es um einen mit einer Glasscheibe abgedeckten Abgrund von beträchtlicher Tiefe und um die Frage, ob Babys sich auf dieses Wagnis einlassen würden. Ergebnis: Wenn im Gesicht der Mutter keinerlei Angst oder Besorgnis zu erkennen war und sie aufmunternd lächelte, krabbelten 75 Prozent der Kinder ins »Nichts« hinaus. War jedoch auch nur ein Anflug von Furcht zu erkennen, wagte sich kein einziges Kind vor.

Zehn Monate alte Babys beobachten sehr genau den Gesichtsausdruck und Tonfall ihrer Bezugspersonen und steuern ihr eigenes Verhalten nach emotionalen Anhaltspunkten. Diesen Außenbezug

Rechtzeitig aussteigen

7-Sekunden-Abhilfe

Das Problem: Die stellvertretende Schulungsleiterin einer der hundert erfolgreichsten Firmen Amerikas zeigte mir während einer Diskussion über die universalen Emotionen diese beiden Bilder. Beide zeigen ihre dreijährige Tochter, links mit einem verächtlichen schiefen Grinsen über einen Fotografen, der sie mit einer albernen Feder am Stock zum Lachen bringen wollte. Rechts dagegen sieht man sie einfach niedlich-verlegen lächeln, und zwar bei einem anderen Fotografen, der ihr einfach Lobendes und Schmeichelhaftes sagte. Sicher, eine Dreijährige ist keine ernsthafte Bedrohung, aber diese Bilder zeigen uns deutlich den Unterschied zwischen einem schlichten und echten Lächeln und dem missbilligenden Blick eines Menschen, den Sie mit dem, was Sie gerade gesagt oder getan haben, brüskieren.

Abhilfe: Wenn Sie nicht wirklich Kontakt zu dem Menschen aufgenommen haben, mit dem Sie gerade beschäftigt sind, und jetzt schlägt Ihnen Verachtung entgegen, bleibt meist nur ein Ausweg, nämlich den ganzen Fall abzugeben. Gegen Verachtung ist kein Kraut gewachsen, sie ist meist endgültig. Handelt es sich um einen Kunden, werden Sie mit weiteren Versuchen, ihn für sich zu gewinnen, nur noch Zeit verschwenden. Wenn es allerdings Ihr Kind ist, müssen Sie sich in Geduld üben und sich durchbeißen.

nutzen Erwachsene natürlich auch jeden Tag und Stunde für Stunde: Wir orientieren uns an dem stummen Feedback, das wir von allen Menschen bekommen, mit denen sich unsere Wege kreuzen.

Dieser soziale Bezug gehört ein Leben lang zu unseren wichtigsten Orientierungshilfen. Auf diesem Wege lernen wir, das Verhalten anderer zu erkennen, zu deuten und darauf zu reagieren – auf den ruppigen Kerl, der uns den Parkplatz wegnimmt, die weinende Kollegin, die vor kurzem ihren Mann verloren hat, oder unseren eigenen Sprössling, der neuerdings raucht. Sie müssen natürlich wissen, dass andere auch ständig in *Ihrem* Gesicht nach Anzeichen suchen und sie für sich interpretieren.

Was also sagt Ihr Gesicht anderen? Wussten Sie, dass die meisten Leute Sie als freundlich, liebenswürdig, einfühlsam, rücksichtsvoll, positiv, klug, ausgeglichen und gutmütig ansehen, wenn Ihr Gesicht entspannt und die Stirn glatt ist und die Mundwinkel leicht nach oben weisen? Wenn Ihr Normalzustand dagegen ein anderer ist, wenn die Stirn gefurcht ist und die Mundwinkel eine Tendenz nach unten haben, hält man Sie womöglich für aggressiv, unwirsch, gestresst, unausgeglichen und unglücklich; die Leute glauben, dass Ihnen schnell der Kragen platzt und Sie gern über andere urteilen. Sorgen Sie also dafür, dass Ihr Gesicht dasselbe vermittelt wie Ihre Stimme und Ihr Handeln. Geben Sie sich Mühe, ein umgängliches Lächeln im Gesicht zu behalten, setzen Sie alles daran, dass auch die übrige Körpersprache etwas Offenes und Einladendes hat. Genau daran werden Sie mit den Übungen am Ende des Kapitels arbeiten.

Gesichtsberührungen

Sofern Sie nicht zufällig ein Zwilling sind, hat kein anderer Mensch ein Gesicht wie Ihres. Ihr Gesicht ist das Zentrum Ihrer Kommunikation mit anderen und Hauptsitz Ihrer Sinne und der mit ihnen verbundenen Freuden. Gesichtsberührungen sind nur natürlich. Andererseits können manche der von Ihnen gesendeten Signale einen falschen Eindruck erwecken.

▶ *Ruht das Gesicht in der Hand oder die Hand am Gesicht?* Ob Sie es glauben oder nicht, das ist nicht dasselbe. Wenn das Gesicht in der Hand liegt, wirken Sie gelangweilt, so als würde nur die Hand den Kopf noch aufrecht halten. Liegt dagegen die Hand auf dem Gesicht, wirken Sie interessiert und so, als würden Sie sorgfältig erwägen, was der andere sagt oder tut. Da können Sie sogar gelangweilt und schläfrig sein, Sie wirken dann immer noch interessiert und nachdenklich. (Nicht vergessen: Wichtig ist, wie Ihre Körpersprache wahrgenommen wird, weniger das, was Sie *eigentlich* sagen wollen.)

▶ *Kratzen an der Nase.* Mit der Nase riechen Sie nicht nur, die Nase verrät auch manches von dem, was in Ihrem Kopf vorgeht. Wenn wir jemanden täuschen (insbesondere durch Lügen), können die Blutgefäße so reagieren, dass die Nase rot anläuft. Instinktiv fährt dann die Hand zum Riecher, um ihn zu bedecken. Allerdings, bei Män-

Finger an den Lippen können anzeigen, dass Ihnen vieles durch den Kopf geht.

nern hat das Nasengewebe erektile Anteile, und vielleicht kratzen sie nur, weil sie gerade an etwas ... anderes denken.

Und schließlich kann die Nase auch wirklich einfach jucken.

▶ *Die Hand am Mund.* Vorsicht: Wenn die Hand vor den Mund geschlagen wird wie bei einem Schreck, wird das gern so ausgelegt, als sei man anderer Meinung, aber verbiete sich eine Antwort.

Ein Finger oder mehrere, an die Lippen gelegt, sind ein beinahe symbolischer Hinweis darauf, dass Sie mit sich einen inneren Dialog führen. Manche fassen diese Geste als unausgesprochenen Widerspruch auf, für andere ist sie ein Hinweis auf tiefe Gedanken. Wenn Sie zu dieser Geste neigen, könnte es in Ihrem besten Interesse sein, sie gleich zur folgenden abzuwandeln.

▶ *Sich ans Kinn greifen oder darüberstreichen.* Der Kinngriff gilt als Zeichen dafür, dass alles eingehend bedacht wird. Bei Politikern

*Bei meinem zutiefst
freundlichen Onkel
Francie blieb das Gesicht
meist ausdruckslos, weshalb
man oft nicht wusste,
was in ihm vorging.*

und anderen Führungsgestalten ist diese Geste beliebt. Die Hand am Kinn kann anderen etwas von Weisheit und tiefer Betrachtung erzählen, aber wenn Sie nicht aufpassen, kann es so aussehen, als müsste die Hand den Kopf halten. Wenn Sie einen ausgesprochenen Fachmann in dieser Haltung sehen möchten, ist vielleicht der Computerguru Steve Jobs Ihr Mann – kaum eine Rede, in der er nicht diese Geste macht. Möchten Sie in einer heiklen Situation trotzdem smart wirken? Bedienen Sie sich dieser Geste, greifen Sie sich ans Kinn.

▶ *Das ausdruckslose Gesicht.* Wir alle haben ein Ruhegesicht ohne bestimmten Ausdruck. Die Gesichtsmuskeln sind entspannt, so dass wir weder lächeln noch die Stirn runzeln oder irgendwelche anderen emotionalen Signale senden. Das Gesicht ist ausdruckslos. Es sagt aber trotzdem etwas, nämlich »Bitte nicht stören!«. Wenn wir keinerlei Gefühlssignale senden, ist das für andere wie ein Stoppschild. Für die meisten wirken Sie dann weder freundlich noch ausgesprochen unfreundlich. Vielleicht rätselhaft.

Behalten Sie immer einen Ausdruck im Gesicht, möglichst natürlich einen guten, vielleicht einen, der besagen könnte: »Ich weiß was, was du nicht weißt.« Ihre Eltern haben Ihnen vielleicht beim Grimassenschneiden gesagt, das Gesicht würde so bleiben, sollten jetzt die Glocken läuten. Gar so unrecht hatten sie damit nicht. Wenn man lange finster und mürrisch dreingeschaut hat, bleibt davon sicher etwas zurück. Lächeln Sie lieber, gleich jetzt! Die folgenden Übungen werden Ihnen helfen, sich von Ihrer besten Seite zu zeigen.

Die Übungen für den sechsten Tag: Ihr schönstes Gesicht, bitte!

Mit diesen Übungen schulen Sie Ihre Treffsicherheit für das rechtzeitige Erkennen der »gefährlichen Vier«, damit bedenkliche Situationen gar nicht erst entstehen. Außerdem verhelfen sie Ihnen zu einem freundlichen und einladenden Ruhegesicht.

▸ *Ein Bad in der Menge.* Besuchen Sie heute einen Freizeitpark oder gehen Sie am Abend zu einem Sportereignis. Es sollte irgendetwas sein, wo viele Leute sind und Sie das ganze Spektrum der Emotionen sehen. Trainieren Sie Ihre Beobachtungsgabe.

▸ *Gesichter schneiden.* Probieren Sie vor dem Spiegel die Gesichter aus, die Sie in diesem Kapitel gesehen haben. Aber jetzt müssen Sie auch noch wissen, was Ihr Gesicht anderen sagt. Dazu ein Experiment:

1. Lassen Sie einen Freund drei Fotos von Ihrem Gesicht machen:

   ❯ In Ruhe: Wie Ihr Gesicht aussieht, wenn Sie für sich allein zu Hause oder im Büro sind. Denken Sie an nichts, als wären Sie leicht weggetreten.

   ❯ Lächelnd: Lächeln Sie ganz leicht mit dem Mund, ohne das ganze Gesicht einzubeziehen. Stellen Sie sich vor, dass etwas Erfreuliches bevorsteht.

   ❯ Leicht gestresst oder ärgerlich: Leicht gerunzelte Stirn, Mund etwas angespannt, ernst. Nehmen Sie an, Sie bekommen gleich einen Anruf, bei dem Sie erfahren, dass im Büro über Sie getratscht wird.

2. Befestigen Sie die Fotos an je einem Blatt Papier und notieren Sie darunter jeweils die folgenden Eigenschaften in zwei Spalten. Markieren Sie bei jedem Begriffspaar das, was Sie als zutreffend empfinden.

fröhlich	unfroh
freundlich	aggressiv
einfühlsam	steif
positiv	negativ
gewandt	kompensiert Schwächen
ausgeglichen	unausgeglichen
humorvoll	geht schnell hoch
sonstige:	sonstige:

3. Jetzt lassen Sie Freunde oder Angehörige mit jeweils einem Foto zu zehn Leuten in ihrem Bekanntenkreis gehen und nach dem gleichen Muster bewerten, das heißt in einem Begriffspaar jeweils das markieren, was diesen Bekannten zutreffend erscheint. Alle drei Fotos zusammen werden also von insgesamt 30 Leuten

begutachtet. Ihre Freunde oder Angehörigen mögen diesen außenstehenden Personen sagen, es gehe um ihre eigene Fähigkeit, bei anderen den Gesichtsausdruck treffend zu erfassen. Dann werden diese Teilnehmer am Experiment sich nicht scheuen, auch negativ erscheinende Möglichkeiten anzukreuzen.

4. Werten Sie das Ermittelte aus. Sagt Ihr Gesicht vielleicht doch mehr, als Sie meinen? Sind Sie von den Bewertungen des ersten Fotos überrascht, auf dem Sie einen ganz neutralen Gesichtsausdruck zeigen? Und stimmt dieses Foto mehr mit dem verhalten fröhlichen Bild überein oder mehr mit dem leicht angekratzten? Was machen Sie jetzt mit diesen Informationen, um die neue Körpersprache möglichst nutzbringend für sich einzusetzen?

▶ *Spielen Sie ein Pantomimenspiel wie Scharade.* Wenn es darum geht, Ihre neuen Körpersprachkenntnisse zu testen, kann man beim Spielen nichts falsch machen. Laden Sie ein paar Freunde ein, und dann soll es einfach lustig zugehen. Wenn Sie noch niemandem von Ihrem 7-Tage-Programm erzählt haben, dann warten Sie auch jetzt noch damit. Was Sie bisher schon gelernt haben, wird Ihnen helfen, die nonverbale Kommunikation zwischen den Mitspielern zu verfolgen, wenn sie gewinnen oder verlieren oder einfach mit ihren Gedanken beschäftigt sind.

▶ *Erklimmen Sie neue Höhen des Ausdrucks.* Mein Freund Chris Ulrich, Mitglied meines zweiten Körpersprache-Powerteams, ist ein Improvisationsgenie. Von ihm habe ich diese Übung, die er von einem Improvisationskurs in Chicago mitbrachte. Schauspieler und Komiker verbessern damit ihre Fähigkeiten, sich mit den Mitteln der Sprache, des Tonfalls, der Körpersprache und des Gesichtsausdrucks mitzuteilen, was letztlich die Bandbreite und Vielfalt ihrer Ausdrucksmöglichkeiten vergrößert. Selbst wenn Sie normalerweise nicht improvisieren oder Stegreifnummern darbieten, werden Ihnen die nachfolgenden fünf Schritte doch Aufschluss darüber geben, wie Sie Ihre Gefühle äußerlich darstellen.

1. Wählen Sie irgendeine Gefühlsregung für diese Übung, Fröhlichkeit, Traurigkeit, Ärger, Widerwille, Eifersucht, schlechtes Gewissen, Überraschung, Angst, nervöse Spannung und so weiter. (Sie können diese Gefühle auch auf Zettel schreiben und aus dem Hut oder einer Tüte ziehen.)

2. Nehmen Sie sich einen Partner. Stellen Sie sich mit mindestens sechs Metern Abstand einander gegenüber auf.

3. Sagen Sie Ihrem Partner, dass Sie jetzt beide die gewählte Emotion in ihrer mildesten Form bzw. auf »Stufe eins« erleben und zeigen werden. Danach gehen Sie beide einen kleinen Schritt aufeinander zu und zeigen dieses Gefühl eine Spur intensiver, also auf Stufe zwei. Das geht immer so weiter, bis Sie schließlich Stufe zehn erreichen und einander in der intensivsten Ausprägung dieses Gefühls direkt gegenüberstehen. (Fangen Sie also sehr zurückhaltend an, damit für diese letzte Stufe wirklich noch eine Steigerung möglich ist.)

4. Entfernen Sie sich dann schrittweise wieder voneinander, wobei der Gefühlsausdruck ebenfalls zurückgefahren wird, bis Sie Stufe eins erreichen. (Wenn Sie Lust haben, können Sie das mit anderen Gefühlen wiederholen, so oft Sie wollen.)

5 Machen Sie sich anhand der beiden folgenden Fragen ein Bild von diesem Ablauf:

▶ Hat einer von Ihnen seinen maximalen Ausdruck des Gefühls bereits vor der Stufe zehn erreicht? (Diese Übung wird besonders aufschlussreich sein für Leute, deren Gefühlsreaktionen in der Realität von der Stufe eins oder zwei gleich auf zehn springen und die in der Regel gar nicht merken, wie schnell das geht. Die-

sen Menschen kann es passieren, dass sie andere mit ihrem heftigen Ärger einfach überfahren, etwa wenn sie leicht gekränkt werden – Stufe eins –, aber derart verletzt sind, dass sie in die Luft
gehen und zurückschlagen – Stufe zehn.)

▶ Wenn Sie bereits vor dem zehnten Schritt das Maximum der gewählten Emotion erreichen, kann dieses Wissen Ihnen dann irgendwie für Ihren emotionalen Ausdruck im normalen Leben
nützen? (Viele empfinden das Üben der mittleren Stärke einer
Gefühlsregung als besonders hilfreich, weil es ihnen ein Terrain
maßvoller und gesunder Reaktionen erschließt.)

▶ **Gelassenheit einatmen, Angst ausatmen.** Noch bei ATF erwarb
ich mir das Zertifikat als Ausbilderin für Ausweich- und Fluchtma-
növer. Dabei handelte es sich um einen Selbstverteidigungskurs, bei
dem es in erster Linie darum ging, mit heiler Haut davonzukommen.
Natürlich ging es auch um Kampfhandlungen, um Schläge und Trit-
te gegen die Hauptnervenzentren, um Nahkampf im Stehen und
Knien, sogar um die Entwaffnung von Bewaffneten, die uns töten
würden, wenn wir nicht schneller waren (eine Fertigkeit, von der wir
alle hofften, sie niemals anwenden zu müssen). Besonders nützlich
fand ich in diesem Kurs eine Technik, die bei ganz plötzlich eintretenden Angstsituationen zum Einsatz kommt.

In solche Situationen kommt es bei allen Menschen zu einer Kas-
kade von biologischen Reaktionen. Das Herz beginnt zu rasen, und
uns bleibt jetzt nur sehr wenig Zeit bis zum Versagen unserer feinmo-
torischen Fertigkeiten (wie Schreiben, Zeichnen, das Halten kleiner
Dinge oder das Zuknöpfen eines Hemds), gefolgt von einer generel-
len Funktionsunfähigkeit, die alle komplexen Vorgänge (wie Arm-
und Beinbewegungen) lahmlegt. Der Blutdruck schießt in die Höhe,
das rationale Denken setzt aus. Das reine Vergnügen ist das nicht.

Um diesem angstbedingten »Wegtreten« zuvorzukommen, gibt es
eine Atemtechnik, das »taktische Atmen«, das auch Polizisten für

den Fall einer plötzlich eintretenden Kampfsituation lernen. Sie ist leicht zu erlernen, klärt den wattigen Kopf augenblicklich und gibt einem innerhalb weniger Sekunden die volle Beherrschung seiner geistigen und körperlichen Fähigkeiten zurück. Probieren Sie jetzt gleich einen vollen Zyklus aus, mit geschlossenen Augen, wenn Sie möchten:

1. Zählen Sie bis vier, während Sie durch die Nase in den Bauch atmen.
2. Halten Sie den Atem bis vier an.
3. Atmen Sie bis vier durch die gespitzten Lippen aus.
4. Halten Sie den Atem bis vier an.
5. Wiederholen Sie das Ganze, bis vier Durchläufe abgeschlossen sind.

Lassen Sie sich durch Ängste nicht davon abhalten, in Ihrem Leben die Initiative zu ergreifen. Angst hat nur so viel Macht, wie Sie ihr innerlich einräumen. Mit dem taktischen Atmen können Sie in Angstsituationen ruhig bleiben, und dann haben Sie den Mut und die Bereitschaft, vorwärtszugehen und etwas Neues zu tun. Also los, geben Sie den Startschuss, verlassen Sie die Sicherheit des Bekannten, um zu wachsen!

Kapitel 8

Siebter Tag: Die FAF-Formel und andere Techniken für Fortgeschrittene

> Der Optimist sieht Chancen in jeder Gefahr,
> der Pessimist Gefahren in jeder Chance.
>
> *Winston Churchill (1874–1965)*

Wir reden zu viel. In unserer Gesellschaft gelten Vielredner leider als einflussreich, wo doch viel mehr zu bewegen ist, wenn man stattdessen sehr gezielt fragt und dann abwartet, was passiert.

Unlängst erzählte mir eine meiner Mitarbeiterinnen von ihrer Mutter, Cindy, einer Highschool-Lehrerin. Cindy wendet in ihrer Schule eine Technik an, die sie »Fragen-Abwarten-Fragen« (FAF) nennt, um damit das Kursieren sogenannter »Slam-Books« im Klassenzimmer zu unterbinden. Ein Slam-Book ist ein Spiralheft, das Mädchen heimlich unter sich herumreichen und mit üblem Klatsch füllen, um bestimmte Mitschülerinnen und manchmal auch Lehrer herunterzuputzen. Die Initiatorin eines solchen Buchs leitet das Ganze mit einer Frage ein, zum Beispiel: »Was haltet ihr davon, dass Georgia Beth ihren Freund ausgespannt hat?« oder »Wie bringen wir Mike dazu, dass er Kara den Laufpass gibt?« Dann wird das Buch innerhalb der Clique herumgereicht, damit jede ihren Senf dazugeben kann.

Viele Lehrerinnen und Lehrer würden diese Bücher zu gern konfiszieren, aber die Mädchen streiten dann einfach alles ab. Auch Cindy hatte schon einiges versucht. Sie hatte die Mädchen gewarnt, diese Praxis würde schlechte Betragensnoten oder Elterngespräche oder sogar Vorladungen bei der Schulleitung nach sich ziehen, aber nichts half so richtig. Erst die FAF-Formel brachte schließlich den Durchbruch.

Powerteam-Kehrtwendung
Name: Jesse Swart
Alter: 32
Beruf: Systemanalytiker

Was hat dich zurückgehalten? Ich bin schon immer im technischen Bereich zu Hause, habe hoch angesehene Wissenschaftsschmieden (MIT) erlebt und eigentlich von der Highschool an in der Hochtechnologie gearbeitet – mitsamt ihrem ganzen Fachidiotentum. Immer hatte ich das Gefühl, dass in meinem Umgang mit anderen irgendeine wichtige Zutat fehlt. Manche sagten, ich sei arrogant, andere fanden eher, dass es mir an Selbstbewusstsein mangele. Ich glaube, wenn ich mit jemandem eine Zeitlang geredet habe, wirke ich eher unsicher, aber ich weiß nicht, was an meinem Verhalten diesen Eindruck erzeugt. Ich wollte gern selbstbewusster wirken, vor allem natürlich Frauen gegenüber, aber auch im beruflichen Umfeld und überhaupt im Zusammensein mit anderen. Außerdem wollte ich gern an eventuellen Macken oder ungünstigen Verhaltensweisen arbeiten, die mich vielleicht nicht so charmant sein lassen, wie ich eigentlich bin. Und auf keinen Fall wollte ich arrogant erscheinen. Zuerst habe ich mich damit auf eigene Faust befasst, habe Freunde gefragt und Bücher und Artikel gelesen. Ich habe sogar einen Job im Bereich Verkauf angenommen, um mehr mit Leuten zu tun zu haben. Aber ich bekam einfach keine brauchbaren Rückmeldungen und keine Anregungen zum weiteren Vorgehen.

Wie hast du dich verändert? Nach Janines Körpersprachetraining fiel mir auf, wie viel bereits eine einzige veränderte Geste bewirkte: das Stehen mit etwas weiter gespreizten Beinen. Schon Janines erste Anregungen und die Unterstützung durch das Team brachten deutliche Verbesserungen. In der Familie und im Freundeskreis ist allen aufgefallen, dass etwas anders ist, seit ich die ersten so simpel und harmlos wirkenden Haltungsänderungen vorgenommen habe – bis hin zu dem, was sich als heimliche Überraschung erwiesen hat, nämlich meine ganze Einstellung. Als besonders hilfreich erweist sich für mich noch etwas anderes, das wir gelernt haben, nämlich Fragen zu stellen, die es in sich haben.

Ich habe schon immer viel gefragt. Vielleicht liegt es an meinem ständigen Umgang mit Computern, dass ich mich an das Erteilen von Anweisungen gewöhnt habe. Dem Computer ist es egal, was du von ihm willst, auch wenn es immer wieder das Gleiche ist. Es war für mich auch zur Gewohnheit geworden, Anfragen zu stellen, deren Beantwortung mir bereits bekannt war. Die Menschen teilen sehr viel mit ihrer *Art* zu antworten mit, aber sie sind keine Computer und sie schätzen Verhöre nicht besonders.

Sehr wichtig war für mich auch, dass wir einem bestimmten sehr vielsagenden Signal der Körpersprache auf den Grund gegangen sind. Janine ließ uns mit dieser behutsamen Andeutung üben: »Vielleicht irre ich mich ja, aber eben jetzt kommt es mir so vor, als wäre an der Sache doch noch mehr dran.« Das lässt dem anderen Raum, mehr von dem zu äußern, was ihm durch den Kopf geht, und zwar ohne dass man ihn mit Fragen bombardiert.

Wenn ich die allerwichtigste Veränderung benennen soll, würde ich sagen, dass sie mit dem Wort »versuchen« zu tun hat. Einmal unterbrach Janine beim Üben, als ich sagte: »Ich will mal versuchen, ob ich es mehr so machen kann.« Sie legte mir nahe, das Wort »versuchen« einfach wegzulassen. Irgendwo muss ich wohl schon gewusst haben, dass all dieses »Ich will es versuchen« oder »Ich glaube, ich kann« ein großes Hindernis ist. Jetzt sagte ich also:»Ich werde bei allen Bewegungen, beim Gehen und Sprechen eine gleichmäßige, bestimmte, gemessene und entspannte Gangart anschlagen.« Erst als das »Versuchen« weg war, wurde mir ganz klar, wie unsicher und zögernd es klang. Ich wiederholte den Satz. Und jetzt glaubte ich ihn sogar.

Einmal glaubte sie zu sehen, wie ein Slam-Book herumgereicht wurde. Nach dem Unterricht sprach sie das Mädchen an, das sie für die Inhaberin hielt. Das Mädchen glaubte sich mühelos mit einem harmlosen anderen Spiralheft aus der Affäre ziehen zu können, das sie Cindy aushändigte. Cindy sah gleich, dass es nicht das Slam-Book sein konnte. Und das war die Geburtsstunde der FAF-Formel.

Sie sah das Mädchen direkt an und fragte:»Gibt es einen Grund, mir nicht das richtige Buch zu geben?«

Die Schülerin verwahrte sich dagegen und schwor, ganz nach Teenagerart, sie habe nur dieses eine. Cindy legte den Kopf ein wenig zur Seite und entgegnete mit leicht sarkastischem Unterton:»Ach, wirklich?«

Die Schülerin beteuerte weiterhin, sie habe nur dieses eine Heft und keinen Grund, ein falsches abzuliefern und überhaupt werde sie hier zu Unrecht bezichtigt. Cindy wartete einfach weiter ab.

Das Mädchen redete und redete. Cindy sagte nichts und ließ sie einfach reden. Am Ende fragte sie noch einmal:»Gibt es etwas, das du vielleicht lieber loswerden würdest?«

Das Mädchen langte in seine Schultasche und zog das Slam-Book heraus. Cindy staunte, wie schnell ihre neue Befragungstechnik die

Wahrheit ans Licht gefördert hatte, mit wie viel weniger Aufwand und Dramatik die Sache bereinigt werden konnte.

Treffsicherheit:
Fragen stellen, die es in sich haben

Zuhören ist eine wunderbare Sache, an die wir viel zu selten denken – schließlich sind wir ja großartig, und das sollen alle wissen! Da trifft es sich gut, dass wir uns selbst am besten kennen und jeden mit so viel Information versehen können, wie man sich nur wünschen kann.

Aber Scherz beiseite. Eben aus diesem Grund ist es so besonders wichtig, eher zuzuhören als zu reden. Wer wirklich etwas weiß, dem ist auch bewusst, dass man sich nur schwächt, wenn man zu viel über sich selbst spricht; solche Leute ermuntern lieber andere zum Reden. Überlegen Sie nur, wie viel mehr Sie vom Zuhören haben: Die anderen legen ihre Gedanken dar, Sie sieben die Informationen aus, und wenn Sie nachfragen, wird Ihnen noch mehr geliefert. Mit Ihren Fragen bestimmen Sie die Richtung des Gesprächs und bekommen mehr über das heraus, was Sie interessiert.

Leute, die lieber zuhören, wissen auch, dass die meisten Menschen mit Vorliebe über sich selbst reden. Zuhörer sind beliebte Gesprächspartner. Man redet vielleicht stundenlang mit jemandem, der zuhören kann, und danach sagt man sich, es sei ein tolles Gespräch gewesen – und dabei hat man fast ausschließlich selbst geredet!

Besonders gewichtig ist beim aktiven Zuhören die Tatsache, dass Sie dem anderen ein Gefühl von Sicherheit und Vertrautheit geben. Was in allen Lebenslagen am schnellsten Rapport entstehen lässt, ist das Zuhören.

Eine Lebensweisheit besagt, dass wir zwei Augen, zwei Ohren und nur einen Mund haben und deren Verwendung in eben diesem Verhältnis stehen sollte. Dieser Rat kann uns allen nur nützen. Noch weiter hat es mein Lehrer J. J. Newberry zugespitzt:»Wer die Fragen stellt, lenkt den Lauf des ganzen Gesprächs.«

Fragen, die es in sich haben, Powerfragen, sind solche, die in kürzester Zeit die wertvollsten Informationen erbringen. Mit solchen Fragen können Sie

❱ das Gespräch lenken und in Gang halten.
❱ Informationen und Erkenntnisse über andere gewinnen.
❱ Probleme und Unklarheiten einschätzen und klären und zu ihrem Verständnis beitragen.
❱ Respekt gegenüber den Ansichten des anderen bekunden.
❱ Aktionen und Veränderungen anbahnen.
❱ bei anderen Bewusstwerdungsprozesse auslösen.
❱ den Fortschritt anderer in Richtung ihrer persönlichen und beruflichen Ziele einschätzen.

Ich selbst bevorzuge Wie- und Was-Fragen. Hier ein paar meiner liebsten Powerfragen in beiden Kategorien und danach noch ein paar Beispiele für Wo-Fragen:

Wie gefällt Ihnen [Ihre Arbeit; Ihr neues Haus; das Elterndasein etc.]?
Wie war Ihr Wochenende?
Wie läuft die Woche bei Ihnen?
Wie ist es dazu gekommen?
Wie haben Sie da gedacht/gefühlt/gehandelt?
Wie haben Sie reagiert?
Wie sind Sie damit in der Vergangenheit zurechtgekommen?

Was ist passiert?
Was für eine Rolle spielten Sie dabei?

Was halten Sie davon?

Was bringt Sie auf diesen Gedanken?

Was hat das für Sie bedeutet?

Was meinen Sie damit? Können Sie mir ein Beispiel geben?

Was könnten Sie das nächste Mal anders machen?

Was haben Sie daraus gelernt?

Wo sehen Sie sich selbst in dieser Sache?

Wohin führt Sie das?

Wo können wir ansetzen, um etwas zu ändern?

Wo ist es falsch gelaufen?

Wo ist es richtig gelaufen?

Warum-Fragen möglichst vermeiden

Warum-Fragen sind gut, wenn Sie von jemandem angelogen werden, aber zum Aufbau einer Vertrauensbeziehung eignen sie sich nicht, weil sie den anderen leicht in die Defensive drängen. Wann-Fragen eröffnen keine Räume, in denen jemand gesprächig werden könnte.

Stellen Sie in der Anfangsphase eines Gesprächs, wenn eine Beziehung entstehen soll, keine Warum-Fragen. Wenn Sie jemanden fragen, warum etwas so und nicht so ist, entsteht schnell eine Abwehrhaltung. Wir hängen auf der emotionalen Ebene sehr an unserer persönlichen Erklärung dafür, dass etwas so ist, wie es ist. Wo Zweifel an unserer Einschätzung auch nur angedeutet werden, setzt das klare Denken schnell aus, und dann bricht auch der Rapport ab. Stellen Sie lieber Was- oder Wie-Fragen.

Fragen Sie also nicht: »Weshalb sind wir heute hier?«, sondern »Was steht denn heute auf der Tagesordnung?« Die erste Frage könnte schon als leicht abwertend aufgefasst werden, während die zweite die Auskünfte erbringen wird, die Sie haben möchten. Hier noch ein Beispiel – machen Sie sich selbst den Unterschied klar: »Weshalb haben Sie Steve die Leitung dieses Projekts übertragen?« Oder: »Was gewinnen Sie mit Steve als Leiter dieses Projekts?«

Fragen richtig einsetzen

Fragen bringen am meisten, wenn sie gezielt im richtigen Augenblick gestellt werden. Erinnern Sie sich, wie wir uns im 2. Kapitel Woody Allens Normalverhalten vergegenwärtigt haben? Nehmen wir jetzt an, wir beobachten ihn gerade, und plötzlich ändert sich seine verschlossen und nervös wirkende Art, so dass er uns eher offen erscheint. Vielleicht hat er die Hände aus den Taschen genommen und lässt sie locker hängen, während er zu seiner vollen Größe aufgerichtet dasteht (oder steht er vielleicht sogar in der Supermanpose wie Sarah Jessica Parker?). Sie bemerken den Unterschied und fragen sich: »Woran mag es liegen, dass er sich plötzlich so viel ungezwungener fühlt? Vertraut er mir? Oder will er mich nur *glauben* machen, dass er sich ungezwungen fühlt?«

Statt sich als Gedankenleser zu versuchen, fragen Sie ihn doch lieber ganz direkt. Doch, wirklich, es gibt kaum einen schnelleren Weg zur Wahrheit, als Ihr Gegenüber zu fragen, was denn sein Unwohlsein auslöst. Eine Frage, die es in sich hat, eine Powerfrage, kann zu einem gewissen Unbehagen führen, aber wenn Sie ganz frontal fragen, was los ist, kann sich das als Superpowerfrage erweisen, auf die Sie direkt die gewünschte Antwort erhalten.

Sie können während eines Gesprächs abwarten, bis sich von selbst ein Knackpunkt zeigt, oder Sie arbeiten mit einer Powerfrage direkt darauf hin, indem Sie etwas ansprechen, wovon Sie vermuten, dass es Ihr Gegenüber etwas in Bedrängnis bringt. Das kann richtig Spaß machen. Sie ändern bewusst die »Chemie« eines Austauschs, um wertvolle Informationen zu gewinnen. (Diese Technik haben wir, wie man sich denken kann, bei ATF ständig angewandt.) Wenn es jetzt zu einer Abweichung vom Normalverhalten der Person kommt, haben Sie die Bresche, durch die Sie mit einer Superpowerfrage zum Ziel kommen können.

Eine ähnliche Tabelle wie die nachfolgende haben Sie bereits im 2. Kapitel gesehen. Wir gehen jetzt mit Fragen, die es in sich haben, einen Schritt weiter:

Situation	Normal-verhalten	Powerfrage	Knackpunkt	Superpower-frage
Beim Flirten	60 Prozent Blickkontakt	»Sind Sie also verheiratet?«	Mehr Blickkontakt oder weniger	»Vielleicht irre ich mich, Lorraine, aber Sie erscheinen mir etwas nervös.«
Einstellungsgespräch	Entspannt, offene Körpersprache	»Was würde Ihr letzter Chef über Ihre Schwächen sagen?«	Verschränkt Arme, legt Beine übereinander, erzeugt eine Barriere	»Es scheint Ihnen nicht angenehm zu sein, über ... zu sprechen.«
Geschäftsverhandlung	Zurückgelehnt, Hände bilden das Dach	»Wie sind Sie zu diesem Preis gekommen?«	Beugt sich vor, spricht mit Ehrlichkeit ausdrückenden offenen Handgesten	In befremdetem Tonfall: »Wirklich, Caileen?« Dann nichts sagen, bis sie alles noch einmal erklärt

Situation	Normalverhalten	Powerfrage	Knackpunkt	Superpowerfrage
Autokauf	Hände an den Hüften, Füße mehr als 25 cm auseinander	»Was kostet eine Garantieverlängerung zusätzlich?«	Hände verschwinden samt Daumen in den Taschen, Fußstellung breiter	Neigen Sie den Kopf und sagen Sie nichts, bis er mehr preisgibt, dann sagen Sie: »Sagen Sie mir noch mehr dazu.«
Jemanden zur Rede stellen	Sieht Sie mit entspannt hängenden Armen direkt an	»Hast du mein letztes Bier getrunken?«	Sieht Sie weiter an, aber der Nabel wendet sich ab	»David, gibt es da etwas, das du lieber los wärst?«
Einen Auftrag erteilen	Entspannter Gesichtsausdruck	»Würden Sie gern die Leitung dieses Projekts übernehmen?«	Die Nase legt sich kurz in Falten, dann sagt sie achselzuckend: »Kein Problem, ich erledige das ganz zu Ihrer Zufriedenheit.«	»Ich könnte mich irren, Kerry, aber mir scheint, dass etwas Sie unsicher macht.« Wenn sie geantwortet hat, fragen Sie: »Spricht etwas dagegen, dass dieses Projekt durchgeführt werden kann?«

7-Sekunden-Abhilfe

Bitte recht freundlich
Hilflos oder selbstbewusst?

Das Problem: Wenn das Gespräch besonders tief wird, neigen wir manchmal zu Selbstberührungsgesten wie auf dem linken Foto. Es kann sich um eine Abwehrreaktion auf eine zu indiskrete Frage handeln – oder Sie sind auf einen Knackpunkt gestoßen.

Abhilfe: Wenn Sie diese Schwächegeste an sich selbst bemerken, heben Sie die Hand einfach ein wenig höher, bis zum Kinn – da wirken Sie dann eher nachdenklich als nervös.

Anwendung: Gewaltfreie Konfrontation

Als ich zu Winteranfang 1992 bei ATF anfing, sorgten etliche alte Hasen für meine Grundausbildung. Anfänger sollten möglichst viele Fahndungsstile kennenlernen und sich das zu eigen machen, was ihnen lag. Der Ermittlungsleiter, von dem ich am meisten gelernt habe, war ein Mann, den ich Don nennen werde.

Von Don habe ich gelernt, wie man es *nicht* macht. An einem Freitag besuchten Don und ich ein kleines Waffengeschäft, das von einem 80-Jährigen geführt wurde. Der alte Mann verkaufte nicht mehr als zehn Waffen pro Monat und war seit Jahren schon nicht mehr überprüft worden. Trotzdem musste er natürlich den Regeln entsprechend innerhalb von 24 Stunden nach einem Verkauf seine Unterlagen auf den letzten Stand bringen – aber seine Frau machte das nur einmal die Woche.

Gut, das war ein Verstoß gegen das Waffengesetz, aber sicher von einer anderen Größenordnung als Waffenschieberei. Don war durchaus befugt, je nach den Umständen eines Falls flexibel zu reagieren, und hier entschied er sich nun für breitspurige Körpersprache und einen barschen, herablassenden Tonfall: »Wir kommen nächste Woche wieder, und ich kann Ihnen nur raten, Ihren Papierkram bis dahin auf den neuesten Stand zu bringen!«

»Kein Problem«, beeilte sich der Mann zu versichern, »wir machen das am Wochenende.«

Don raunzte: »*Wir* bestimmt nicht! *Sie* machen das am Wochenende!«

Ich war baff. Du meine Güte, es war doch bloß ein Verstoß gegen die Buchführungspflicht. Mich würde es nicht wundern, wenn der alte Mann von Regierungsvertretern ein für allemal die Nase voll hätte.

Don machte mir ungewollt klar, weshalb die wirklich erfolgreichen Fahnder und Vernehmungsbeamten heute nicht mehr mit Bullengehabe aufkreuzen. Man hat nichts davon. Wenn man nicht von einer völlig normalen Grundlinie des Verhaltens ausgeht, weiß man nicht, ob der Verdächtige so nervös ist, weil er lügt; es könnte ja auch daran liegen, dass er so angebrüllt wird. Wenn man jemanden in diesem Bullentonfall zur Rede stellt, erreicht man nichts weiter, als dass er erstarrt oder zu fliehen versucht – und beides führt einen nicht zu dem, was man eigentlich will.

Was also war bisher Ihr Normalverhalten bei Konfrontationen? Wenn es zu Konflikten kommt, halten Sie dann kurz inne, um sich zu fragen, weshalb jemand so agiert? Denken Sie daran, dass Sie Ihre Firma, Ihre Familie, Ihren Freundeskreis repräsentieren. Wenn man die nach Ihrem Verhalten beurteilen würde, stünden sie dann besser oder schlechter da?

All das war Don wohl noch nicht klar. Mir jedoch wurde durch dieses Erlebnis ganz deutlich, dass es einen Weg geben musste, Fragen so zu stellen oder Anordnungen so zu erteilen, dass man zum gewünschten Ergebnis kam, ohne unfreundlich zu werden oder es gegenüber dem anderen an Respekt fehlen zu lassen.

Wir kommen jetzt zu zwei sehr wirksamen Techniken – der FAF-Formel und den Ankern –, die Sie viel weiter bringen, als Rüpel wie Don je kommen.

Anwendungsformen der FAF-Formel

Sie haben einiges über Knackpunkte, Powerfragen und Superpowerfragen erfahren. Diese drei verbinden sich zu einem dreiteiligen Ansatz, den Verhandlungsführer bei Geiselnahmen, aber auch Lehrer und Eltern anwenden, um die Wahrheit herauszufinden. Sie können das auch.

Das Grundrezept für den Fragen-Abwarten-Fragen-Prozess sieht so aus:

F: Stellen Sie eine Frage, die es in sich hat und vielleicht zu einem Knackpunkt führt.

A: Warten Sie ab. Wenn der andere etwas sagt, hören Sie zu, hören Sie wirklich zu. Warten Sie weiter ab, bis der andere alles gesagt hat, was aus seiner Sicht zu sagen ist. (Schweigen, zuhören, Powerfragen stellen – das sind die wichtigsten Instrumente für Verhandlungsführer bei Geiselnahmen. Für Sie auch.)

F: Stellen Sie wieder eine Powerfrage oder eben eine Superpowerfrage.

Verschiedene FAF-Ansätze eignen sich für unterschiedliche Situationen, in denen es für Sie um das Gewinnen von Informationen geht. Ob Sie über den Preis eines Autos verhandeln oder herausfinden wollen, ob Ihre Tochter lügt, mit diesem Vorgehen kommen Sie ans Ziel. Sie können natürlich je nach Sachlage noch eigene Feinheiten einflechten. Hier einige meiner Spezialrezepte:

▶ *Formel eins: Fragen, die der Person positive Eigenschaften zuschreiben.* Jeder, mit dem Sie es zu tun haben – sei es jemand, der sich verbarrikadiert hat, oder ein Interviewpartner oder Ihre neue Ausgehbekanntschaft –, besitzt seinen Stolz. Vermeiden Sie also den negativen Ansatz, zum Beispiel »Lügen Sie mich nicht an!«, um stattdessen die Eigenschaft anzusprechen, die Sie sich beim anderen wünschen. Mein Freund James Cavanaugh, ATF-Spezialagent, sagt gern: »Schreib den Leuten die Eigenschaften zu, die du bei ihnen sehen möchtest. Normalerweise machen sie dann mit, sie fühlen sich geradezu dazu verpflichtet.«

F: »Ihnen kann man vertrauen, nicht wahr?« (Zuschreibung des Gewünschten.)

A: Warten Sie ab. Die Person wird mit »Ja« antworten.

F: »Ich weiß. Und wenn Sie einmal gesagt haben, dass Sie etwas tun, dann tun Sie es auch, richtig?« (Die Zuschreibung wird bekräftigt.)

A: Sehr wahrscheinlich wird der andere wieder mit »Ja« antworten.
F: »Ich weiß, dass Sie jemand sind, der Wort hält.« Nach kurzer
Pause:»Ich bin auch so. Wenn ich sage, dass ich etwas tue, dann
tue ich es auch.« (Sie vergleichen sich mit der Person.)

Damit ist der Weg bereitet, und der andere wird sich kooperativ zeigen. Sie haben ihm eine positive Eigenschaft zugeschrieben, die er
bestätigt, und von hier aus geht es weiter. Schließlich soll der andere
ja ein gutes Gefühl dabei haben, kein ungutes. Wem kommen Sie
eher entgegen, jemandem, der Ihre guten Seiten erkennt, oder jemandem, der an Ihnen herummäkelt?

Hier noch ein paar Beispiele, wie Sie das Gute an jemandem
buchstäblich hervorlocken können:

▶ Zu Ihrem Angestellten:»Einen wie Sie kann ich gebrauchen, Joe.
Hier, Ihre Verkaufszahlen vom vergangenen Jahr. Sie hängen sich
wirklich rein, nicht?«

▶ Zu Ihrem Ehepartner:»Wie du immer an alles denkst! Da kann
es noch so hoch hergehen, das Wichtigste sind wir beide, du und
ich, stimmt's?«

▶ Zu Ihrer neuen Ausgehbegleitung:»Du bist einer, der Frauen gut
behandelt, nicht wahr? Das dachte ich mir schon. Man sieht dir
an, dass du jemand bist, der andere respektiert und Wort hält. Ich
bin auch so. Wenn ich sage, ich bin um sieben da, dann bin ich
um sieben da.«

▶ *Formel zwei: In nur wenig konfliktbelasteten Situationen Auskünfte bekommen.* Nehmen wir jetzt den Fall, dass sich das Normalverhalten der Person ändert und etliche Knackpunkte sichtbar werden. Sie spüren, dass Ihr Gegenüber etwas empfindet, was nicht mit
seinen/ihren Worten übereinstimmt.

F: »Vielleicht irre ich mich, aber könnte es sein, dass Sie/du gar nicht so unglücklich sind/bist, diesen Job zu verlieren?«»... Bedenken hast, wieder mit ihr auszugehen?«»... dich ärgerst, weil wir Weihnachten bei meiner Mutter sind?«

A: Warten Sie ab, und wenn der andere immer noch nicht recht mit der Sprache heraus will, schieben Sie diese Frage nach:

F: »[Name], was ist *wirklich* los?«

A: Warten Sie, bis irgendetwas kommt.

F: »Sagen Sie [Sag] mir darüber noch ein bisschen mehr.«

A: Und warten Sie wieder ab.

Mit diesem Vorgehen helfen Sie der Person, sich offen zu äußern. Sie werden staunen, wie schnell die Leute bereit sind, Ihnen tiefe und persönliche Gefühle anzuvertrauen.

▶ *Formel drei: Täuschungsmanöver aufdecken und umschiffen.* Man muss kein ATF-Fahnder sein, um in eine Lage zu kommen, in der man dieses Rezept anwenden muss. Es funktioniert in allen möglichen Situationen.

F: (In nicht anklagendem Tonfall:) »Hat es einen Grund, dass ...?« Beispiele: »Hat es einen Grund, dass du mir erzählst, du seist mit Michael unterwegs gewesen, während zwei Leute dich beim Händchenhalten mit einer Frau gesehen haben wollen?«»Hat es einen Grund, dass der Fernseher auf einen Kanal eingestellt ist, den du nicht einschalten darfst?«»Gibt es einen Grund für Ihre Nervosität beim Gedanken an diese Fusion?«»Gibt es einen Grund, etwas nicht in Ihren Lebenslauf aufzunehmen?«

A: Warten Sie ab, bis der andere etwas sagt.

F: »Wirklich?«

A: Schweigen Sie, bis der andere wieder spricht. Wer nichts zu verbergen hat, den stört das Schweigen nicht, aber Lügner müssen aktiv dafür sorgen, dass man ihnen glaubt. Sie sehen den anderen also einfach mit etwas zur Seite geneigtem Kopf an und sagen nichts. Sprechen Sie erst wieder, wenn der andere seine Geschichte wiederholt hat.

F: »[Name], gibt es da etwas, das Sie gern los wären?«
A: Warten Sie ab.

Wenn dieses Verfahren auf dem Gebiet der Rechtsdurchsetzung und für eine frustrierte Highschool-Lehrerin funktioniert, was wird es dann für Sie erst leisten! Glauben Sie mir, die Resultate sind verblüffend.

Ankern

Sie kennen das: Der Doktor klopft mit einem Hämmerchen auf einen Punkt unterhalb der Kniescheibe, und der Unterschenkel schnellt vor. Das kennen Sie auch: Wenn jemand Ihnen plötzlich mit der Wasserpistole ins Gesicht spritzt, zucken Sie zurück und kneifen die Augen zu. Das sind angeborene Reflexe, man braucht sie nicht erst zu lernen.

Aber es gibt andere Reflexe, die antrainiert werden, zum Beispiel der Speichelreflex bei Pawlows berühmtem Hund. Das haben wir im Psychologiekurs gelernt. Der russische Wissenschaftler Iwan Petrowitsch Pawlow schlug eine Glocke an, während er einem Hund zu fressen gab, und nach einer gewissen Trainingszeit setzte der Speichelfluss bei diesem Hund beim bloßen Klang der Glocke ein, ob es Futter gab oder nicht. So bewies Pawlow der Welt, dass Reize, die ursprünglich nichts mit einer Reaktion zu tun haben, sehr wohl durch Gewöhnung mit dieser verknüpft werden können. Wir sprechen dann von einem »bedingten Reflex« oder von Konditionierung:

Bestimmte Erfahrungen lösen unbewusst bestimmte Reaktionen bei uns aus oder rufen bestimmte Erinnerungen wach. Es ist, als wäre dieser eigentlich willkürliche Zusammenhang irgendwie in uns »verankert«. Und es gibt in unserem Leben Tausende solcher bedingten Reflexe oder Anker. Wenn ich zum Beispiel Madonnas 1980er-Hit *Crazy for You* höre, bin ich gleich wieder auf dem Tanzabend in der Schule, bei dem ich von Peter B. meinen ersten richtigen Kuss bekam – auf der Tanzfläche! Wenn ich Kaffee rieche (und diesen Geruch mag ich gar nicht), bin ich in meine Teenagerjahre zurückversetzt und sitze morgens um fünf bei Mister Donuts auf der Lexington Street in Waltham, Massachusetts, um Donuts mit Gelee zu füllen. Und wenn ich einen leeren Kaffeebecher von Dunkin' Donuts sehe, fallen mir mein Vater, meine Schwester Caileen und mein Onkel Francie ein, alle drei begeisterte Liebhaber dieses Kaffees. Alle diese Anker haben einen Auslösereiz (den Song, den Kaffeegeruch, den Anblick des Kaffeebechers), auf den wir mit bestimmten Gedanken und Gefühlen reagieren, die durch entsprechende Erfahrungen in uns verankert wurden – der Wonneschauer bei diesem ersten Kuss, die schweren Lider beim Donutfüllen in aller Herrgottsfrühe, die Liebe zu meiner Familie.

Wir haben dieses Phänomen schon im 6. Kapitel kurz angesprochen, als es um die Nachwirkungen eines ersten Händedrucks ging. Wenn Sie für jemanden ganz gezielt einen Anker setzen, zum Beispiel durch eine Berührung, können Sie die dazugehörigen Empfindungen immer wieder auslösen, wenn Sie die Berührung wiederholen.

Sie können andere verankern, um sie in die gewünschte innere Verfassung zu versetzen, aber Sie können auch für sich selbst Anker setzen, um Ihre Stimmung oder Ihre Gefühle zu verändern. Beginnen wir mit Ankern für andere.

Den Anker setzen. Wenn Sie jemandem begegnen, können Sie einen physischen oder stimmlichen Anker setzen. Sagen Sie beim Händedruck etwas Aufmunterndes wie:»Wie schön, dass ich Sie endlich mal treffe. Ich hab schon so viel Gutes über Sie gehört.« Wenn Sie Platz nehmen, können Sie noch einen Schritt weiter gehen. Machen Sie ihr mit einer leichten Berührung am Unterarm ein Kompliment:»Was für einen schönen Namen Sie haben.« Erklären Sie zum Abschluss mit ein paar Worten, weshalb Ihnen das so gefällt, was Ihnen gefällt. Beim Einstellungsgespräch mit meiner Praktikantin habe ich zum Beispiel gesagt:»Ihr Name gefällt mir ganz besonders gut. Jerusalem. So ungewöhnlich, so einprägsam.« Aber Sie können positive Anker auch durch ein Lächeln setzen, Sie können sich vorbeugen und zustimmend nicken und vielleicht ein interessiertes»Mhm« einflechten.

Wählen Sie einen Anker (eine Berührung oder ein Wort) für den besonders gefühlsbetonten Teil Ihrer Interaktion, etwa für die Begeisterung bei der ersten Begegnung. Der Auslösereiz sollte etwas Ungewöhnliches oder jedenfalls nicht ganz Selbstverständliches haben – eine Berührung am Arm oder an der Schulter, vielleicht irgendein einprägsamer Laut. Das ist Ihr Anker. Setzen Sie ihn so früh wie möglich in einer neuen Beziehung, etwa gleich beim ersten Händedruck oder unmittelbar danach.

Die Verankerung wiederholen. Verwenden Sie den Anker erneut in einer ähnlichen Situation, um die Konditionierung zu vertiefen. Wenn Ihnen beispielsweise im Gespräch mit dieser Person etwas besonders gefällt, dann wiederholen Sie die gleiche Berührung an der gleichen Stelle mit dem gleichen Druck. Um bei Jerusalem die Aufregung und Unsicherheit an ihrem ersten Arbeitstag abzumildern, fragte ich sie:»Ihr Name hat doch sicher eine Geschichte?« Als sie antwortete:»Sagen wir mal so: Ich habe eine Schwester, und die heißt [Pause] Bethlehem ...«, prustete ich los und berührte sie, um den Anker zu festigen, wieder so, wie ich es schon einmal getan hatte.

Mit dieser Berührung knüpfte ich nicht nur an die Freude bei unserer ersten Begegnung an, sondern auch an ihre eigene innige Verbundenheit mit ihrer Familie, Kultur, Religion und deren Geschichte.

Schwere Anker werden gekappt
Haben Sie sich je gefragt, weshalb Hollywoodschauspieler, wenn ihnen schließlich der Durchbruch gelingt und das große Geld rollt, oft ihre früheren Lebensgefährten verlassen, die beim Erklimmen der ersten schwierigen Sprossen auf der Erfolgsleiter an ihrer Seite waren? Ganz einfach, diese Leute waren in den schweren Zeiten bei ihnen und sind jetzt Anker für Kampf und Frust. Die neue Liebe dagegen kennt sie nur als das, was sie jetzt sind – Superstar.
Lassen Sie es in Ihren eigenen Beziehungen nicht so weit kommen, tauschen Sie sich mit anderen immer über die guten Seiten Ihrer Beziehung aus – dann haben alle Beteiligten immer starke positive Anker in ihrem Gedächtnisspeicher.

Den Anker aktivieren. Wenn Sie den einmal gesetzten Anker erneut ins Spiel bringen, kommen Sie leichter zu dem Ergebnis, das Ihnen vorschwebt. Wenn ich zum Beispiel möchte, dass sich Jerusalem ganz für eine Sache einsetzt, wiederhole ich den als positiv empfundenen Anker und ergänze: »Ich weiß, dass Sie das wunderbar hinkriegen werden.« Durch die Aktivierung des Ankers im Zusammenhang mit einem Auftrag entsteht für sie das Gefühl, dass wir alle – auch ihre Familie, ihr Glaube und alles, was ihr lieb ist – hinter ihr stehen und an ihre Fähigkeiten glauben.

Sie können auch negative Anker setzen, wenn Sie gezielt eine ganz andere Sprechweise wählen als Ihr Gegenüber. Zudem kann alles, was Sie tun, um den Rapport abzubrechen, einen negativen Anker setzen. Solch ein negativer Anker kann nützlich sein, wenn jemand etwas verschweigt oder direkt lügt – einfach deshalb, weil wir uns alle im Grunde lieber mit dem anderen verbunden fühlen. Der negative Anker gibt dem anderen also unauffällig einen unangenehmen kleinen Anstoß, alle Karten auf den Tisch zu legen. Sobald er es tut, ist es natürlich wichtig, einen positiven Anker zu setzen bzw. einen bereits gesetzten positiven Anker zu reaktivieren.

▸ *Sich selbst verankern.* Während meiner Schwangerschaft habe ich beim Baden immer Musik von Diana Krall gehört. Ins Badewasser kam Lavendelöl, und innerlich wiederholte ich mir die Worte »Frieden und Gelassenheit«. Als sich dann später herausstellte, dass doch ein Kaiserschnitt vorgenommen werden musste, dachte ich im OP einfach wieder an diese Worte und blieb ganz entspannt. Wenn ich heute Lavendel rieche oder einen Song von Diana Krall höre, fühle ich mich gleich in diesen Tag zurückversetzt, an dem ich Mutter wurde und meinen neugeborenen Sohn Angus in den Armen hielt, das schönste Geschenk meines Lebens.

Noch ein paar Ideen für Dinge, die Sie als Anker verwenden können: die Vorstellung einer Ruhe und Stärke ausstrahlenden Hand auf der Schulter; ein Tic Tac im Mund; ein bestimmtes Parfüm, eine bestimmte Duftlotion; ein Song, den Sie mögen; der Anblick eines Bildes; vielleicht auch einfach das Einkrallen der Zehen in den Schuhen.

Anker sind sehr hilfreich, wenn wir ganz auf Draht sein wollen. An der University of Liverpool wurde festgestellt, dass Studentinnen, die beim Lernen und bei der Abfrage des Gelernten denselben Duft trugen (Orange oder Lavendel), eine um 15 bis 20 Prozent bessere Gedächtnisleistung zeigten.

Und so schaffen Sie sich Ihre eigenen Anker:

1. **Den Anker setzen:** Entscheiden Sie sich, welches Gefühl Sie in einer bestimmten Situation haben möchten. Beispiel: Sie möchten fröhlich und unerschütterlich sein, wenn Sie sich die Schulaufführung Ihrer Kinder ansehen, bei der auch Ihr Ex-Mann anwesend sein wird (und diese Frau, mit der er Sie betrogen und für die er Sie sitzen gelassen hat).

2. **Den Anker auffrischen:** Nehmen Sie sich einen Moment Zeit, um sich an eine Gelegenheit zu erinnern, bei der Sie munter und stark und wirklich durch nichts zu erschüttern waren. Wenn Sie das noch nie so erlebt haben, dann stellen Sie sich vor, wie es wäre, jetzt so zu empfinden.

3. **Den Anker visualisieren:** Schließen Sie jetzt die Augen, versetzen Sie sich in diese Lage. Rufen Sie sich den Tag und den Ort dieses intensiven Empfindens so lebhaft wie möglich und in allen Einzelheiten in Erinnerung. Halten Sie die Farben ganz frisch, holen Sie das Bild nah heran, lassen Sie alle Geräusche klar und deutlich werden. Wählen Sie ein, zwei zu diesem Erlebnis passende Wörter und krallen Sie auf dem Höhepunkt der Empfindung die Zehen ein. Halten Sie die Zehen so.

4. **Die Verankerung lösen und erneut setzen:** Lassen Sie sich vom Gefühl der Stärke und Fröhlichkeit überspülen wie von der Brandung an einem heißen Sommertag. Wie erfrischend, was für eine Kraft – ein Neubeginn! Dann lösen Sie die Zehen, öffnen die Augen, lassen die Erinnerung ziehen. Wählen Sie eine andere, die den gleichen Gefühlsgehalt hat. Wiederholen Sie die Schrittfolge damit und dann noch einmal mit einem dritten Beispiel.

5. **Den Anker aktivieren:** Krallen Sie die Zehen ein, um den neuen Anker zu testen. Wenn nicht alles an Ihnen in diesen kraftvollen Zustand wechselt – Gefühlslage, Haltung, Stand, innerer Dialog, Atmung, Kopfhaltung, Tonfall –, gehen Sie die Schrittfolge noch

einmal durch, aber geben Sie dabei allem noch mehr Farbe und Dichte. Dann wiederholen Sie den Ablauf.

Anker können wie Powerfragen von gewaltigem Einfluss sein und uns in Hochstimmung oder Missmut versetzen. Wir richten uns durch sie zu unserer vollen Größe auf und werden aktiv, oder wir machen uns klein und lassen uns auf nichts ein. Das sind zwei großartige Instrumente in Ihrem neuen Körpersprache-Werkzeugkasten.

Die Übungen für den siebten Tag: Umgang mit der FAF-Formel

Bei diesen beiden Spezialmethoden ist wirklich Übung das, was den Meister macht, aber wenn man sie einmal beherrscht, kann man mit ihnen beinahe alles erreichen. Sie werden mehr herausfinden als je zuvor, und das auch noch viel schneller. Hier ein paar Übungen für die Geläufigkeit.

▸ *Machen Sie sich mit allen FAF-Formeln vertraut.* Das ist für heute Ihre Hauptübung.

Formel eins: Beim Fragen eine positive Eigenschaft zuschreiben.
Formel zwei: In wenig konfliktträchtigen Situationen Informationen gewinnen.
Formel drei: Täuschungsmanöver aufdecken und den anderen zur Wahrheit bewegen.

Schreiben Sie auf je ein Blatt Ihres Tagebuchs die Namen von sieben Personen in Ihrem Leben. Notieren Sie dann die drei FAF-Formeln so, dass unter jeder etwa ein Drittel des Blattes frei bleibt. Schreiben

Sie unter jede der drei Formeln ein Beispiel, das Sie bei der oben auf dem Blatt genannten Person entweder gleich oder irgendwann in der Zukunft anwenden können. Wiederholen Sie das für alle anderen auf den weiteren Seiten genannten Personen. Mit dieser Übung trainieren Sie Ihr Gehirn auf geeignete Anwendungen in unterschiedlichen Situationen.

▸ *Werden Sie FAF-Ladendetektiv.* Besuchen Sie heute am Nachmittag oder Abend ein Einkaufszentrum oder einen Supermarkt. Beobachten Sie die Leute an der Information, an der Kasse oder in den Gängen mit ihren Kindern. Denken Sie sich in die Rolle eines inkognito agierenden Mitglieds des Sicherheitsdienstes hinein, aber achten Sie nicht auf Dinge, die entwendet werden, sondern hören und sehen Sie nur sehr genau hin.

Was für Fragen werden gestellt, was für Vorwürfe erhoben, wer ist Täter, wer Opfer? Was erbringt das jeweils den Beteiligten, was haben sie davon? Und die Leute, denen blöde Fragen gestellt oder Vorwürfe gemacht werden, wie reagieren sie verbal und nonverbal? Erhebt man die Stimme, schimpft man, gibt es einen Wutausbruch? Macht die Körpersprache die Leute größer oder kleiner? Machen sie vielleicht eine Powergeste oder zeigen sich verunsichert? Beobachten Sie sieben Leute, und machen Sie sich dazu Notizen in Ihrem Erfolgstagebuch.

Wenn Sie das Erlebte kurz dokumentiert haben, fügen Sie Ihre eigene Analyse hinzu und notieren Sie die FAF-Formel, die Sie in jeder dieser Situationen angewendet hätten. Wie hätten Sie sich ausgedrückt? (Wenn Sie Anregungen brauchen, blättern Sie ruhig zurück, um sich die Formeln noch einmal zu vergegenwärtigen.)

▸ *Anderen Eigenschaften zuschreiben.* Sind Sie über irgendeine Person in Ihrem Leben frustriert? Schreiben Sie ihr die Züge zu, die Sie gern an ihr sehen würden. Mein Sohn hat beispielsweise heute Morgen mit einem sehr fein gearbeiteten Stehauf-Bilderbuch gespielt, während ich noch mit meiner Schwester telefonierte. Ich sagte: »Angus, leg das Buch bitte weg. Ich lese es dir vor, wenn ich mit dem Telefonieren fertig bin.« Das überhörte er einfach und spielte weiter damit. Ich griff zur FAF-Formel: »Angus, du kanst gut zuhören, nicht?«

Er lächelte und sagte: »Ja.«

»Was meinst du«, fuhr ich fort, »ob du wohl der beste Zuhörer auf der ganzen Welt bist?«

Er lachte und krähte: »Ja!«

Ich sagte: »Ich weiß doch, dass keiner besser hören kann als du. Das gefällt mir so ganz besonders an dir. Wenn ich dich bitte, etwas zu tun, tust du es schneller als jedes andere Kind, das ich kenne.«

Er lächelte, und ich brauchte jetzt nur noch zu sagen: »Leg das Buch bitte weg, Angus. Ich spiele mit dir, sobald ich fertig bin.« Er legte das Buch weg und spielte dann mit einem Dinosaurier.

Kapitel 9

Der große Zusammenhang:
Eine neue Einstellung

> Wenn du die Dinge anders betrachtest,
> ändern sich die Dinge, die du betrachtest.
>
> *Wayne Dyer (*1940)*

Als 2005 mein Sohn Angus zur Welt kam, wurde uns die nieder-schmetternde Mitteilung gemacht, sein Herz weise einen leichten Entwicklungsrückstand auf. Die Ärzte fügten hinzu, das werde sich in den folgenden acht Monaten von selbst auswachsen. Als dann je-doch vier Monate später mein Mutterschaftsurlaub auslief, hatte sich bei Angus' Herz noch nicht viel getan. An meinem ersten Tag im Büro fragte ich meine Supervisorin, ob ich nicht die nächsten vier Monate, bis zu Angus' nächstem Termin beim Kardiologen, von zu Hause aus arbeiten könne. Ich wollte einfach für alle Eventualitäten in der Nähe sein. Meine Chefin kannte die Situation, lehnte jedoch ab und sagte sehr obenhin: »Wenn ich das bei Ihnen erlaube, werden es alle anderen auch wollen.« Und das war nur die erste kalte und herzlose Abfuhr von etlichen, die noch folgten. Mit mir ging es von da an rapide abwärts. Ich hasste meine Chefin und die ganze Agen-tur. Ich wurde sogar richtig depressiv.

Jeden Tag verschwand ich in meinem Büro, schloss die Tür hinter mir, weinte und schrieb dann E-Mails an die Vorgesetzte meiner Chefin (wobei gelegentlich auch deren Indiskretionen deutlich wur-den). Es hatte schon etwas Selbstzerstörerisches, ich fühlte mich wie eine Sprengladung – bis eines Tages meine frühere Chefin, die Spezi-alagentin Theresa Stoop, bei mir anklopfte. Theresa war gerade auf einen hohen Posten in der Schulungsabteilung von ATF befördert worden und stand jetzt sogar über der Chefin meiner Chefin. Ihr war zu Ohren gekommen, dass ich mich total verrannt hatte.

Powerteam-Kehrtwendung
Name: P. K. Ewing
Alter: 39
Beruf: Schauspieler, Offizier, Diplomat, Wettkampfsportler

Was hat dich zurückgehalten? Meine Körpersprache ist immer viel zu dominant oder sogar aggressiv gewesen. Andere empfanden mich als ärgerlich, wenn ich mich eigentlich nur auf das konzentrierte, was sie sagten. Meine Körpersprache passte nicht zu dem, was wirklich in mir vorging, aber ich wusste nicht, wie ich das hätte ändern können.

Wie hast du dich verändert? Durch den Kurs habe ich erfahren, dass ich mich weitaus besser mitteilen kann, wenn mein äußeres Erscheinungsbild mit dem übereinstimmt, was ich sage. Die Leute hören und sehen dich besser, wenn sie nicht durch das abgelenkt sind, was du äußerlich zeigst. Dann bekommen sie nämlich nicht mit, was du sagst.
Ich bin seit über 16 Jahren Marineoffizier. Ich weiß, wie man Kommandos gibt, wie man überzeugend auftritt und andere zum Handeln motiviert. Mit dem, was ich bei Janine gelernt habe, bekommt dieses Auftreten etwas Entspanntes und Fließendes. Ich nutze diese Kenntnisse, um insgesamt zugänglicher zu werden und nicht mehr so verbissen zu wirken.

Ganz sicher hat mein Leben seit dem Körpersprachekurs eine ganz neue Richtung eingeschlagen. Ich habe die Kraft gefunden, eine allzu viel fordernde und destruktive Beziehung zu verlassen. Ich baue mir nach und nach eine Karriere als Redner auf. Ich habe Kontakte zu alten Freunden wiederbelebt und mich mit den Leuten in meinem Körperspracheteam angefreundet. Ich bin umgänglicher geworden, und das hat allen Beziehungen zu meinen Freunden gutgetan. Es gelingt mir besser, Missverständnisse zu vermeiden und entstehende Spannungen gleich wieder zu entschärfen. Der Austausch mit anderen macht mir richtig Spaß, ich komme ihnen auf andere Art näher als vor Janines Kurs. Seit Kurzem moderiere ich sogar eine wöchentliche Radiosendung.

Mein Rat an alle, die dieses Buch lesen: Arbeiten Sie es gründlich durch. Der praktische Prozess ist das, was die Wunder bewirkt. Machen Sie die Übungen und beziehen Sie sie nach und nach in Ihr Leben ein, damit sie zur Gewohnheit werden können. So können die Veränderungen wirklich greifen, und alles wird besser.

Das Programm hat mein Leben verändert, weil es mir etwas in Erinnerung rief, was ich zu lange unbeachtet gelassen hatte: Das Wichtigste sind deine Einstellung und dein Selbstvertrauen. Auf der Marineakademie lautete das Motto meines Kurses: »Das Glück ist mit den Tapferen«. Um tapfer zu sein, wagemutig, braucht man Selbstbewusstsein und Haltung. Die meisten übersehen, dass die Körpersprache durch unsere Haltung, unsere Einstellung bedingt ist. Körpersprache lässt sich nicht vortäuschen. Ihre Färbung und Lebendigkeit bekommt sie durch unsere Haltung. Wo die Haltung stimmt, da stimmt auch die Körpersprache und umgekehrt.

Sie sagte an diesem Tag sehr wenig zu mir. Sie hörte zu und hörte zu und hörte zu. Als ich genug geredet und geweint und gelästert hatte, breitete sie die Arme in meine Richtung aus, als wollte sie ein kleines Kind auffangen, und sagte:»Janine, du hast zu Hause genug Sorgen. Überlass mir diese Sache, ich kümmere mich darum.« Von dieser schlichten Geste der Arme bekam ich wieder einen Kloß im Hals und musste weinen, aber jetzt waren es Erleichterungs- und Hoffnungstränen. Es war ein Gefühl der Geborgenheit, endlich gehört und verstanden worden zu sein.

Die Wissenschaftler sagen, dass ungefähr 40 Prozent unseres Glücksempfindens genetisch bedingt sind. Weitere 10 Prozent gehen von allerlei Lebensumständen aus – Gehaltserhöhung, Gewichtabnahme, Anschaffung eines neuen Wagens oder Hauses, Schwangerschaft und Geburt. Die übrigen 50 Prozent unseres Glücksempfindens hängen ganz direkt mit dem zusammen, was wir für andere tun. Sie brauchen aber keine Mutter Teresa zu sein, um zu diesem »Helfer-High« zu kommen. Sie können es jeden Tag haben, einfach durch den Entschluss, andere achtungsvoll zu behandeln, wirklich ihre Bedürfnisse zu verstehen und zur Erfüllung dieser Bedürfnisse – wie auch Ihrer eigenen – das zu tun, was Ihnen möglich ist. Wenn Sie diese echte Fürsorglichkeit für sich entdeckt haben, in der Sie mitfühlend hinschauen, zuhören, aufnehmen und antworten, haben Sie die dritte Stufe der neuen Körpersprache erreicht. Es ist die Stufe der Einstellung oder Haltung.

In diesem Kapitel werden wir alles zusammenführen, was Sie in den vergangenen sieben Tagen gelernt haben. Wir beginnen mit ein paar allgemeinen Strategien, die Sie anwenden können, um weiter in die Haltung eines Siegers hineinzuwachsen. Sie werden lernen, wie man negatives inneres Geschwätz abschaltet und in eine neue Sicht der Dinge hineinwächst.

Das Hauptaugenmerk wird sich von dem, was *Sie* sich wünschen, auf das verlagern, was *andere* möchten. Denn wenn Sie den anderen

Liebe ist nicht blind

> **7-Sekunden-Abhilfe**

Das Problem: Auf dem linken Bild sehen Sie, dass der Mann seinen Arm beim Blind Date hinter die Frau hält, ihr den Nabel zugewandt hat und durch das hochgelegte Bein auch zu viel von seiner Schamgegend zeigt. Sie zeigt ihm die kalte Schulter, der Nabel ist abgewandt, die Arme bilden eine Barriere, die Schamgegend ist verdeckt, und schließlich zieht sie auch noch die Füße von ihm weg und fühlt sich so unwohl, dass sie zwei Finger der einen Hand mit der anderen umfasst.

Abhilfe: Sie mögen sie, aber sie hat zugemacht. Setzen Sie also Ihren Körper sinnvoll ein, um bessere Voraussetzungen zu schaffen. Wenn ein Arm in ihre Persönlichkeitssphäre ragt, können Sie das mit dem Bein der anderen Seite ausgleichen, indem Sie es zur Vierer-Haltung auf das andere Knie legen. So wirken Sie nicht gar so forsch und dafür selbstbewusster.

zu dem verhelfen, was sie möchten, öffnet sich auch für Sie der Zugang zu endloser Fülle. Wie Stephen R. Covey einmal gesagt hat: »Sieh erst einmal zu, dass du verstehst; dann, dass du verstanden wirst.«

Ihre Einstellung

Wenn Sie die neue Körpersprache einsetzen möchten, um zu bekommen, was Sie sich wünschen, sollten Sie wissen, dass Sie eine gute Einstellung nicht nur haben, sondern auch zeigen müssen. So kann es sein, dass jemand sein Leben zwar wirklich positiv sieht, aber nicht gerade fröhlich wirkt oder vor Lebendigkeit sprüht. Mancher wird vielleicht denken, dieser Mensch habe eine negative Grundhaltung. Eine andere Person wirkt dagegen so, als wäre sie durch und durch positiv, sie lächelt viel und spricht lebhaft. In Wirklichkeit beklagt sie sich häufig und arbeitet nur, wenn andere in der Nähe sind.

Ihre Grundhaltung ist Ihr persönliches »Markenzeichen«. Wie sah sie in letzter Zeit aus? Machtvoll, zuversichtlich, fröhlich? Unsicher, verärgert, deprimierend? Waren Sie ängstlich und unruhig? Nicht aufzuhalten? Wählen Sie die Haltung, die Ihren Intentionen und der jeweiligen Situation entspricht, und mit Ihrer Gesundheit wird es aufwärts gehen, Ihre Beziehungen laufen rund, Konflikte werden leichter zu bereinigen sein, Sie werden öfter wirklich fröhlich sein, und Ihre Körpersprache wird sofort spürbar besser. (Wahrscheinlich werden Sie sogar mehr verdienen.)

Am Beginn dieser vergangenen sieben Tage haben Sie sich zunächst Ihren eigenen natürlichen Instinkten angenähert, dann haben Sie die Signale anderer einzuschätzen gelernt und schließlich das Gelernte auf Ihre eigene Körpersprache angewendet. Ich nehme stark an, dass Sie jetzt recht gut wissen, wie Sie den Austausch mit so gut wie allen Menschen in Ihrem Leben verbessern können. Jetzt möchte ich, dass Sie alle diese neuen Erkenntnisse zusammenführen und zu der inneren Haltung finden, die Sie durch alle Wechselfälle des Lebens trägt.

Doch bevor wir das alles in einen einzigen Ablauf einbinden, den Sie sich leicht einprägen können, wollen wir uns noch vier Dinge ansehen, die aus meiner Sicht für die Siegerhaltung entscheidend sind.

Nicht mehr recht haben müssen

Unsere »Metawahrnehmungen«, das heißt unsere Vorstellungen von dem, was andere von uns halten, hängen nach wissenschaftlichen Erkenntnissen davon ab, wie unsere primären Bezugspersonen, in der Regel vor allem unsere Mutter, von Geburt an mit uns umgegangen sind, wie sie also unsere frühe Körpersprache gedeutet haben und auf unsere Bedürfnisse eingegangen sind. Wir haben es in diesem Buch bereits angesprochen: Als Babys und Kleinkinder verfolgen wir Gesichtsausdruck, Tonfall und Gestik unserer Mutter, um uns daran zu orientieren und unser Selbstverständnis zu entwickeln, und auch als Erwachsene tun wir das eigentlich bei allen Menschen. Wir bringen aus unseren frühen Jahren ein primäres Selbstbild mit, ein Bild, das wir von uns selbst haben; und wenn andere uns nicht so sehen, wie wir diesem Bild gemäß zu sein glauben, setzen wir alles daran, sie mit Worten und Körpersprache zu dem Bild zu bekehren, das *wir* von uns haben.

Martha Farrell Erickson gehört dem Children, Youth and Family Consortium der University of Michigan an, und nach ihren Worten wird ein Kind, dessen Mutter kalt und unnahbar war, diese Situation auch später als Erwachsener wiederherzustellen versuchen und kalte, distanzierte Beziehungen eingehen oder sich selbst unausstehlich und unnahbar geben. Solch ein Mensch stößt andere zurück und verstärkt dadurch natürlich sein Selbstbild, das ihn als unliebenswert zeigt. Auf der anderen Seite wird ein Kind, das eine verlässlich auf es eingehende Mutter hatte, warmherzige Beziehungen eingehen und gute Kontakte zu Gleichaltrigen haben. Wir sind ständig bemüht, die Richtigkeit unserer Selbsteinschätzung zu beweisen – und verzichten dafür sogar auf Liebe.

Ich kenne eine Frau, Barbara, die als Kind von ihrer Mutter nur zum Stillen und Windelnwechseln hochgenommen wurde. Das war alles. Barbara ist in der Tiefe ein wirklich netter Mensch, und wenn der seltene Fall eintritt, dass sie ihre Schutzmauern einmal nicht braucht, kann sie freundlich und liebevoll sein. Aber meistens gibt sie sich lieber taff und extrem kantig – sie *liebt* es, als Miststück gesehen zu werden. Wenn jemand nett zu ihr ist, brüskiert sie denjenigen mit Worten, die richtig gemein sein können. Sie zieht sogar über ihre beiden umgänglicheren Geschwister her, weil sie Kontakt zum Rest der Familie halten. Und was soll ich Ihnen sagen – sie behält am Ende immer recht und erspart sich liebevolle Zuwendung. Dazu mag man nicht so recht gratulieren.

Fragen Sie sich also ganz ernsthaft: »Stecke ich wie Barbara in so einer Miesepeterfalle?« Sollten Sie in Wirklichkeit liebenswerter sein, als Sie sich und andere glauben machen möchten, dann nehmen Sie sich für heute einmal vor, nicht unbedingt recht haben zu müssen.

Sie sind nämlich wunderbar, egal was man Ihnen in der Vergangenheit gesagt haben mag oder was Sie sich selbst gesagt haben. Sie sind nicht »schüchtern« oder »ein Einzelgänger« oder »antriebslos«. Sie sind auch nicht »kalt« oder »langweilig« oder »unkreativ«. Sie besitzen Gaben, die Sie noch gar nicht vermutet haben.

Wenn Sie gern damit aufhören würden, Ihre Kraft und Selbstbestimmung an Leute abzutreten, die in Ihrem Leben gar nicht mehr vorkommen, kann die neue Körpersprache Ihnen helfen, die alten Metawahrnehmungsketten zu sprengen, die Sie bisher immer zurückgehalten haben.

Andere mit Respekt behandeln

Wenn ich Polizeibeamte frage:»Wie viele von Ihnen geben den schweren Jungs die Hand?«, meldet sich einer von hundert, wenn ich Glück habe. Dieser eine ist es jedoch in der Regel, der Dankschreiben bekommt, in denen beispielsweise steht:»Dass ich ins Gefängnis gekommen bin, hat mir das Leben gerettet!« Wenn Sie bei so gut wie allen Menschen zu solchen Ergebnissen kommen möchten (ohne den Knastteil), dann gehen Sie einfach höflich und respektvoll mit anderen um.

Polizisten, die Verdächtigen nicht die Hand geben, erfinden dafür gern Ausreden – »Die stinken« oder »Das sind schreckliche Leute« –, aber wenn sie wüssten, wie viel man mit Freundlichkeit und Höflichkeit ausrichten kann, würden sie wohl anders denken. Jeder, auch ein Gesetzesbrecher, möchte gern respektvoll behandelt werden. Und ein Polizist, der die Begegnung mit einem Handschlag einleitet, hat es meist mit ruhigeren Leuten zu tun und bringt mehr in Erfahrung.

An einem meiner ersten Seminare für Polizisten nahm eine Gruppe aus Seattle teil. Sie erzählten, wie in ihrer Einheit die Regeln für den Umgang mit Verdächtigen aussehen. Es geht in erster Linie um Rapport und Respekt, die Leute sollen sich nicht unwohl fühlen. Die drei Regeln dieser Gruppe von Polizeibeamten aus Seattle lauten:

- Gib die Hand, stell dich vor, schlag einen freundlichen Tonfall an.
- Nimm dir drei Stunden Zeit für den Rapport, erst dann wird über das Vergehen gesprochen (das muss nicht am Stück sein).

▶ Wenn eine Vertrauensbeziehung hergestellt ist, nimm den Verdächtigen in deinem Dienstwagen mit zu einem Imbiss und besorge für euch beide etwas zu essen.

Das wirkt vielleicht eher wie der Beginn einer wunderbaren Freundschaft und nicht wie der Versuch, einem Verdächtigen ein Geständnis zu entlocken. Aber der dritte Schritt hat es in sich. Der Verdächtige wird nämlich ein wenig durch die Gegend gefahren, und dabei kommt man auch an so manchem Ort eines Verbrechens vorbei – und darüber wird dann ganz beiläufig geredet.

Der Polizist könnte beispielsweise sagen:»Wir haben zu allen diesen Straftaten massenhaft Fingerabdrücke und DNA-Spuren, aber es geht alles noch nicht so richtig voran. Sie allerdings haben wir wegen dem Ding, das Sie gedreht haben, ganz sicher, und ich könnte mir vorstellen, dass Sie noch einiges mehr auf dem Kerbholz haben, was wir nicht wissen – noch nicht. Wenn Sie alles gestehen würden, könnte ich den ermittelnden Staatsanwalt veranlassen, ein paar Anklagepunkte fallen zu lassen, das würde Ihr Gesamtstrafmaß um einiges verringern. Wenn nicht, dann kommen Sie eben erst mal nur wegen der Sache, bei der wir Sie geschnappt haben, hinter Gitter, aber wenn Sie rauskommen, stehen Sie gleich wieder vor Gericht, weil wir dann inzwischen die DNA-Spuren und Fingerabdrücke untersucht haben.«

Dann erklärt der Beamte dem armen Sünder, dass sein Geständnis auch der Inspektion nützen würde, weil man dann bisher ungelöste Fälle abschließen und zu den Akten legen könne. Gerade diese Worte über die Vorteile für die Polizei wirken sehr glaubwürdig und vertrauensbildend, der Delinquent fühlt sich dann nicht in die Falle gelockt. Diese Rechnung geht in 98 Prozent der Fälle auf.

Jeder möchte gern respektvoll behandelt werden, auch Ihr chronisch mürrischer Chef, Ihr missverstandener Sohn, sogar Ihr Ex mit seinen krummen Touren. Halten Sie sich immer vor Augen, dass deren Probleme im Grunde wahrscheinlich nichts mit Ihnen zu tun haben.

Freundlichkeit zahlt sich aus

Ich war als Hauptrednerin von der im Regierungsauftrag arbeitenden und zu den 500 erfolgreichsten Unternehmen der Vereinigten Staaten gehörenden Beratungsagentur Booz Allen Hamilton engagiert worden und sprach vor vielen zum oberen Management gehörenden Mitarbeitern. Nach meiner Rede bekam ich Standing Ovations, und auf dem Weg zum Ausgang sah ich Carl Salzano, den Vizedirektor der für Regierungsaufträge zuständigen Abteilung. Er saß noch, neben ihm ein leerer Platz.

Ich ging vor ihm in die Hocke, und wir kamen ins Gespräch. Ich ließ ihn wissen, dass ich ihn für eine der ganz großen Führungsgestalten hielt. Und es war für mich überraschend zu sehen, dass eine in der Hierarchie so hoch stehende Person so grundnormal sein konnte. Carl besitzt eine entspannte und sehr ansprechende Körpersprache, sein Lächeln steckt an, seine ganze Art hat etwas Offenes, und er ist ausgesprochen umgänglich, dabei aber ein Mann von beträchtlicher Kompetenz und Machtfülle.

Jetzt streckte er mir die Hand hin und sagte, ich solle doch neben ihm Platz nehmen. Ich war bescheiden aufgetreten und hatte ihn so achtungsvoll behandelt, dass es ihm leicht fiel, mir von Gleich zu Gleich zu begegnen. Es entstand schnell ein starker Rapport.

Wir sprachen über den weiteren Verlauf meiner Rednerkarriere, und er bot mir an, zu einem ausführlicheren Gespräch in sein Büro zu kommen. Zwei Wochen später traf ich mich mit Carl und seinem Team zu einem Arbeitsessen. Dabei wurde mir Schritt für Schritt erläutert, wie man an Regierungsaufträge kommt. Das

Ganze war für mich Gold wert. Nach dem Meeting nahm ich Carl beiseite.

»Ich bin Ihnen einiges schuldig«, sagte ich. »Was wünschen Sie sich dafür von mir?«

»Nur zwei Sachen«, erwiderte er. »Erstens wünsche ich mir, dass Sie Erfolg haben. Zweitens möchte ich, dass Sie mit Booz Allen Hamilton befreundet bleiben.«

Carl Salzano gab mir das Gefühl, sehr wichtig zu sein, und ich bekam unschätzbar wertvolle Informationen, die mir seit damals viel genützt haben.

Behandeln Sie die Leute respektvoll und freundlich, und Sie werden den Nutzen davon haben, überall: Sei es, dass ein Problem schnell eine Lösung findet, sei es ein neuer Kunde, sei es in Form einer Erwähnung als großartige Person in einem Buch (Danke, Carl!).

Überdenken Sie Ihren Umgang mit anderen. Gibt es da jemanden, den Sie etwas von oben herab behandeln? Statt diesen Menschen durch die Blume wissen zu lassen, dass Sie sich nur gezwungenermaßen mit ihm befassen, geben Sie ihm lieber das Gefühl, außerordentlich wichtig zu sein. Das wird nicht nur beiderseits die Körpersprache ändern, es wird die ganze Beziehung ändern – und Ihr Bild vom Leben überhaupt.

Jemand hat einmal gesagt: »Wenn du immer tust, was du immer getan hast, wirst du immer bekommen, was du immer bekommen hast.« Eine veränderte Einstellung und Körpersprache öffnet Ihnen neue Türen. Ihr Leben wird einen Aufschwung nehmen, den Sie nie für möglich gehalten hätten.

Warten Sie nicht auf das Glück

Wer negative Überzeugungen im Hinblick auf seine eigene Person hegt, besitzt auch die Mittel, mit diesem Problem fertig zu werden, doch eben wegen dieser negativen Einstellung weichen solche Menschen dem Problem aus und bleiben in ihrer Welt der Ängste und Sorgen gefangen. Wer sich ständig unnötige Sorgen macht, ist in keiner grundsätzlich schlechteren Lage als andere, die das nicht tun – das ganze Elend besteht nur im starren Festhalten an Problemen. Und in dieser Haltung ist die Fähigkeit, Probleme zu lösen, natürlich eingeschränkt.

Wenn wir uns ständig um das grämen, was passieren könnte, stehen wir unserem eigenen Glück im Wege. Wir leben dann nicht im Augenblick und freuen uns nicht an dem, was er bietet, sondern schieben ihn beiseite, um freie Aussicht auf eine bedrohliche Zukunft zu haben, die noch gar nicht aktuell ist. Wenn wir das Leben in der Erwartung von etwas einschneidend Neuem auf Eis legen – »wenn ich erst abgenommen habe/meine Schulden los bin/ein Haus gekauft habe/befördert werde und mehr verdiene« –, nützt uns das wenig für das Glück, das jetzt möglich wäre. Warten Sie nicht auf das Glück. Fangen Sie jetzt gleich damit an, glücklich zu sein.

Das große Gesamtbild

Der abschließende Schritt zur Beherrschung der neuen Körpersprache besteht darin, dass Sie den Beifahrersitz verlassen und sich ans Steuer setzen. Am Steuer habe ich für den größten Teil dieses Buchs gesessen, aber jetzt sind Sie dran. Wo auch immer Sie unterwegs sind und auf kürzestem Weg zum Ziel kommen wollen, greifen Sie auf den 7-Tage-Plan als Ihre Straßenkarte zum Erfolg zurück.

▶ *Im Rückspiegel: die alte Körpersprache.* Wenn Sie immer nur zurückblicken, kommen Sie nicht vorwärts. Viele glauben nach wie vor an die Mythen der alten Körpersprache (Gedankenlesen; andere beurteilen, ohne Powerfragen gestellt zu haben; nicht wissen, welche Signale wann zu geben sind), aber Sie kennen das Geheimnis des Vorankommens, nämlich die neue Körpersprache: Treffsicherheit + Anwendung + Einstellung = Erfolg.

▶ *Die Tankanzeige: Ermittlung des Normalverhaltens.* Wenn Sie es vor einer längeren Fahrt versäumen, einen Blick auf die Tankanzeige zu werfen, kann es Ihnen blühen, dass Sie liegen bleiben. Ermitteln Sie bei anderen immer zuerst die Grundlinie ihres Verhaltens, bevor Sie ihren nonverbalen Signalen eine bestimmte Bedeutung beimessen.

▶ *Ihr Sicherheitsgurt: die Bauchnabelregel.* Der Sicherheitsgurt hält Ihren Nabel gerade nach vorn ausgerichtet, immer in Richtung auf das Ziel, das Sie erreichen möchten. Wir richten den Nabel auf Menschen, die wir mögen oder bewundern oder denen wir vertrauen, und so ist er für uns auch das Barometer, das uns zeigt, wohin wir möchten. Benutzen Sie Ihre Nabel-Intelligenz, richten Sie den Nabel auf die wichtigste Person im Raum bzw. die Person, bei der Sie etwas erreichen möchten, vor allem beim Händedruck. Vermeiden Sie es unbedingt, jemandem, der Ihnen etwas bedeutet, versehentlich die kalte Schulter zu zeigen.

▶ *Die Heizung (Klimaanlage): Einsatz der Scham sowie der Beine und Füße.* Äußere Bedingungen können das Autofahren mitunter erschweren. Wenn es kalt ist, kriechen wir in uns selbst zurück, um uns zu wärmen. Wenn es warm ist, breiten wir uns aus, nehmen mehr Raum ein, entspannen uns. Wenn Ihnen im Zusammensein mit anderen unbehaglich ist, überprüfen Sie, welche Auswirkungen Ihre emotionale Temperatur auf die untere Hälfte Ihres Körpers hat.

Möchten Sie am liebsten verschwinden oder sich unsichtbar machen, dann sehen Sie zu, dass Sie möglichst wenig Raum einnehmen (Hände in der Feigenblatthaltung, Füße weniger als 15 Zentimeter auseinander). Möchten Sie jedoch bemerkt werden und selbstsicher wirken, dann setzen Sie die Füße breiter und halten die Schamgegend offen (Hände locker hängend oder an den Hüften oder auf dem Rücken). So senden Sie die Botschaft, dass Sie nicht zu den kleinen Fischen gehören.

▶ *Seitenspiegel: die Richtige-Seite-Regel.* Beim Autofahren kommt es darauf an, dass man alles wahrnimmt und richtig beurteilt. Auch sonst: Wenn Sie Ihre blinden Flecken, den toten Winkel, nicht »im Auge behalten«, bringen Sie sich unter Umständen in Gefahr. Sehen Sie zu, dass Sie an sich selbst und bei anderen die gute Seite ausfindig machen. Wenn sich das nächste Mal jemand über Sie ärgert oder wenn Sie die Oberhand bekommen möchten, dann behalten Sie klaren Kopf und sehen Sie zu, dass Sie auf die gute Seite des anderen kommen. Aber wenn Ihnen die Nerven durchzugehen drohen, dann setzen Sie den Blinker, wechseln klammheimlich die Fahrspur, so dass der andere auf *Ihre* gute Seite kommt.

▶ *Auf die Hupe steigen: Powergesten.* Die Hupe ist vor allem dazu da, jemanden auf Sie aufmerksam zu machen. Sie ist Ihre Powergeste am Steuer. Powergesten der Körpersprache – Handflächen nach unten, Hände an den Hüften, feine Berührungen sowie das »Dach« und andere Fingergesten – arbeiten für Sie, wenn es darum geht, beachtet und geachtet zu werden. Verwenden Sie nur nicht zu viele dominante Gesten auf einmal, das wäre Machtmissbrauch und würde Sie zum Verkehrsrowdy machen.

▶ *Riss in der Windschutzscheibe: die »gefährlichen Vier«.* Die kleinen Steinschläge in der Windschutzscheibe sind wie die Mikroausdrücke in einem Gesicht: Man muss sich gleich darum kümmern, sonst können kostspielige Schäden entstehen. Ein Angestellter beispielsweise, der sich überhaupt nicht wohlfühlt, aber so tut, wird vielleicht Kunden nicht zurückrufen oder am Telefon nicht den gebührenden Respekt zeigen. Ein ständig wütend wirkender Teenager hat vielleicht in Wirklichkeit Angst und ist depressiv, wenn nicht selbstmordgefährdet. Ein Ehepartner könnte etwas leicht Verächtliches ausstrahlen, weil er seit Jahren eine Geschichte mit Ihrer besten Freundin hat und Sie ahnungslos wähnt. Wenn Sie irgendwo einer der gefährlichen vier Gefühlsregungen begegnen, gehen Sie ganz behutsam vor und warten einen günstigen Moment ab, um Fragen zu stellen, die es in sich haben, und so die hinter den Emotionen verborgene Wahrheit aufzudecken.

▶ *Ihr GPS: Die FAF-Formel.* Füttern Sie Ihr Navi mit den nötigen Daten, und Sie werden alle gewünschten Informationen bekommen. Versuchen Sie sich anderen gegenüber nicht als Gedankenleser; stellen Sie Powerfragen, und Sie werden vermutlich mehr herausbekommen, als Sie erwartet hätten. Wenn in Ihren Beziehungen plötzlich Umleitungsschilder oder Bodenschwellen auftauchen, setzen Sie den FAF-Prozess in Gang: fragen, abwarten, fragen. Dann wird die Fahrt entschieden glatter verlaufen, weil Sie souverän navigieren.

▶ *Der Zündschlüssel: Einstellung – wo alles zusammenkommt.* Auch wenn Ihr Wagen glatt durch den TÜV gekommen und außerdem frisch betankt und überhaupt gut in Schuss ist, wird er sich ohne Zündschlüssel trotzdem nicht vom Fleck bewegen. In genau diesem Sinne ist Ihre Einstellung der Schlüssel zur neuen Körpersprache und ihrem vielfältigen Nutzen, sie ist entscheidend für Erfolg auf jedem Gebiet. Wie Ihr Wagen ohne Schlüssel nicht läuft, so werden Sie ohne die richtige Einstellung nie bekommen, was Sie sich wünschen.

Die Übungen für die Zeit nach diesen 7 Tagen

Sie haben das 7-Tage-Programm absolviert und eine Menge gelernt. Sie wissen, wie Sie Ihre natürlichen körpersprachlichen Instinkte zu einer Grundhaltung formen können, mit der Sie bei anderen sehr gut ankommen werden. Für den letzten Schliff empfehle ich Ihnen die nachfolgenden Übungen. Sie werden Ihnen zeigen, wo genau Sie jetzt stehen und wie Sie auch die letzten Hindernisse zwischen Ihnen und Ihren Träumen noch aus dem Weg räumen können.

▶ *Probleme anders sehen.* Während einer Konferenz rief ein anderer Sprecher zu mir herüber, während ich im Publikum saß: »Janine, wenn das World Trade Center noch stünde und eine stabile Planke von einem Turm zum anderen ginge und in der Mitte eine Million Dollar lägen, würdest du hinkrabbeln?«

Ich hatte zehn Jahre früher für die Informationsabteilung von ATF im World Trade Center gearbeitet und wusste, wie der Wind da oben geht. Ohne einen Augenblick zu überlegen, sagte ich: »Nein!«

Dann stellte er die Frage noch einmal, setzte aber meinen Sohn Angus in die Mitte des Stegs. »Würdest du es dann tun?«

Ich schluckte und konnte bei der Vorstellung kaum die Tränen zurückhalten – mein kleiner Liebling ganz allein auf einer Planke in 400 Metern Höhe! »O ja!«, rief ich. Was würden Sie tun, wenn es um die Person ginge, die Sie mehr lieben als alle anderen auf der Welt?

Die Lösung liegt oft in der Art und Weise, wie wir uns ein Problem zurechtlegen. Wenn es aktiv zu werden gilt, kann eine kleine Änderung des Blickwinkels weiterhelfen. Fragen Sie sich: »Tue ich das, was ich für ein Leben tun müsste, wie ich es mir wünsche?« Überlegen Sie. Auch wenn das Herz rast und die Hände zittern, denken Sie um, tun Sie das, was Sie am meisten fürchten, trotzdem. Es könnte sein, dass es Ihrer Seele guttut.

Machen Sie sich in Ihrem Erfolgstagebuch ein paar Notizen zu folgenden Fragen:

◗ Wie haben Sie die Herausforderungen in Ihrem Leben bisher gesehen und benannt?

◗ Wie würden sich Ihre Körpersprache und Ihr Leben ändern, wenn Sie diese Dinge aus einer anderen Perspektive betrachten würden?

◗ Was, wenn Sie Ihr Schwiegermutterproblem so betrachten würden wie Schwierigkeiten mit dem Geld, mit einem Freund, mit einem Hobby?

◗ Was, wenn Sie Ihre Probleme bei der Partnersuche wie eine berufliche Herausforderung sehen würden oder sogar wie eine Sache, bei der es um Leben und Tod geht?

◗ Was würden Sie bei allen diesen Dingen aufgrund des veränderten Blickwinkels anders machen?

▸ *Hinderliche Überzeugungen durchbrechen.* Sagen Sie sich manchmal: »Ich bin nicht gut genug«, »Ich bin nicht liebenswert«, »Ich schaff's ja doch nicht, ich brauche es gar nicht erst zu versuchen«, »Ich bin schüchtern«, »Keiner will hören, was ich zu sagen habe« und dergleichen? Wenn ja, dann hegen Sie eine Überzeugung, die Ihnen keinen vollständigen Selbstausdruck erlaubt und nicht zulässt, dass Sie sich anderen als der ganze und wunderbare Mensch zeigen, der Sie sind.

Bei solchen Überzeugungen handelt es sich um hinderliche Gedanken, die sich ständig wiederholen. Sie haben etwas mit unserer Selbstachtung und Weltwahrnehmung zu tun. Sie bewirken Unsicherheit, Trotz und nervöse Unruhe, und irgendwann akzeptieren wir sie als »unsere Wahrheit«. Entsprechend gestaltet sich dann auch unsere Körpersprache und erzählt sehr deutlich von unserer Verunsicherung durch die Welt. Machen Sie es lieber so:

▶ Notieren Sie sieben Ihrer Überzeugungen in Bezug auf sich selbst und die Welt ringsum.

▶ Welche dieser Überzeugungen sind nützlich für Sie? Markieren Sie mit einem Haken oder Smiley die wertvollen Überzeugungen, die Ihr Leben lebenswert machen.

▶ Kreisen Sie die Überzeugungen ein, die Sie zurückhalten. Notieren Sie für jede dieser einschränkenden Überzeugungen andere mögliche Einschätzungen.

▶ Wenn diese neuen Möglichkeiten Realität wären, wie würde sich Ihre Körpersprache ändern? Wie würden Sie sich anderen darstellen?

▶ *Verzichten Sie heute darauf, recht haben zu müssen.* Ich weiß, wie schrecklich das für manch einen ist, für mich natürlich auch. Aber lassen Sie doch heute einmal alle anderen in dem Glauben, recht zu haben. Und zwar ganz ehrlich, ohne heimlichen (und selbstgefälligen) Vorbehalt. Sagen Sie sogar: »Sie haben recht.« Wenn die Sonne scheint und jemand meint, es werde Regen geben, widersprechen Sie nicht. Achten Sie darauf, wie das Ihre Gespräche verändert, wie es sich auf die Energie jeder Situation auswirkt. Und überlegen Sie, ob das nicht auch in anderen Beziehungen und Situationen ganz schön wäre.

▶ *Stolpern Sie sich zum Erfolg.* Wirklich, Fehlschläge können Ihrem Selbstvertrauen sogar Auftrieb geben.

Das ist anhand eines Experiments mit Töpfereischülern erforscht worden. Der einen Hälfte des Kurses wurde gesagt: »Ihr müsst dieses Gefäß machen, und es muss auf Anhieb klappen. Nur gelungene Arbeiten zählen.«

Für die andere Hälfte lautete der Auftrag: »Zum Aufbau des Gefäßes habt ihr so viele Versuche, wie ihr wollt. Das Ergebnis muss nicht perfekt sein. Macht einfach ein Gefäß.«

Ergebnis: Die Schüler, die ihre Sache ruhig verstolpern durften, stellten nahezu makellose Gefäße her.

Wir bilden uns gern ein, wir müssten alles gleich können, um erfolgreich zu sein. Es stimmt aber nicht. Fehlschläge tun gut, sofern Sie sich nicht davon unterkriegen lassen. Erinnern Sie sich an ein paar Ihrer Misserfolge und schöpfen Sie Mut. Führen Sie sich vor Augen, dass Sie es nicht mehr so machen, dass Sie nicht mehr so leben, dass Sie die Fehler nicht wiederholen. Und ohne die Fehlschläge wüssten Sie vielleicht nicht, was Sie vermeiden müssen und worauf Sie überhaupt aus sind.

▶ *Eine neue Ausrichtung.* Konzentrieren Sie sich auf das, was Ihnen Kraft gibt, und Sie werden sehen, dass Sie sich nicht gleichzeitig auch noch mit Überzeugungen abgeben können, die Ihnen enge Grenzen setzen. Wenn wir wirklich bei dem bleiben, was in unserem Leben gut läuft, wird unser Bewusstsein das, was nicht läuft, einfach ausblenden. Wenn Sie sich beispielsweise fragen:»Wofür bin ich dankbar?«, richten Sie sich innerlich automatisch auf die Beantwortung dieser Frage aus, und das ändert auch Ihre Gefühle entsprechend.

Diese Übung führt Sie dazu, Ihre gegenwärtige Lage positiv zu sehen und gegen alle Vernunft (das, was Sie als Vernunft zu sehen gewohnt sind) aktiv zu werden, auch wenn Ängste dagegen zu stehen scheinen.

Stellen Sie sich diese Fragen:

▶ Wie möchte ich mich fühlen?

▶ Wie kann ich erreichen, dass mir alles, was ich heute zu tun habe, Spaß macht?

▶ Wofür bin ich dankbar?

▶ Woran erinnere ich mich besonders gern?

▶ Wie könnte sich mein Leben ändern, wenn ich diese gefürchtete Sache in Angriff nehme.

- Inwiefern schafft diese schwierige Sache vielleicht neue Chancen?
- Was kann oder muss ich unternehmen, um diese Lage zu verändern?
- Was kann ich für andere tun?

Kapitel 10

Ausblick: García finden

> Die meisten Menschen sind wie ein fallendes Blatt,
> das weht und dreht sich durch die Luft, und schwankt,
> und taumelt zu Boden. Andre aber, wenige, sind wie Sterne,
> die gehen eine feste Bahn, kein Wind erreicht sie, in sich
> selber haben sie ihr Gesetz und ihre Bahn.
> *Hermann Hesse (1877–1962), Siddhartha*

Gegen Ende des 19. Jahrhunderts berief Präsident William McKinley ganz plötzlich den Leiter des militärischen Geheimdienstes der Vereinigten Staaten zu sich. Die Vereinigten Staaten waren zu dem Entschluss gelangt, Kuba in seinem Kampf um die Unabhängigkeit von Spanien zu unterstützen, und wenn es gelingen sollte, würde es ganz entscheidend auf die Zusammenarbeit zwischen den kubanischen Rebellen und den Vereinigten Staaten ankommen. McKinley brauchte einen Soldaten, der dem Rebellenführer, General García, eine Nachricht überbringen sollte und dabei ganz auf sich gestellt sein würde. Niemand wusste genau, wo sich García aufhielt, man nahm jedoch an, dass er sich bei den Aufständischen in den Bergregionen Kubas befand.

Man empfahl dem Präsidenten einen jungen Soldaten namens Rowan für diesen Auftrag. Dem Soldaten wurde lediglich gesagt, er solle dem Rebellenführer, der sich vermutlich irgendwo im östlichen Teil der Insel aufhielt, eine Nachricht überbringen. Er würde gänzlich auf eigene Faust handeln müssen.

Der Soldat Rowan nahm den Befehl entgegen, legte sich ein Vorgehen zurecht und fand García. Er fragte nicht: »Wie sieht er aus?«

»Gibt es ein Bild von ihm?«, »Wer hatte zuletzt Kontakt zu ihm?«, »Wie komme ich dorthin?«, »Was für Kleidung soll ich tragen?«, »Ich habe für das Wochenende etwas vor, kann ich das nächste Woche machen?«

Powerteam-Kehrtwendung
Name: David Croushore
Alter: 24
Beruf: Forschungsassistent bei der US-Notenbank

Was hat dich zurückgehalten? Ich bin einer, der aufs Ganze geht und den Wettbewerb liebt. Ich diskutiere sehr gern mit Freunden und Kollegen und gehe zu fast jeder Frage Wetten ein. Ein Draufgänger eigentlich – nur wenn ich Leute traf, die ich nicht kannte, war ich eher still und zurückhaltend. Mein Lebensideal war, für alle Entwicklungen offen zu sein, aber mich an nichts zu hängen und alle Einladungen anzunehmen. Meine Freunde sahen das anders. Einer sagte, ich sei im zwischenmenschlichen Bereich risikoscheu und setze mich zu sehr unter Druck. Ein anderer fand, ich sei sehr emotional und ändere meine Anschauungen je nach Gefühlslage. Wieder ein anderer meinte, ich konzentrierte mich nicht genügend auf eine Sache, sondern bringe mich durch Ablenkungen selbst um den Erfolg. Da ich vorhatte, mich für das Graduiertenstudium zu bewerben, kam mir der Gedanke, dass eine bessere Körpersprache mir bei den anstehenden Gesprächen zustattenkommen könnte.

Wie hast du dich verändert? Seit Janines Programm habe ich ein Selbstverständnis gewonnen, das mich viel sicherer macht, was meine Meinungen und Ideen angeht. Wenn ich mich weniger darum sorge, wie ich bei anderen ankomme, kann ich offener sein und mein Wissen besser einbringen. Ich habe einen neuen Freundeskreis gewonnen, der meinen alten wunderbar ergänzt. Ich weiß jetzt genau, worauf ich hinaus will, und die Freude darüber ist groß.

»García finden«, das hat mein Leben verändert. Man wählt so leicht den Weg des passiven Abwartens, man sitzt da und sieht zu, was passiert. Der Soldat Rowan zeigt uns, dass wir die Dinge beherzt angehen müssen. Wir dürfen nicht zulassen, dass uns das Leben bloß widerfährt; wir müssen dafür sorgen, dass es für uns in Gang kommt.

Ich dachte immer, ich brauchte einfach nur dem Lauf der Dinge zu folgen, dann würde sich auch die richtige Frau für mich finden. Ein paar Monate nachdem ich die Dinge anzupacken gelernt hatte, traf ich das Mädchen meiner Träume. Sie war wie ich ganz mit ihrem eigenen Leben beschäftigt, und die Beziehung hätte auch wieder auseinandergehen können. Aber mir stand die »García-Lektion« vor Augen, ich ergriff sehr bewusst die Initiative und legte es auf eine tiefere Beziehung an. Jetzt sind wir verlobt, und ich kann mir ein Leben ohne sie nicht mehr vorstellen. All das wurde durch eine Änderung meiner Einstellung möglich.

Einige Monate sind seitdem vergangen. Ich habe an einem Triathlon teilgenommen und mit meiner neuen Arbeit verdiene ich 40 Prozent mehr. Das alles hat Janines Programm ermöglicht.

1899 schrieb ein Mann namens Elbert Hubbard einen kurzen Artikel über Rowans Mission, der zu einer der am weitesten verbreiteten Veröffentlichungen in der Geschichte des gedruckten Worts wurde. *A Message to García* (*Nachricht an García*) ist in alle wichtigen Sprachen der Erde übersetzt worden und hat sich später, zu einem Buch erweitert, zu einem der größten Bestseller aller Zeiten entwickelt.

Es ist eine kleine Geschichte über jemanden, der ganz auf sich selbst angewiesen war, eine Geschichte über Entschlossenheit und Durchhaltevermögen. Könnten Sie García eine Nachricht überbringen, ohne eine einzige Frage zu stellen? Sie könnten, wenn Sie es unbedingt wollten.

Wenn Ihr Leben davon abhinge und ein Misserfolg gar nicht infrage käme, würden Sie irgendwie einen Weg finden, nicht wahr? Sie würden sich nicht mit Mittelmaß begnügen, Sie würden sich nicht ständig sagen:»So viel Selbstbewusstsein habe ich einfach nicht, mir fehlt das Zeug dazu.« Sie würden sich vielmehr alle Gründe vergegenwärtigen, die dafür sprechen, dass Sie es doch können, Sie würden es irgendwie ermöglichen. Sie würden niemandem die Herrschaft über Ihr Geschick überlassen, Sie würden auf Erfolg setzen, habe ich nicht recht? Sie würden sich für das Leben entscheiden.

Wenn Sie in den kommenden Wochen und Monaten Ihren Weg der neuen Körpersprache weitergehen und ausbauen, dürfen Sie nicht versäumen, sich einmal die Woche zu vergewissern, wo Sie stehen und wie es läuft. Sind Sie beim Verfolgen Ihrer gesteckten Ziele vom Weg abgekommen? Machen Sie es den Piloten nach, die aufgrund von Turbulenzen, Wolken, Wind, Vogelschwärmen und sogar der Erdkrümmung ständig zu Kurskorrekturen gezwungen sind.

Haben Sie schon einmal erlebt, dass Sie sich ein Ziel setzten und die erforderlichen Schritte einleiteten, nur um dann zusehen zu müssen, wie Leute, die selbst nicht wissen, wohin sie wollen und wozu, Ihren Erfolg zu torpedieren versuchen? Um hier den Kurs zu einem selbstbewussten, glücklichen und befriedigenden Leben zu halten, müssen Sie flexibel und anpassungsfähig sein und dürfen sich von nichts aufhalten lassen. Ein Pilot, der vom Kurs abkommt, sagt sich ja nicht:»Also, dieser Plan funktioniert einfach nicht, wie er soll. Ich gebe auf. Ich überlasse das Flugzeug jetzt einfach sich selbst.« O nein! Piloten bessern ihre Pläne nach, bis sie die Lösung finden, die sie an ihren Zielort bringt. Das gilt auch für Ihre Ziele und Pläne. Seien Sie flexibel, passen Sie das in diesem Buch Gelernte den Gegebenheiten an. Dann noch ein Schuss Unaufhaltsamkeit, und Sie werden in Ihrem Leben das verwirklichen, was Sie sich vorstellen.

Ihr 7-Tage-Programm zur Verwendung der neuen Körpersprache, um das zu bekommen, was Sie sich wünschen, ist damit abgeschlossen. Jetzt ziehen Sie los, um sich all das zu verschaffen!

Sie haben alles, was Sie brauchen. Wie Sie jetzt sind, sind Sie ganz und vollständig – zögern Sie nicht, finden Sie García.

Ich stelle Ihnen jetzt noch ein paar Fragen, die es in sich haben.

Sie wissen, wann Ihre Körpersprache das vermittelt, was Sie sagen möchten, und wann nicht, ja?

Sie wissen, wie Selbstbewusstsein und Autorität darzustellen sind und mit welchen Gesten Sie sich zum Verschwinden bringen, richtig?

Stimmen Sie zu, dass Sie jetzt erkennen, wann andere von ihrem Normalverhalten abweichen? Sie wissen auch, wie man mit Powerfragen an die tieferen Schichten der Kommunikation kommt, stimmt's?

Wenn Ihr Leben davon abhinge, wären Sie in der Lage, García zu finden, habe ich recht?

Mein Buch ist nicht ohne Grund in Ihre Hände gelangt, und ich freue mich darüber. Ich fände es schön, wenn wir uns irgendwann einmal direkt begegnen würden. Vergessen Sie bis dahin nicht, dass Sie mehr verraten, als Sie denken, also richten Sie sich auf, entspannen Sie sich, setzen Sie ein heimliches Lächeln auf in dem Wissen, dass Sie jetzt alles haben, was Sie benötigen, um sich jeder Lage anzupassen und das zu erreichen, was Sie vielleicht noch nicht erreicht haben.

Ich glaube an Sie.

Und jetzt los, finden Sie García!

Anhang

Kleine Körpersprachefibel: Schnelle Hilfe in allen Lebenslagen

Sie sind mit allem bewaffnet, was Sie brauchen, Sie haben die Grundlagen intus und sich auch mit den höheren Stufen befasst. Jetzt wäre doch sicher ein schneller kleiner Spickzettel ganz nett, gedacht für Situationen, in denen Sie unbedingt einen Trick brauchen, um die Dinge zu Ihren Gunsten zu wenden. Wenn Ihnen das Versagen nicht liegt, brauchen Sie wirklich nur sieben Sekunden, um einen Schachzug nach der neuen Körpersprache zu machen und damit jeder irgendwie unangenehmen oder peinlichen Begegnung die Richtung zu geben, die *Sie* wollen. Probieren Sie es aus.

Die neue Kollegin ist selbstbewusst,
und Sie möchten schnell Rapport aufbauen

Situation   Ihre Lösung

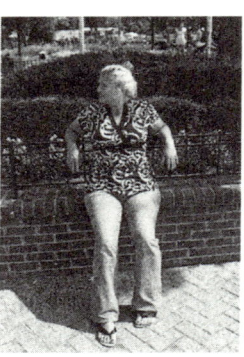

Ihr Schachzug: Halten Sie Ihre drei Powerzonen – Halsgrube, Nabel und Schamgegend – offen und entspannen Sie die Arme.

Ergebnis: Verströmen Sie gelassenes Selbstbewusstsein, und die Person, mit der Sie sich treffen, wird Sie schnell als ebenbürtig erkennen.

Sie sind überarbeitet, Ihr Sohn hat Mist gebaut, und Sie schüchtern ihn bloß ein

Situation   Ihre Lösung

Ihr Schachzug: Gehen Sie auf Augenhöhe, verwenden Sie offene Handgesten.

Ergebnis: Ihre Autorität bleibt ungebrochen, und zusätzlich zeigen Sie Ihrem Sohn, dass Sie ihn respektieren.

Sie gehen für ihren Geschmack zu sehr ran

Situation   Ihre Lösung

Ihr Schachzug: Sehen Sie zu, dass Ihre Füße nicht weiter als 15 Zentimeter auseinanderstehen. So wirken Sie insgesamt weniger bedrohlich. Halten Sie ein Glas vor sich, mit dem Sie eine Sicherheitsbarriere schaffen. Und wenden Sie den Nabel ein wenig von Ihrer Ausersehenen ab.

Ergebnis: Sie wirken weniger aggressiv, erhöhen Ihren Geheimnisquotienten und schinden Zeit, um sie für sich zu gewinnen.

Er ist so von sich eingenommen, dass Sie nur schnell weg möchten

Situation   Ihre Lösung

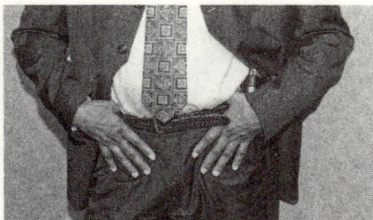
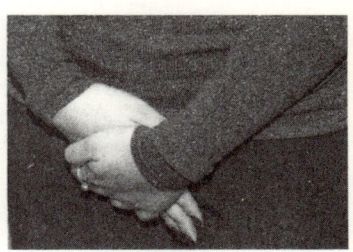

Ihr Schachzug: Wenn Sie stehen: Feigenblatthaltung. Im Sitzen legen Sie das der Person nähere Bein über das andere und schaffen eine Schranke. Sehen Sie auch weg. Der Kunstgriff zum Unsichtbarwerden: Machen Sie sich kleiner.

Ergebnis: Sie machen den Gegenstand seiner Aufmerksamkeit kleiner und dadurch weniger sichtbar. So können Sie auch Diskussionen und Streitigkeiten abmildern. Sie wirken dann immer noch liebenswert, geben dem anderen aber wortlos zu verstehen, dass er Leine ziehen soll.

Sie sind beide reizvoll und zu haben, aber es kommt keiner

Situation   Ihre Lösung

Ihr Schachzug: Bieten Sie Ihre Körpermitte dar und wenden Sie sich von der Bar ab, so dass der Nabel in den Raum weist.

Ergebnis: Sie geben Signale von Selbstbewusstsein und Zugänglichkeit. So wissen alle Kerle ringsum gleich, dass Sie für ein Gespräch (und vielleicht auch einen Drink) offen sind.

Sie hätten das Mädchen gern, aber es beißt nicht an

Situation   Ihre Lösung

Ihr Schachzug: Rücken Sie den Stuhl anders hin, so dass Sie dann seitlich von ihr sitzen und nicht direkt gegenüber.

Ergebnis: Die Situation ist jetzt nicht mehr so frontal. Der Rapport wird besser, Sie wirken liebenswerter und können jetzt vielleicht sogar an die Telefonnummer kommen.

Sie sind schrecklich schüchtern und
stehen auch noch an ihrer schlechten Seite

Situation   Ihre Lösung

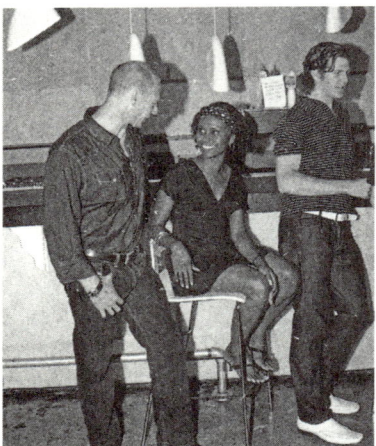 

Ihr Schachzug: Halten Sie sie auf jeden Fall an *Ihrer* guten Seite.

Ergebnis: Bekommen Sie erst einmal Ihre negativen Gedanken und Ihre Nerven in den Griff. Wenn Sie dann ein bisschen Selbstvertrauen gewonnen haben, sehen Sie zu, dass Sie auf ihre gute Seite kommen.

Lassen Sie die Kerle da oben ruhig wissen, dass Sie mithalten können

Situation   Ihre Lösung

Ihr Schachzug: Sie formen zur Antwort das Dach mit den Händen. Sollte er Ihnen darin folgen, können Sie das sicher noch ein bisschen steigern.

Ergebnis: Sie stutzen seine Wirkung und Macht ein bisschen zurück und bauen dafür Ihre Autorität und Ihr Selbstbewusstsein auf. Sie zeigen ihm, dass Sie den Großen das Wasser reichen können und ganz gut wissen, was Sie sagen.

Sie haben etwas vermasselt, und er findet das nicht lustig

Situation   Ihre Lösung

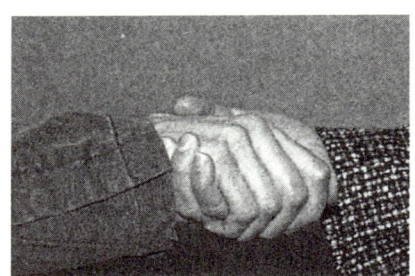

Ihr Schachzug: Beim Händedruck reichen Sie ihm die Hand so, dass er die Oberhand hat. Sagen Sie: »Tut mir leid, [Name].« Räumen Sie den Schaden oder die Kränkung ein. »Das ist nicht zu entschuldigen. Soll nicht wieder vorkommen. Sehen Sie es mir bitte nach.«

Ergebnis: Sie Verhindern den Abbruch der Kommunikation und erhöhen beim anderen die Bereitschaft zu verzeihen. Sie stellen sich als integer dar und wirken vertrauenswürdig. Sie erklären die Gefühle des anderen für berechtigt, dämpfen seinen Groll, füttern sein Ego – und bekommen so letztlich weniger ab.

Ein Kollege gibt den Blödmann

Situation   Ihre Lösung

Ihr Schachzug: Sie fahren schweres Geschütz auf und formen mit den Händen den Ballermann.

Ergebnis: Das schränkt seine Machtfülle gleich etwas ein und streicht Ihre Autorität heraus, so dass Sie das Gespräch letztlich in Ihre Richtung lenken.

Wenn sich ein Mitarbeiter aufspielt

Situation   Ihre Lösung

 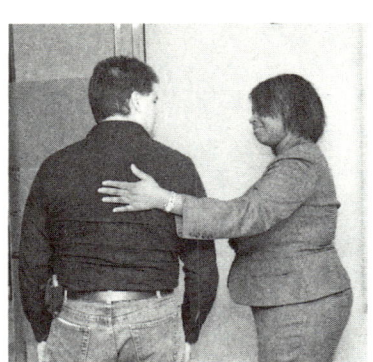

Ihr Schachzug: Stehen Sie auf, um sich zu strecken, und setzen Sie das Gespräch dann im Stehen fort, wobei Sie die Person freundlich aus Ihrem Büro geleiten.

Ergebnis: Sie rufen der Person auf diese Weise in Erinnerung, dass *Sie* die Vorgesetzte sind und das Sagen haben.

Sollte das nicht genügen und der Mitarbeiter immer noch meinen, er müsse sich als Durchblicker aufspielen, könnte ein Übergriff auf sein Territorium helfen: Setzen Sie sich auf seinen Platz, legen Sie die Füße auf den Tisch, telefonieren Sie von seinem Apparat aus – natürlich zu einer Zeit, in der damit zu rechnen ist, dass er auftaucht und es sieht.

Das Bürobiest in die Schranken weisen

Situation   Ihre Lösung

Ihr Schachzug: Wenn sie den Ballermann macht, stehen Sie sofort auf und beugen sich zum Beispiel über sie, um ihr irgendetwas auf einem Blatt zu zeigen oder zu erklären. Bleiben Sie danach stehen. Wichtig: Keine Anzeichen von Rückzug geben!

Ergebnis: Sie werden selbstbewusster, Ihre Autorität und Führungskompetenz rücken in den Vordergrund, während Sie zugleich der Gegenseite den Schneid abkaufen. Saubere Arbeit!

Eine aufdringliche Verkäuferin ausbremsen

Situation   Ihre Lösung

Ihr Schachzug: Stützen Sie eine Hand irgendwo auf, während Sie zugleich ein Bein anwinkeln und so viel Raum wie möglich einnehmen. Die andere Hand haken Sie mit dem Daumen am Gürtel oder in der Hosentasche ein, was eine Betonung der Scham mit sich bringt. Sollten Sie sitzen, dann sehen Sie auch in der Lage zu, dass Sie möglichst viel Raum einnehmen.

Ergebnis: Das ist so, als wären Sie zuerst da gewesen und hätten schon Ihre »Duftmarken« gesetzt. Sie haben Ihr Revier markiert und zeigen deutlich, dass man Ihnen nichts aufschwatzen oder Sie gar über den Tisch ziehen kann.

Beim Einstellungsgespräch einen guten Eindruck machen

Situation   Ihre Lösung

Ihr Schachzug: Legen Sie der Personaldame etwas vor, zum Beispiel Ihre Referenzen oder irgendwelche von der Firma geforderten Unterlagen. Stehen Sie dazu auf. Bevor Sie sich wieder hinsetzen, rücken Sie Ihren Sessel ein wenig, so dass Sie anschließend mehr auf der guten Seite Ihres Gegenübers sitzen. Beugen Sie sich etwas vor, halten Sie die Mittellinie Ihres Körpers offen. Sehen Sie zu, dass beide Hände sichtbar sind; eine sollte auf dem Tisch liegen.

Ergebnis: Die übereinandergeschlagenen Beine und die Hand im Gesicht bilden jetzt kein Hindernis mehr. So wirken Sie nicht mehr kritisch und distanziert oder gar unehrlich – Sie machen einen wirklich guten ersten Eindruck, und Ihre Chancen, den Job zu bekommen, steigen.

Wie Sie selbst ein Körpersprache-Powerteam aufbauen

Wie bringen wir die neue Körpersprache in das Leben der Menschen ringsum? Wie können wir bei Freunden, Angehörigen, Kollegen, Angestellten und anderen Bekannten den Sinn für den Wert der neuen Körpersprache wecken, ohne sie zu überfordern? Wie vermitteln wir ihnen, dass es wichtig ist, die nonverbalen Signale anderer zu verstehen und die eigene Körpersprache darauf einzustellen, wenn wir unser Selbstbewusstsein aufmöbeln, unsere ganze Einstellung verbessern und überall zu besseren Ergebnissen kommen wollen? Wenn Sie sich ein spielerisches Umfeld wünschen, in dem Zusammenarbeit und Problemlösungen eingeübt werden können, wenn Sie anderen gern Anregungen geben, nach denen sie in ihrem Leben Erfolg, Fülle und immer weitere Chancen finden können – wie wäre es dann mit der Gründung Ihres eigenen Körpersprache-Powerteams (KSPT)?

Einem KSPT anzugehören ist eine spannende Erfahrung. Selbst eins aufzubauen ist genauso spannend, erfordert aber etwas mehr Aufwand, Koordination und Kooperation. Bei Zusammenkünften eines KSPT geht es weniger um Lerninhalte als um die Anwendung und Integration der in diesem Buch vorgestellten Erfolgsstrategien.

Es macht sicher ein wenig Arbeit, ein für Ihre Gruppe oder Organisation maßgeschneidertes KSPT aufzubauen, aber alles dafür Erforderliche finden Sie kostenlos auf www.yousaymorethanyouthink. com.

Geprüfte Starthelfer für ein Körpersprache-Powerteam
Viele meiner früheren KSPT-Mitglieder, von denen manche in diesem Buch vorgestellt worden sind, arbeiten heute als Starthelfer beim Aufbau neuer Gruppen überall auf der Welt mit, indem sie einfach zeigen, wie man die Vorgaben des 7-Tage-Programms am besten umsetzt. Sie können unter Umständen direkt bei Ihnen vor Ort sein oder sich am Computer mit Ihnen treffen oder mit Ihnen telefonieren. Sollten Sie den Wunsch haben, sich einem KSPT in Ihrer Gegend anzuschließen, das von einem geprüften Starthelfer betreut wird, dann besuchen Sie noch heute www.yousaymore-thanyouthink.com, um sich einzutragen.

Ausgewählte Literatur

Aaronson, L.: »Dress Like a Winner«, in *Psychology Today*, März-April 2005.

Aaronson, L.: »Friends Don't Pick Up on Anger«, in *Psychology Today*, Mai-Juni 2005.

Anthes, E.: »Six Ways to Boost Brain Power«, in *Scientific American Mind*, Februar 2009.

DiVesta, F. J., und D. A. Smith: »The Pausing Principle: Increasing the Efficiency of Memory for Ongoing Events«, in *Contemporary Educational Psychology* 4, 1979, S. 288-296.

Flora, C.: »Metaperceptions: How Do You See Yourself?«, in *Psychology Today*, Mai-Juni 2005.

Friedman, R., und A.J. Elliot: »The Effect of Arm Crossing on Persistence and Performance«, in *European Journal of Social Psychology* 38, Nr. 3, 2008, S. 449-461.

Goldin-Meadow, S. et al. »Gesturing Gives Children New Ideas about Math«, in *Psychological Science* 20, Nr. 3, 2009, S. 267-272.

Harrigan, J. A., und Rosenthal, R. »Physicians' Head and Body Positions as Determinants of Perceived Rapport«, in *Journal of Applied Social Psychology* 13, Nr. 6, 2003, S. 496-509.

Harris, M. »Rich Too Posh for Eye Contact: Study: Body Language Tips Off Your Status«, in *Calgary Herald*, 7. Februar 2009.

Hicklin, L. A., Ryan, C., Wong, D. K. und Hinton, A. E. »Nose-Bleeds after Sildenafil (Viagra)«, in *Journal of the Royal Society of Medicine* 95, Nr. 8, 2002, S. 402-440.

James, W. T. »A Study of the Expression of Bodily Posture«, in *Journal of General Psychology* 7, 1932, S. 405-437.

Kelly, S. D., Kravitz, C. und Hopkins, M. »Neural Correlates of Bimodal Speech and Gesture Comprehension«, in *Brain and Language* 89, Nr. 1, 2004, S. 253-260.

Kraus, M. W. und Keltner, D. »Signs of Socioeconomic Status: A Thin-Slicing Approach«, in *Psychological Science* 20, Nr. 1, 2009, S. 99-106 (8).

Mehrabian, A. »Inference of Attitude from the Posture, Orientation, and Distance of a Communicator«, in *Journal of Consulting and Clinical Psychology* 32, 1968, S. 296-308.

Nicholson, C. »Olympic Gold Medal: Is the Body Language of Triumph (or Defeat) Biological?«, in *Scientific American*, 11. August 2008.

Rowe, M. L. und Goldin-Meadow, S. »Differences in Early Gesture Explain SES Disparities in Child Vocabulary Size at School Entry«, in *Science* 323, Nr. 5916, 2009, S. 951-953.

Schnall, S. und Laird, J. D. »Keep Smiling: Enduring Effects of Facial Expressions and Postures on Emotional Experience and Memory«, in *Cognition and Emotion* 17, Nr. 5, 2003, S. 787-797.

Tracy, J. L. und Matsumoto, D. »The Spontaneous Expression of Pride and Shame: Evidence for Biologically Innate Nonverbal Displays«, in *Proceedings of the National Academy of Sciences* 105, Nr. 33, 2008, S. 11655-60.

Wachsmuth, I. »Gestures Offer Insight«, in *Scientific American Mind*, 4. Oktober 2006.

Walsh, B. »Study: Babies Who Gesture Learn Words Sooner.« Time. com, 12. Februar 2009.

Dank

Mein Dank geht an all die wunderbaren Menschen, die dieses Buch ermöglicht haben: an meinen so überzeugend strategisch denkenden und unglaublich begabten Agenten Dan Lazar; an meine unentwegte Managerin Traci Allen und ihr erstaunliches Organisationstalent; an meine neue Prinzessin im Reich der Recherchen Jerusalem Merkebu; und an meine zahlreichen Praktikanten, die jeden Tag an mich glauben und mein Streben, der Welt die neue Körpersprache zu vermitteln, mittragen.

Dank an meine herausragende Lektorin Heather Jackson vom Verlag Crown, die sich eines ziemlich wilden und nicht gerade zugespitzten Buchexposés annahm und daraus etwas wirklich Handfestes machte – sie ist der Fleisch gewordene Traum jedes Autors. Dank auch an den Rest des in allen Phasen der Arbeit großartigen Teams bei Crown. Eine dicke Umarmung für Tina Constable, die das Projekt in ihrer unendlichen Geduld warm hielt und durch die mir die Ehre der Zusammenarbeit mit Heather zuteilwurde. Danke!

Ein Riesendankeschön geht an meine fabelhafte Koautorin Mariska van Aalst, die es mit Klasse, nimmermüdem Enthusiasmus, viel Herz und kreativem Genie verstand, die Produkte meiner unregelmäßigen Schreibanfälle zu diesem sagenhaften Bestseller zu verknüpfen. An meinen Collegeprofessor Harris Elder, der 1988 den Schreibkurs leitete, an dem ich teilnahm, und sich genau zwei Jahrzehnte später meiner Manuskripte zu diesem Buch annahm und sie Satz für Satz durchging, bevor ich sie an meine Koautorin weitergab. Sein Rückhalt, sein Zuspruch und seine Anleitung haben mein Leben verändert.

Ich danke allen Mitgliedern meiner ATF- und Gesetzeshüter-Familie, die mich auf so vielerlei Weise berührt, bewegt und inspiriert haben. Besonderer Dank an meine Lehrer J. J. Newberry Neal Earl, Susan Boyd und Theresa Stoop, ohne deren professionelle Anleitung, Unterstützung und Großzügigkeit dieses Buch wirklich nicht möglich gewesen wäre. Meine Liebe und mein tiefster Dank gelten meiner ATF-Schwester und Vertrauten Myisha Wallace, auf deren Liebe und Hilfsbereitschaft ich immer zählen durfte. Natürlich gelten meine Wertschätzung und Bewunderung ebenso all den Experten und Lehrern für Betrugsaufklärung am Institute of Analytic Interviewing.

Weiterhin danke ich all den Medienvertretern, den Fernsehproduzenten, Autoren, Redakteuren, denen ich weitaus mehr als 15 Minuten Ruhm verdanke und die großartige Foren zur Verfügung stellten und stellen, von denen aus ich den Menschen helfen darf, das Spiel des Lebens besser in den Griff zu bekommen. Besondere Erwähnung verdient Ted Allen von der Fernsehsendung *Today*, der mir dringend riet, im US-Fernsehen nie wieder »Genitalien« zu sagen, sondern lieber von der Scham zu sprechen. Ich schulde ihm einen Drink und eine Umarmung.

Dank und Anerkennung gebühren weiterhin meinen Fotografen Freddie Liberman und Peter Stepanek. Ihr beiden habt wirklich ganze Arbeit geleistet und gebt diesem Buch wichtige Impulse. Riesenumarmung und Bussi an Todd Shoemaker, der die 7-Tagereisen meiner Körpersprache-Powerteams auf Video aufgenommen und diese Videos editiert hat (davon ist einiges auf www.yousaymorethanyouthink.com zu sehen).

Ein ganz besonderer Dank geht nach Victoria in Kanada zu meiner Super-Webdesignerin Nicole Lamac und ihrem Team; und schließlich zu allen meinen Freunden, Schriftsteller- und Sprecherkollegen und Kunden.

Zuletzt und besonders herzlich danke ich meinen wunderbaren Eltern Lorraine und Charlie Driver, denen ich die wahren Zutaten zum Rezept für meinen alle Erwartungen übertreffenden Erfolg abschauen konnte. Das waren bei meiner Mutter unerschütterliches positives Denken und eine unbeugsame Beharrlichkeit, die sie als Mutter von drei kleinen Kindern die Krankenpflegeschule als Klassenbeste abschließen und später noch den Mastertitel im Fach Erziehungswissenschaften erwerben ließen; bei ihrer späteren Arbeit mit älteren Obdachlosen zeigte sich, dass sie niemals aufgibt, dass sie vor allem Menschen niemals aufgibt. Bei meinem Vater waren es die bedingungslose Zuverlässigkeit und der sichere Blick für alle Details, mit denen er 40 Jahre lang zwei Berufe versah (von zahlreichen Ölwechseln für seine Tochter ganz zu schweigen) und sein Erfolgsmotto: »Mach es anständig oder lass es lieber sein.« Ihr seid so viel mehr als der Wind unter meinen Flügeln, ihr seid die beiden Menschen, zu denen ich mehr als zu allen anderen bewundernd aufschaue. Ich bin so dankbar, dass Gott euch zu meinen Eltern gemacht hat.

Dank auch an meinen Ehemann Leif Larson, der immer weiß, wie er mich zum Lachen bringt, und mir auch schon mal seine rechte Gehirnhälfte ausleiht, wenn mir beim Schreiben das richtige Wort nicht einfallen will – du bist ein kreatives Genie, und ich liebe dich; an meinen Sohn Angus für seine stürmischen Umarmungen und zärtlichen Küsse und Lieder und Geschichten von Dinosauriern, kleinen Schlangen und dem Reich der wilden Tiere – wie ich deine blühende Fantasie liebe! Und Dank an meine grandiosen Schwestern Kerry Strollo und Caileen Horrigan und ihre Ehemänner Dan Strollo und Michael Horrigan und ihre wunderbaren Kinder – Ihr seid die erste Reihe meiner Cheerleader und erzählt mir nach jedem Auftritt in der Sendung *Today*, dass mein Auftritt noch besser, meine Erscheinung noch schöner war als beim letzten Mal (auch wenn es nicht immer ganz stimmt).

Ich liebe euch über alles und wünsche mir nichts mehr, als dass ihr immer geborgen und glücklich und geliebt seid.

Über die Autorin

Janine Driver leitet das Body Language Institute (www.bodylanguageinstitute.com), das Firmen den kürzesten Weg zu Zeitersparnis und Umsatzsteigerung aufzeigt. Darüber hinaus ist sie international als Trainerin und Rednerin tätig und führt Angehörige aller Berufssparten und auf allen Ebenen der Führungskompetenz spielerisch in wissenschaftlich fundierte, innovative Kommunikationstechniken ein, die sich als besonders effektiv erweisen, wenn es darum geht, zu expandieren, die Verkaufszahlen zu steigern, geeignetes Verkaufspersonal zu rekrutieren und mit Investitionen die bestmögliche Rendite zu erwirtschaften. Janine ist ein beliebter Gast im Fernsehen und wird von großen Tageszeitungen wie der *New York Times* und *Washington Post* sowie von Zeitschriften wie *Cosmopolitan* und *Psychology Today* zitiert. Sie hat 15 Jahre als Beamtin für das Justizministerium der Vereinigten Staaten gearbeitet. Sie lebt mit ihrem Mann und ihrem Sohn in Alexandria, Virginia.

Wenn Sie einen kostenlosen Online-Schnupperkurs für Körpersprache machen oder Janine für Ihr nächstes Event engagieren möchten, sind Sie herzlich eingeladen, sie auf www.yousaymorethanyouthink.com zu besuchen.

Ein Teil des Autorenhonorars für dieses Buch geht als Spende an die Susan G. Komen Breast Cancer Foundation (www.komen.com), die sich vor allem der Aufklärung über Ursachen, Behandlungsformen und Heilungsaussichten von Brustkrebs widmet.